생산성향상을 위한

작업개선 및 관리

주상윤 지음

UUP

생산성향상을 위한
작업개선 및 관리

■

- 2018년 03월 02일 초판 3쇄 발행
- 2013년 09월 01일 초판 2쇄 발행
- 2011년 10월 15일 초판 발행
- 지은이 주상윤
- 펴낸이 오연천
- 펴낸곳 UUP.(울산대학교출판부) 680-749 울산광역시 남구 대학로 93(무거동) 울산대학교 출판부
- 전화 (052)259-2488 팩스 (052)277-3011 ▪ 홈페이지 http://uup.ulsan.ac.kr
- 출판등록 제370-1996-000001호(1996.3.13)
- ₩ 14,000

ISBN 978-89-7868-263-3 (93530)

머리말

기업이 치열한 경쟁 속에서 살아남으려면 소비자가 원하는 제품을 더 많이, 더 싸게, 더 좋게, 더 빨리 만들어야 한다. 작업현장에 존재하는 낭비를 제거하여 보다 효율적으로 생산을 실시함으로 생산성을 향상시켜야 한다. 작업관리는 이런 목적을 달성하기 위하여 작업현장을 분석하여 낭비 없이 생산을 수행하도록 최선의 방법을 추구개선함으로 생산성향상에 직접적으로 기여하는 산업공학의 고전적인 학문분야다.

생산성을 높이려면 현재 수행되고 있는 작업방법의 문제점을 살피고 보다 효율적인 작업방법을 찾아 끊임없이 개선해 나가야 한다. 또한 작업자들의 불만요인들을 제거하고 작업에 대한 의욕을 높이기 위하여 작업자들에게 적절히 동기를 부여해야 한다. 작업방법의 개선과 작업자에 대한 동기부여는 생산성향상의 원동력이자 기업의 경쟁력을 높이는 기반이다.

이 책은 작업관리기초, 작업방법개선, 작업시간측정의 3부로 구성된다. 먼저 1부 작업관리기초에서는 생산성과 낭비, 작업관리의 개요, 문제해결의 절차를 다룬다. 2부인 작업방법개선에서는 작업개선을 위한 여러 분석도구들이 소개되며, 여기에는 작업공정분석, 시설배치, 라인밸런싱, 동작연구, 작업설계, 워크샘플링이 포함된다. 마지막 3부 작업시간측정에서는 작업의 표준시간을 결정하는 방법들인 스톱워치법, 여유시간, 표준자료법, PTS법, 학습곡선을 소개한다.

필자는 대학에서 학생들에게 강의하면서 수집한 자료들과 이미 발간된 여러 다른 서적들을 참고하여 이 책을 집필하였다. 지나치게 수리적인 내용은 피하고 작업현장에서 필요로 하는 작업의 분석, 개선, 측정의 여러 방법들에 관한 폭넓은 지식을 제공하는데 주력하였다. 이 책은 산업공학을 전공하는 저학년 학생들의 교재로 그리고 작업현장에서 근무하는 관리자들의 참고서로 적합하리라 생각된다.

이 책을 완성하기까지 생명과 건강과 지혜를 주신 하나님께 감사와 영광을 돌린다. 또한 사랑하는 아내와 두 아들 영찬, 영호와 더불어 출간의 기쁨을 함께 하고 싶다.

2011년 주상윤 교수

목 차

2부 작업방법개선 / 55

1부 작업관리기초

제 1 장
생산성과 낭비

1. 생산성

생산이란 투입된 생산요소를 변환시켜 유용한 재화를 산출하는 과정이다. 이 때 투입된 생산요소에는 원자재가 있고, 산출된 결과물로는 제품과 서비스가 있다. 투입된 원자재는 작업자, 설비기계, 생산기술에 의하여 변환되어 목적하는 결과물을 산출하게 되는데, 결과물이 유형인 경우는 제품이고 무형인 경우는 서비스다. 여기서 생산대상인 원자재, 생산노동력인 작업자, 생산수단인 설비기계, 생산정보인 생산기술을 가리켜 생산의 4대요소라고 부른다.

1.1 생산활동

효율적인 생산활동을 통하여 보다 유용한 산출물을 얻는 것은 치열한 경쟁에서 살아남기 위하여 필수적이다. 따라서 회사에서는 [그림 1-1]에서 보는 바와 같이 낭비를 최소화하는 가운데 작업자들의 안전과 만족을 도모하면서 보다 더 좋게(quality), 더 싸게(cost), 더 빨리(delivery) 제품과 서비스를 산출하기 위해 부단히 노력한다.

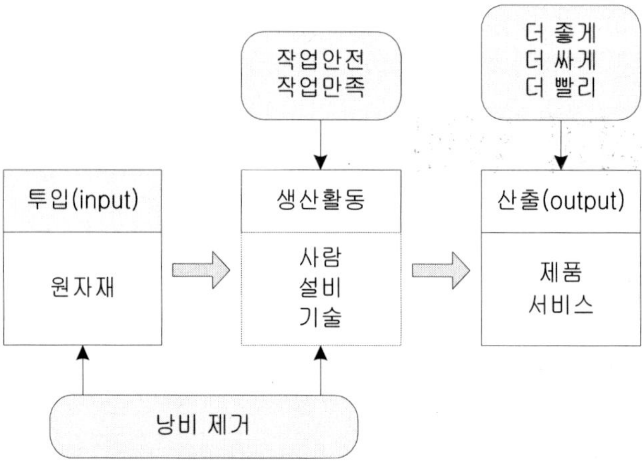

[그림 1-1] 효율적인 생산활동

1.2 생산성의 정의

좋은 품질의 제품을 보다 값싸게 만들 때 그 회사는 경쟁력을 갖게 된다. 이를 측정하는 척도가 생산성(productivity)이며, 이는 생산요소의 투입량과 생산활동의 결과로 얻어진 산출량 간의 비율로 정의된다.

$$\text{생산성} = \frac{\text{생산활동의 산출량}}{\text{생산요소의 투입량}}$$

즉 생산성이란 투입된 자원을 얼마나 효율적으로 사용하였는지를 보여주는 척도다. 여기서 투입량으로는 인건비, 노동시간, 설비비, 자본 등이 자주 쓰이며, 산출량으로는 매출액, 부가가치액, 생산량, 이익 등이 자주 사용된다.

생산성은 특별한 단서가 없는 한 보통 노동생산성을 의미한다. 이는 매출액을 인건비로 나눈 값으로, 투입된 노동력이 얼마나 효과적으로 이용되었는지 나타내는 지표로 자주 사용된다. 노동생산성에서 산출량인 매출액을 대신하여 부가가치액이 사용되기도 하며, 이를 부가가치생산성이라고 부른다.

$$\text{노동생산성} = \frac{\text{매출액}}{\text{인건비}}$$

$$\text{부가가치생산성} = \frac{\text{부가가치액}}{\text{인건비}}$$

생산성의 투입량으로 노동력을 대신하여 자본이 사용될 수도 있다. 이를 자본생산성이라고 부른다. 자본생산성은 기업에 투자된 총자본이 어느 정도의 산출량에 기여했는지 나타내는 비율이다.

$$\text{자본생산성} = \frac{\text{산출량}}{\text{자본}}$$

1.3 생산성향상의 방법

생산성이 향상되면 생산비용이 감소하고 생산효율과 이윤이 증대되어 기업의 경쟁력을 강화시킨다. 생산성을 향상시키려면 산출량을 늘리거나 투입량을 줄여야 한다.

1) 산출량 증대

고도성장으로 수요가 증가하는 시장환경에서 대량생산하는 제품의 경우, 생산성을 향상시키려면 투입공수를 고정시키고 산출량을 높이거나 혹은 투입공수를 증가시키면서 산출량을 높여야 한다. 후자의 경우는 증가된 투입량이 높아진 산출량보다 작아야 생산성이 올라간다.

$$\text{생산성향상} = \frac{\text{산출량증대}}{\text{투입량고정}} \text{ 혹은 } \frac{\text{산출량증대}}{\text{투입량증가}}$$

2) 투입량 감소

대량생산에 있어서 시장이 안정되고 성숙기에 접어들면 제품의 수요는 더 이상 늘지 않는다. 또한 소비자가 원하는 특정한 제품을 일정량 주문받았을 때에는 주문량만큼만 생산해야 한다. 이러한 경우 생산성을 향상시키려면 산출량을 고정시키고 투입공수를 줄이는 방법을 찾아야 한다.

$$\text{생산성 향상} = \frac{\text{산출량고정}}{\text{투입량감소}}$$

국내 조선업계는 최근 15년 동안 생산성이 2.5배 향상되었고, 매출액은 19배 늘어난 것으로 나타났다. 업계에 따르면 현대중공업, 삼성중공업, 대우조선해양 등 국내 조선 빅3가 선박 1CGT(표준화물선 환산톤수)를 건조하는데 소요된 공수는 1990년 23.3공수에서 2005년 9.2공수로 5분의 2 수준으로 줄어들었다. 즉 1990년에 근로자 1인이 선박 1CGT를 만드는데 23.3시간이 걸렸다면 2005년에는 근로자 1인이 같은 분량의 작업을 9.2시간 만에 마쳤다는 것으로 국내 조선업계의 생산성이 2.5배 상승했다는 의미다. 이에 따라 1990년 1조4천800여 만원이던 조선업 전체 매출액이 2005년에 28조2천 600여 만원으로 19배나 급상승했다.

그러나 1CGT당 소요공수가 2000년 9.6공수에서 2005년 9.3공수로 정체되는 경향을 보여 생산성 향상의 한계에 도달한 것이 아니냐는 지적도 있다. 이에 대해 대우조선 관계자는 생산성이란 계속해서 크게 향상될 수 있는 것이 아니라면서 설비자동화, 신공법개발, 노동의 기능적 유연성 확대 등 생산성을 높이는 방안을 끊임없이 모색해야 한다고 말했다. 현대중공업 관계자도 1CGT당 소요공수가 2000년대에는 별 차이가 없지만 매출액은 2배 이상 늘어났다면서 이는 국내 조선업계가 그만큼 고가의 선박을 만들었다는 의미로 앞선 설계기술능력으로 고가선박 위주로 수주한다면 한국은 계속해서 1위 자리를 지켜나갈 수 있을 것이라고 말했다. [연합뉴스 2007]

1.4 생산성지수

기준시점과 비교하여 생산성의 증감을 나타내기 위한 지표로 생산성지수(productivity index)가 이용된다. 생산성지수는 다음과 같이 정의된다.

$$\text{생산성지수}(\%) = \frac{\text{비교시점의 생산성}}{\text{기준시점의 생산성}} \times 100$$

생산성지수가 100%를 초과한 경우는 기준시점에 비하여 비교시점의 생산성이 증가되었다는 것을 가리키며, 반대로 100% 미만인 경우는 생산성이 감소한 것을 의미한다.

예제 1-1 어느 보험회사의 영업부에서는 2010년도에 20명의 영업사원이 2,500건의 계약으로 30억원의 판매액과 4억원의 순익을 올렸다. 2011년도에는 25명의 영업사원이 근무하여 3,000건의 계약으로 35억원의 판매액과 5억원의 순익을 올렸다. 2010년도를 기준하여 2011년도 생산성의 변화를 알기 위한 생산성지수를 구해보자.

$$\text{인당 계약건수 생산성지수} = \frac{3,000\text{건}/25\text{명}}{2,500\text{건}/20\text{명}} \times 100\% = 96.0\%$$

$$\text{인당 판매액 생산성지수} = \frac{35\text{억원}/25\text{명}}{30\text{억원}/20\text{명}} \times 100\% = 93.3\%$$

$$\text{인당 순이익 생산성지수} = \frac{5\text{억원}/25\text{명}}{4\text{억원}/20\text{명}} \times 100\% = 100\%$$

2. 낭비

작업에서는 항상 낭비가 발생한다. 수행되는 작업 중에서 이러한 낭비를 제거하는 것이 개선의 목표다.

2.1 작업과 낭비

작업은 부가가치가 있는 효율적인 작업과 부가가치가 없는 비효율적인 작업으로 구분된다. 예를 들어 부품의 가공과 같이 유용한 변형이 일어나는 작업은 효율적인 작업으로 분류된다. 비효율적인 작업은 필요한 작업과 불필요한 작업으로 다시 구분된다. 필요한 비효율적 작업은 작업할 때 부수적으로 따르게 되는 일로서, 부품을 가져오기 위해 이동하거나, 외주부품의 포장을 제거하거나, 준비, 운반, 검사, 계수작업 등이 해당된다. 반면에 불필요한 비효율적인 작업은 당장 제거해야 할 작업으로 대기, 무의미한 운반, 불량의 수리, 선별작업, 물건 찾는 일 등을 말한다. 필요하든 불필요하든 비효율적인 작업은 모두 낭비에 해당된다.

2.2 낭비의 요인

작업자로 하여금 비효율적으로 작업하게 만드는 낭비는 설계의 결함, 비효율적 작업방법, 비합리적 관리에서 시작된다. [표 1-1]은 이들 낭비요인에 대하여 각각 구체적인 내용을 열거하고 있다.

[표 1-1] 낭비의 요인

설계의 결함	비효율적 작업방법	비합리적 관리
• 설계 잘못으로 인한 비경제적 공정 선택 • 표준화미비로 인한 로트 사이즈의 소량화 • 필요 이상의 규격정밀도 • 설계 잘못으로 인한 기계가공의 낭비 발생	• 부적절한 기계사용 • 생산설비의 보전불량 • 부적절한 작업공구 • 잘못된 시설배치로 인한 동선 낭비 • 작업방법의 불량	• 다품종생산에 의한 셋업비용의 증가 • 부품의 표준화 미흡 • 생산계획의 잘못으로 인한 작업 대기의 발생 • 자재조달의 지연에 의한 낭비 시간의 발생

2.3 생산로스의 낭비

생산현장에서는 여러 요인으로 말미암아 로스(loss)가 자주 발생한다. 생산요소 가운데 사람, 생산설비, 원자재에서 발생하는 생산로스의 원인들을 각각 살펴보자.

2.3.1 인적로스

인적로스는 생산과정에서 사람과 관련하여 발생하는 낭비로, [그림 1-2]에서 보는 바와 같이 유휴로스, 실행로스, 방법로스로 세분된다.

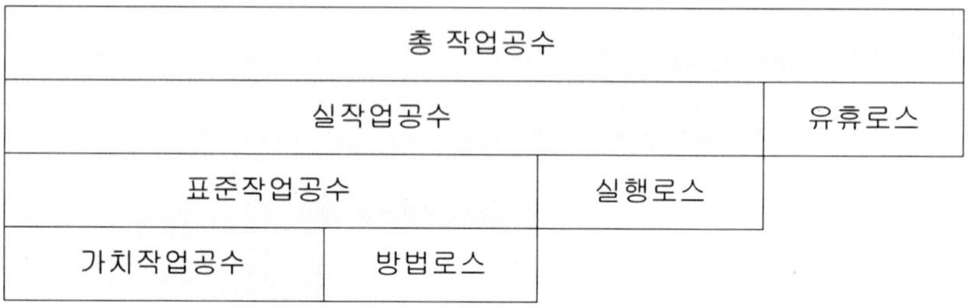

[그림 1-2] 인적로스의 종류

1) 유휴로스

유휴로스는 과장 혹은 반장과 같은 관리자에 의하여 발생하는 낭비로, 관리개선에 의하여 제거되어야 한다. 유휴로스의 예로는 재고품절이나 기계고장에 의한 대기, 규정시간 이상의 회의, 정전으로 인한 작업중단 등이 있다. 총작업공수 중에서 유휴로스를 제외한 나머지가 실제 작업자가 일한 실작업공수에 해당된다. 여기서 공수는 작업자의 생산능력을 나타내는 단위이며, 투입된 작업인원에 작업시간을 곱한 인시(man-hour)로 보통 나타낸다. 작업자의 총작업공수에 대한 실작업공수의 비율을 작업자가동률이라고 말한다.

$$작업자가동률(\%) = \frac{실작업공수}{총작업공수} \times 100$$

2) 실행로스

실행로스는 작업자들의 작업의욕부족, 표준작업방법의 미준수, 작업자의 미숙련 등의 원인으로 말미암아 발생하는 낭비다. 이는 작업자에 대한 동기부여, 작업자의 노력, 감독자의 작업지도를 통하여 제거되어야 한다. 실작업공수에서 실행로스를 제외시키면 표준작업공수가 된다. 표준작업공수란 제품의 표준시간에 생산량을 곱한 것으로 지정된 작업방법과 작업속도를 준수했는지 평가하는 근거가 된다. 작업자의 실작업공수에 대한 표준작업공수의 비율이 작업능률이다.

$$작업능률(\%) = \frac{표준작업공수}{실작업공수} \times 100$$

3) 방법로스

방법로스는 불완전한 작업표준으로 인하여 발생하는 낭비로, 끊임없는 개선활동을 통하여 제거되어야 한다. 이는 잘못된 제품설계가 원인이 되어 발생하기도 한다. 불필요하게 엄격한 공차가 지정되었거나, 제품이 너무 복잡하게 설계되어 있어 가공이나 조립이 까다로운 경우가 그것이다. 잘못된 제품설계 외에 비효율적인 작업방법으로 말미암아 로스가 발생할 수도 있다. 또한 잘못된 작업물의 운반방법이나 설비배치가 방법로스의 원인이 되기도 한다.

2.3.2 설비로스

설비로스는 생산과정에서 기계설비와 관련하여 발생하는 낭비이며, [그림 1-3]과 같이 불가피로스, 정지로스, 속도로스, 불량로스로 세분된다.

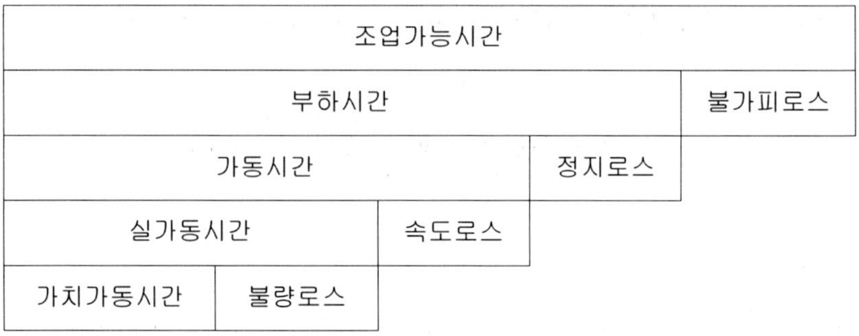

[그림 1-3] 설비로스의 종류

1) 불가피로스

기계설비의 생산효율을 최대로 높이려면 조업이 가능한 시간에는 계속해서 설비를 가동시켜야 한다. 하지만 원자재가 부족하거나, 일량이 충분하지 않거나, 정전이 발생했거나, 설비보전을 위하여 계획적으로 정지시켰거나, 회의나 노사문제 등으로 작업을 하지 못하게 될 때 기계설비를 가동하지 못하는 불가피로스가 발생한다. 조업가능시간에서 불가피로스 시간을 제외하면 기계설비가 가동되고 있는 부하시간이 된다.

2) 정지로스

정지로스는 작업 중에 고장이나 작업준비 혹은 조정으로 말미암아 기계설비가 정지하게 되는 낭비다. 이를 방지하려면 청소, 급유, 정비 등을 철저히 하고, 기계설비의 올바른 사용법을 준수하며, 설비담당자의 기능을 향상시켜야 한다. 설비부하시간에 대한 설비가동시간의 비율을 설비가동률이라고 부른다.

$$\text{설비가동률}(\%) = \frac{\text{설비가동시간}}{\text{설비부하시간}} \times 100$$

3) 속도로스

속도로스는 기계설비가 제 성능을 충분히 발휘하지 못하여 생기는 낭비로 초기가동을 위하여 기계설비를 공회전시키거나, 기계설비가 순간적으로 정지하거나, 기계설비의 속도가 저하될 경우에 발생한다.

4) 불량로스

불량로스는 제품의 불량으로 말미암는 낭비다. 불량이 발생되면 작업한 모든 활동이 무가치해지므로 이를 최소화시키도록 노력해야 한다. 불량에는 작업초기에 발생하는 작업초기불량과 정상작업 도중에 발생하는 공정불량이 있다.

2.2.3 자재로스

자재로스는 사용된 자재에서 발생되는 낭비이며, [그림 1-4]에서 보는 바와 같이 스크랩로스와 불량로스가 있다.

<table>
<tr><td colspan="3">자재의 총 투입량</td></tr>
<tr><td colspan="2">제품 생산량</td><td>스크랩로스</td></tr>
<tr><td>양품 생산량</td><td>불량로스</td><td></td></tr>
</table>

[그림 1-4] 자재로스의 종류

1) 스크랩로스

스크랩로스는 제품화비율로 인한 손실로, 소위 자투리 발생으로 말미암는 낭비다. 자재의 이용을 개선하려면 자투리를 줄임으로 제품화비율을 높여야 한다. [그림 1-5]에서는 제품화비율을 높이기 위한 여러 방법들이 소개되고 있다. 그림에서 처음 2가지 경우는 부품의 배치를 달리하여 제품화비율을 높인 예를 보여준다. 또한 나머지 2가지 예에서는 부품의 설계를 변경하여 제품화비율을 높이고 있다. 여기서 제품화비율은 자재의 총투입량에 대한 제품생산량의 비율로 정의된다.

$$\text{제품화비율}(\%) = \frac{\text{제품생산량}}{\text{자재의 총투입량}} \times 100 \text{ 혹은 } \left(1 - \frac{\text{스크랩로스량}}{\text{자재의 총투입량}}\right) \times 100$$

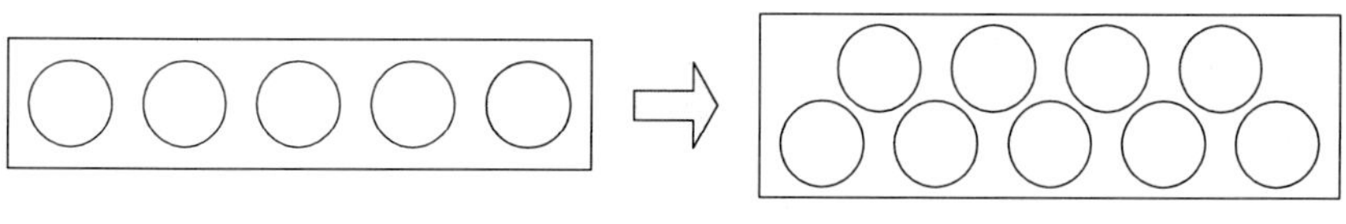

(a)

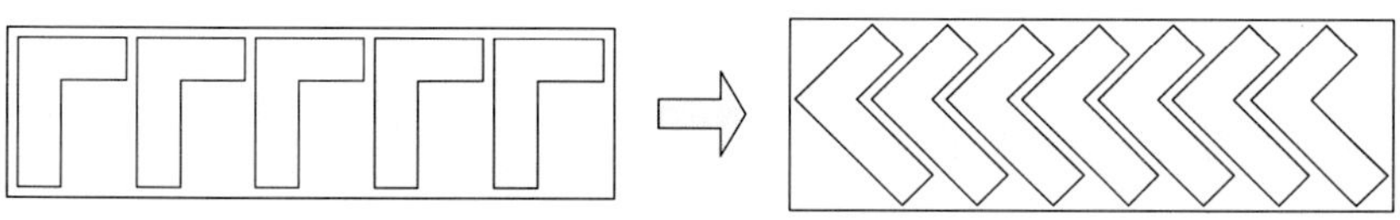

(b)

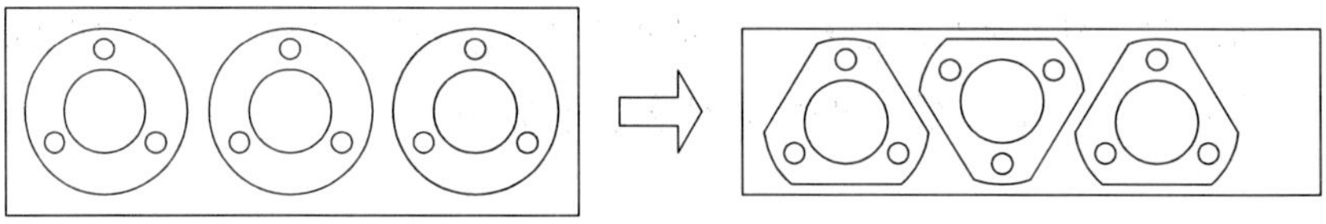

(c)

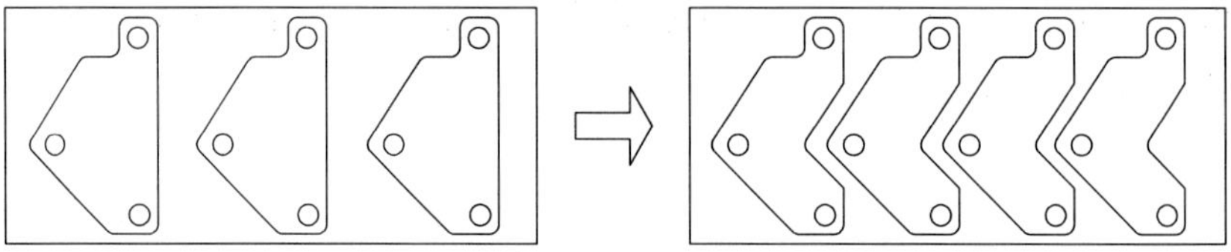

(d)

[그림 1-5] 제품화비율을 높이기 위한 자재이용의 개선

2) 불량로스

불량로스는 불량품의 발생으로 말미암는 낭비다. 불량로스가 발생되는 원인으로는 불량재료의 사용, 잘못된 작업방법, 측정착오, 잘못된 도면판독 등이 있으며, 부주의나 피로 등 작업자의 과오로 말미암는 경우가 많다.

연습문제

1 생산의 4대요소는 무엇인가?

2 인적로스의 종류를 열거하고 간단히 설명하라.

3 인적로스 가운데 관리자에게 책임이 있는 유휴로스를 줄일 수 있는 방안을 제시해 보라.

4 기계설비와 관련하여 발생하는 로스들을 열거해 보라.

5 정지로스를 줄이는 방안을 제시해 보라.

6 대량생산의 경우 1일 8시간 근무 중 유휴시간은 1시간 20분이다. 1개의 제품을 제작하는 데 2.5분 소요된다고 할 때 하루에 120개의 제품을 만드는 작업자의 가동률을 구하라.

제 2 장
작업관리 개요

1. 작업관리의 연구내용과 범위

여기서는 작업관리의 목표인 생산성 향상을 이루기 위한 연구내용과 더불어 작업관리에서 포함하는 연구분야의 범위를 살펴본다.

1.1 작업관리의 연구내용

작업관리(work study)는 생산성향상을 목표로 효율적인 작업방법과 작업조건을 체계적으로 조사 연구하는 학문이다. 다음의 내용들은 작업관리의 목표를 달성하기 위하여 연구되는 주요 내용들이다.

- 최선의 작업방법 개발
- 최적의 작업조건 발견
- 작업의 표준화
- 작업장 설계
- 작업안전
- 작업의욕 고취

● 표준시간의 산정
● 작업자 훈련

1.2 작업관리의 범위

작업관리는 크게 방법연구와 작업측정으로 이루어진다. 먼저 방법연구는 현장에서 수행되는 작업을 분석하고 문제점을 개선하여 효율적인 작업방법을 찾는 연구분야다. 현장분석에는 시설배치, 라인밸런싱, 워크샘플링 등의 기법들이 활용될 수 있으며 분석의 대상의 규모에 따라 공정분석, 작업분석, 동작분석으로 구성된다. 이들의 분석과 더불어 작업설계가 실시된다. 작업설계에는 작업방법설계, 작업장설계, 시설장비설계, 공구설계, 환경설계 등이 포함된다. 방법연구를 마치면 개선된 방법에 따라 작업방법을 표준화한다.

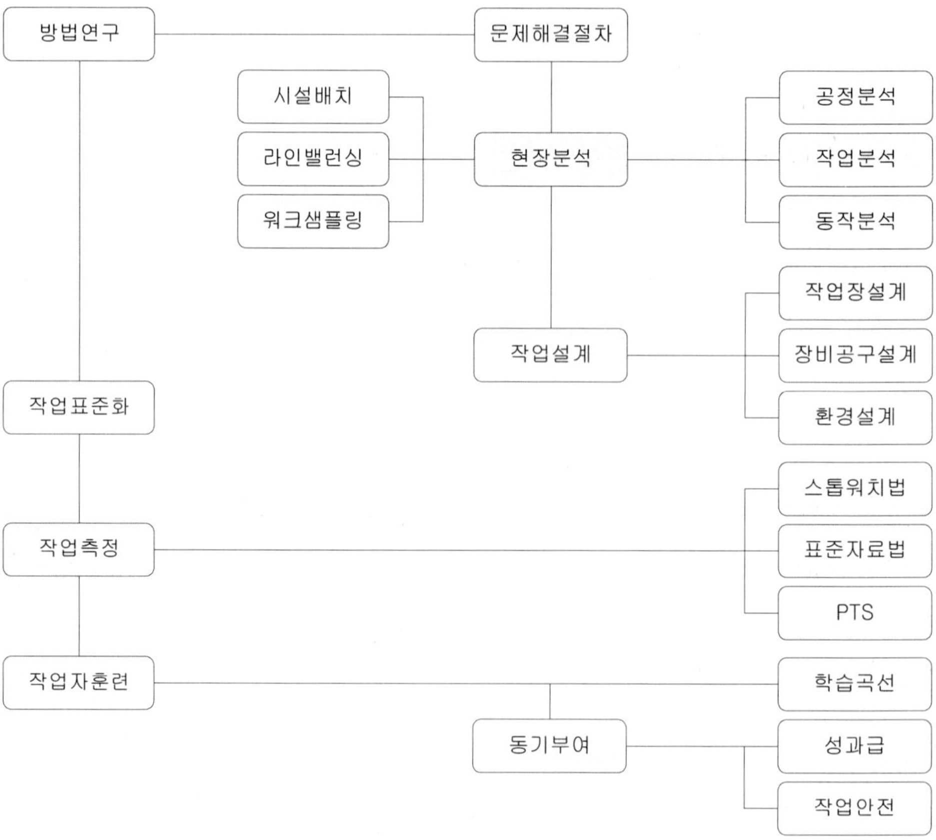

[그림 2-1] 작업관리의 범위

작업측정은 작업을 표준화한 이후 작업에 소요되는 표준시간을 결정하는 일이다. 표준시간은 작업을 효율적으로 관리하기 위하여 반드시 필요하며, 이를 측정하기 위하여 스톱워치법, 표준자료법, PTS법 등 다양한 기법들이 개발되었다. 방법개선과 작업측정이 시행된 후에는 작업자를 훈련시켜야 한다. 훈련 중에 있는 미숙련자들이 작업할 경우에는 표준공수와 원가계산을 올바로 파악하기 위하여 학습곡선이 필요하다. 아울러 작업자들이 의욕적으로 작업하도록 적절히 동기를 부여해야 한다. [그림 2-1]은 작업관리에서 포함하는 분야의 범위와 관계를 개략적으로 보여주고 있다.

2. 작업관리의 발전

작업관리의 중요성과 의미를 올바로 이해하려면 지금까지 이를 연구하고 발전시킨 사람들의 경험과 업적을 살펴볼 필요가 있다. 이들 가운데 가장 대표적인 인물이 테일러(F. Taylor)와 길브리스(F. Gilbreth)다. 여기서는 이들의 업적을 위시하여 포드생산시스템, 호손실험, 도요타생산시스템을 함께 살펴보기로 한다.

2.1 테일러시스템

테일러(Frederick W. Taylor)는 1856년 필라델피아에서 출생하였다. 그는 하버드대학에 입학하여 법률가가 되려 하였으나 시력장애로 인하여 중도에 학업을 포기하였다. 테일러는 1878년부터 12년간 미드베일(Midvale)철강회사에서 작업자와 현장관리자로 일한 경험과 1898년부터 베들레헴(Bethlehem)철강회사에서 관리개선에 관하여 연구한 것을 토대로 많은 논문을 발표했다. 이들 연구를 중심으로 테일러가 창안한 작업관리와 경영관리의 방법을 통칭하여 테일러시스템이라고 부른다.

테일러가 미드베일철강회사에 입사할 당시, 미국산업계는 낮은 임금에 반발한 노동자들의 조직적인 태업이 만연하였다. 테일러는 노동자들의 태업이 낮은 임금에 대한 불만에서 기인하고 있으며, 또한 낮은 생산성의 원인이 되고 있다는 사실을 인식하였다. 즉, 노동자들의 태업으로 인하여 회사는 저수익, 저임금의 악순환이 지속되었던 것이다. 따라서 테일러는 공정한 하루작업량을 과학적으로 결정하고 합리적으로 임금을 설정하여 조직적인 태업의 문제를 해결함과 동시에 작업의 능률을 향상시키려고 하였다.

작업을 표준화하기 위하여 테일러는 작업방법과 작업조건의 개선에 관하여 연구하였다. 테일러는 표준작업량을 결정하기 위하여 노동자들의 작업시간을 스톱워치로 측정한 후, 불필요한 동작을 제거하여 최선의 작업방법과 작업시간을 결정하였다.

또한 테일러는 주어진 과업의 달성여부에 따라 차등하여 임금을 지급하는 차별적 성과급제도(differential piece rate system)를 채택하였다. 이는 [그림 2-2]에서 보는 바와 같이 동일한 작업에 대하여 2종류의 차별적인 임률을 설정하여 표준작업량을 달성한 작업자에게는 높은 비율의 임금을 지급하고, 그렇지 못한 작업자에게는 낮은 비율의 임금을 지급하도록 하는 성과급제도다.

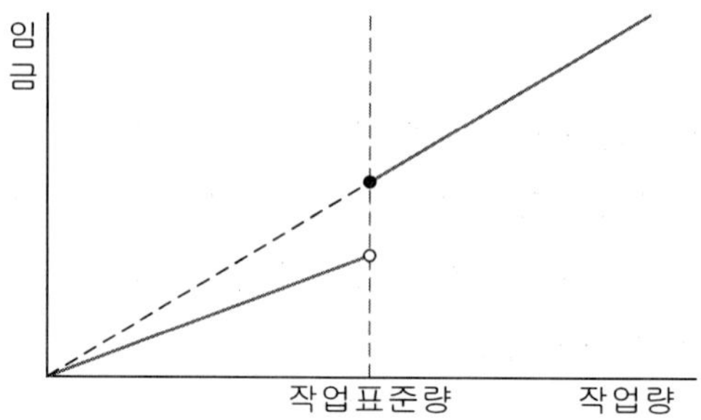

[그림 2-2] 차별적 성과급

테일러시스템을 적용한 이후 노사분쟁은 상당수 해결되었으며 생산성향상을 통하여 임금문제가 개선되고 기업의 이윤이 증대하였다. 1898년 테일러는 베들레헴철강회사에서 공장의 작업개선에 착수하였는바, 그 중에서도 삽질작업에 관한 개선연구는 널리 알려져 있다.

당시 회사에서는 400~600명의 작업자가 삽질작업을 하고 있었는데 한 삽의 무게가 철강석의 경우에는 38파운드, 석탄의 경우에는 3.5파운드로 차이가 매우 컸다. 테일러는 연구를 통하여 21.5파운드의 삽질 중량이 적정하다고 결론내리고 삽질할 대상물에 따라 다른 크기의 삽을 사용하게 하여 작업성과를 극대화하였다. 그로 인하여 [표 2-1]과 같이 작업능률은 4배가량 향상되었고, 작업자들의 임금은 60%정도 증가했으며, 노무비는 50%이상 절감되어 테일러가 주장했던 고수익 고임금이 실현되었다.

1910년 테일러는 전 생애에 걸쳐 경험하고 연구했던 내용을 총괄하여 과학적 관리법(principle of scientific management)이라는 이름으로 발표하였다. 이 논문에서 그는 회사에서 비효율을 제거하려면 특별한 사람을 채용하는 것보다 조직적인 관리가 더 효과적이라고 강조하였다. 하지만 테일러시스템이 회사에 적용되는 과정에서 노동자들의 반대에 부딪히게 되었고 많은 파업이 발생하였다. 그로 인하여 테일러는 의회의 특별조사를 받아야 했으며 1912년에는 청문회에 출석하여 곤욕을 치르기도 하였다.

[표 2-1] 테일러의 작업개선 효과

	개선전	개선후
작업인원	400 ~ 600명	140명
1인당 하루 작업량	16톤/일	59톤/일
1인당 하루 임금	1.15$/일	1.88$/일
톤당 노무비	0.072$/톤	0.033$/톤

결국 노동조합의 압력에 굴복한 미국하원은 1913년 스톱워치를 사용한 테일러의 시간연구를 금지하는 법안을 통과시켰고, 이 금지법은 1947년에 이르러서야 철회될 수 있었다. 그럼에도 불구하고 과학적관리법을 제창한 테일러는 오늘날 미국산업계의 위대한 공로자로 인정받고 있다.

2.2 길브리스의 동작연구

길브리스(Frank B. Gilbreth)는 미국 메인(Maine)주에서 출생하였다. 그는 MIT에 진학할 예정이었으나 부친의 사망으로 학업을 포기하고 1885년 건설회사에 입사하여 벽돌 쌓는 견습공이 되었다. 그곳에서 총감독으로 승진한 후 1895년 건축업자로 독립하여 1912년까지 운영하였다. 이 기간 중에 그는 벽돌쌓기작업의 동작을 개선하여 작업능률을 향상시킴으로 회사를 독창적으로 경영하였다.

견습공 시절에 길브리스는 일을 배우면서 숙련공마다 작업방법이 다르다는 점을 발견하고 적은 노력으로 최대의 성과를 얻는 작업방법을 연구하였다. 그는 작업자가 경제적인 동작을 취하도록 작업동작을 분석하였고, 공정도를 이용하여 작업방법에 대한 개선을 시도하였다. 이 과정에서 길브리스는 작업동작의 기본이 되는 동작요소를 정의하여 서블릭(therblig)으로 명명하였으며, 동작연구를 비능률적이고 잘못된 동작으로부터 생긴 낭비를 제거하는 학문이라고 정의하였다. 이러한 업적으로 인하여 길브리스는 동작연구의 창시자로 인정받고 있다.

길브리스는 벽돌 쌓는 작업을 개선하기 위하여 손쉽게 높낮이를 조절할 수 있는 발판을 고안하고 여기에 벽돌과 모르타르를 놓는 작업대를 부착시켜 허리를 구부릴 필요 없이 편안하게 일할 수 있게 하였다. 또한 작업자들이 한 손으로는 벽돌을 잡고 다른 손으로는 모르타르가 담긴 흙손을 동시에 사용하도록 작업대의 배치를 개선하였다. 아울러 모르타르를 적절한 굳기로 유지시킴으로 벽돌을 누르기만 하면 벽에 들러붙도록 하여 벽돌을 두드리는 동작을 제거하였다. 이러한 작업개선으로 말미암아 벽돌 쌓는데 필요한 동작은 18개에서 5개로 줄었고, 시간당 120개의 벽돌을 쌓던 것이 350개까지 가능하게 되었다.

길브리스는 캘리포니아대학에서 심리학을 공부한 릴리안 길브리스(Lillian M. Gilbreth)와 결혼하였다. 길브리스는 대학교육을 받지 못한데 반하여 부인 릴리안은 브라운대학에서 심리학박사학위를 받았으며, 동작연구를 수행하는데 있어 좋은 동료로 함께 활동했다. 길브리스는 부인의 도움을 힘입어 인간의 생리적, 심리적인 측면에 깊은 관심을 가지고 동작연구를 수행하였다.

길브리스는 1924년 56세의 나이로 생을 마감하였다. 길브리스가 타계한 이후에도 부인 릴리안은 남편의 연구를 이어받아 94세까지 활동을 계속하였다.

2.3 포드생산시스템

포드(H. Ford)는 1863년 미국 미시간 주의 웨인(Wayne)에서 농부의 아들로 태어났다. 그는 어린 시절부터 기계에 흥미를 가져 학업을 중단하고 15세 때 기계공이 되어 자동차 제작에 몰두하였다. 1899년까지는 디트로이트에 있는 에디슨회사에서 기술책임자로 일하였으며, 1903년 동업자와 함께 포드자동차회사를 설립하였다.

포드는 1913년 컨베이어를 도입하여 제품을 조립하는 대량생산방식의 포드생산시스템을 확립하였다. 그의 경영철학은 제품가격의 인하로 판매를 확대하고 생산효율을 높여 가격을 더욱 낮춘다는 단순한 발상이었다. 포드는 소비자에게는 저가격의 자동차를 제공하고, 종업원에게는 고임금을 지급하는 이른바 기업봉사주의를 주장하였으며, 이를 이동조립시스템에 의한 대량생산방식으로 해결하였다. 그는 대량생산을 위하여 작업과 제품의 단순화(simplification), 부품과 작업의 표준화(standardization), 기계설비의 전문화(specialization)를 실행하였고, 이는 오늘날 대량생산방식의 원칙인 3S가 되었다.

과거의 자동차조립은 정지조립법이었는데 이는 작업대상물이 정지한 채 작업자가 이동하여 작업하는 방법이었다. 이러한 정지조립법의 문제점은 부품 및 재료의 운반과 공구의 준비 및 처리에 상당한 시간이 소요된다는 점이었다. 정지조립법의 불필요한 노동시간을 줄이기 위하여 포드는 작업 중에 작업자들이 한 발 이상 움직이지 않고 허리를 굽히지 않는다는 원칙을 제시하였다. 이 원칙을 실현하기 위해 작업자와 공구를 작업순서대로 배열하고 작업장소에 재료와 부품을 이동시키는 컨베이어이동조립법을 최초로 시도하였다. 컨베이어가 도입된 이후, 대당 12시간 30분 걸리던 생산주기는 1시간 33분으로 단축되어 작업성과가 크게 향상되었다.

포드사는 T형자동차로 1924년에는 자동차시장의 거의 절반을 차지하는 미국 최대의 자동차 제조업체로 성장하였으나, 포드의 강하고 편협한 개성 탓으로 말년에는 경영에 파탄을 가져왔다. 그는 시대에 역행하는 보수적인 경영방식을 고집함으로 1920년대 말에는 경쟁사인 제너럴모터스사(GM)에 수위를 빼앗겼고, 1930년대 중반에는 GM과 크라이슬러에 이어 3위로 전락하고 말았다.

2.4 호손실험

1924년부터 1933년까지 웨스턴전기회사(Western Electric Co.)의 호손(Hawthorn)공장에서는 종업원들의 작업능률에 영향을 미치는 요인을 찾기 위하여 실험이 실시되었다. 실험은 작업장의 조명밝기와 작업능률 간의 관계를 알아보기 위한 것이었다. 연구를 위하여 두 집단을 선정하여 한 집단은 조명을 높여가면서 작업을 실시하였고, 다른 집단은 평상시의 조명 아래서 작업을 실시하였다. 물론 조명을 높인 집단의 생산성은 증대되었다. 하지만 놀랍게도 조명을 높이지 않은 집단에서도 생산성이 함께 올라갔다. 이러한 생산성의 향상은 심지어 조명을 평상시보다 낮추었을 때에도 여전히 발생하였다. 이러한 실험결과를 해명하기 위하여 하버드대학의 메이요(E. Mayo)교수가 이끄는 연구팀이 1년 반에 걸쳐 조사하였는데, 그들은 조명뿐만 아니라 휴식시간, 사내급식, 노동시간 단축 등에서도 유사한 결과를 발견하였다.

연구팀은 이같은 비정상적인 현상에 대한 원인을 공장 내의 물리적인 작업조건에서는 찾지 못하였다. 그 대신 전혀 예상치 못했던 심리적 측면에 그 원인이 있음을 발견하게 되었다. 실험기간 중에 선발된 종업원들은 연구원들의 주목대상이었으며 회사를 대표하는 중요한 존재라고 인식하고 있었다. 또한 이들은 함께 일하면서 응집력있는 참가구성원이라고 자각하게 되었다. 이러한 관계로 말미암아 그들 안에는 이전의 작업환경에서는 경험하지 못했던 친교, 유능감, 성숙감이 생겨났으며, 그 결과 선발된 소그룹에 속한 종업원들은 이전보다 더 의욕적으로 일하게 되었다.

호손실험으로 인하여 작업장의 조명이나 휴식시간 같은 물리적 조건보다 작업자의 심리적 사회적 조건이 생산성에 크게 영향을 미친다는 사실을 깨닫게 되었다. 메이요교수는 이들을 단합하게 한 소그룹의 특성으로 구성원들의 친분, 제한된 인원수, 인간적 관계, 비공식 규칙 등을 제시하였다. 호손실험을 기점으로 하여 작업자들의 인간관계에 관심을 둔 생산조직, 사회적 시스템, 동기부여 등에 대한 연구가 활발히 이루어지기 시작하였다.

2.5 도요타생산시스템

1937년 도요타 기이치로에 의하여 설립된 도요타자동차는 자동차 소비가 많지 않은 일본의 시장환경에서 미국식 대량생산방식에 한계를 느끼고 있었다. 이에 따라 오노 다이이치는 과잉생산, 대기, 운반, 가공, 재고, 동작, 불량품이라는 제조 전 과정에서 발생하는 7가지 낭비를 제거하기 위한 독창적인 도요타생산시스템(Toyota production system)을 확립했다. 그의 경영철학은 JIT(Just In Time)로 불리는 동기생산방식에 있었다. 오노 다이이치는 미국 출장 중에 수퍼마켓의 판매방식을 보고 과잉생산의 문제를 해결하는 아이디어를 얻었다. 필요한 물건을, 필요한 시기에, 필요한 양만큼, 필요한 장소에 있어야 한다는 JIT원리를 생각해낸 것이다. 그가 이 방식을 처음 공장에 적용할 때에는 많은 반대가 있었다. 한꺼번에 많이 만들어야 값이 싸진다는 고정관념 속에서 살아온 사람들에게 필요한 만큼만 제품을 만들고 기계를 쉬게 하였으니 반발은 당연한 것이었다.

오노 다이이치는 JIT를 적용하기 위하여 라인의 각 부분에서 필요한 부품의 양을 실시간으로 정확히 파악할 수 있도록 정보와 부품이 함께 전달되는 간판시스템을 만들었다. 이는 정해진 생산량을 미리 각 공정에 알리고 그 목표를 달성하게 하는 Push 생산방식이 아니라, 공정에서 필요로 하는 양만큼 정확히 생산하여 공급하게 하는 Pull 생산방식이었다. JIT의 등장으로 도요타자동차는 대량생산으로 말미암은 재고비용을 획기적으로 절감하게 되었다. 이후 도요타생산시스템은 포드생산시스템의 대량생산방식과는 달리 다품종소량생산방식에 적합한 생산시스템으로 자리매김하게 되었다.

도요타생산시스템은 JIT 외에도 공정에 이상이 발생하면 라인을 즉시 정지시키는 라인스톱제, 발생한 문제에 대해서는 5번 이상 연쇄적인 질문을 던져 근본원인을 찾는 5Why기법을 시행하고 있다. 아울러 작업자들은 다기능공화를 통하여 5~7개의 여러 공정을 동시에 담당하도록 훈련받는다.

도요타생산시스템이 불량제로를 지향할 수 있는 비결은 낭비제거를 위한 전 종업원의 지속적인 개선활동과 제안제도가 이루어지고 있기 때문이다. 작업자들은 생산현장에서 개선점을 찾기 위해 끊임없이 노력하고 있으며, 이는 엔지니어에 의해서만 개선이 이루어지는 포드생산시스템과 대조가 된다.

3. 욕구와 동기부여

호손실험 이후 생산성향상에 영향을 미치는 동기부여에 관한 연구가 활발하게 이루어졌다. 동기부여의 원동력은 사람의 욕구로 이는 인간행동의 근원적인 원인이 된다.

3.1 동기부여와 인간활동

목표를 향한 인간의 활동에는 목표지향적 활동과 목표활동으로 구분된다. 목표지향적 활동은 목표달성을 위한 수단적 활동으로, 배가 고파 음식을 먹고 싶은 욕구가 있을 때 식사준비를 하거나 음식점을 찾는 등의 활동을 가리킨다. 반면에 목표활동은 목표자체에 대한 활동을 가리키는 것으로 배가 고플 때 음식을 먹는 활동이 그것이다. 인간은 목표지향적 활동 중에는 욕구가 증가하는 경향이 있지만 일단 목표활동이 시작되면 욕구가 급격히 낮아진다.

목표지향적 활동과 목표활동은 모두 그 활동에 지속적으로 머물러 있을 때 문제가 발생한다. 인간은 목표지향적 활동에 너무 오래 머물러 있게 되면 욕구불만의 상태가 지속되어 좌절감에 빠지게 되고, 그로 인하여 활동을 포기하거나 비합리적인 행동을 하게 된다. 또한 목표활동만을 계속하면 일에 흥미를 잃게 되어 동기가 저하되어 버린다. 따라서 이 두 활동들은 순환적으로 반복될 때에 동기를 효과적으로 불러일으키게 된다. [그림 2-3]은 욕구에 따른 인간활동의 과정을 보여준다.

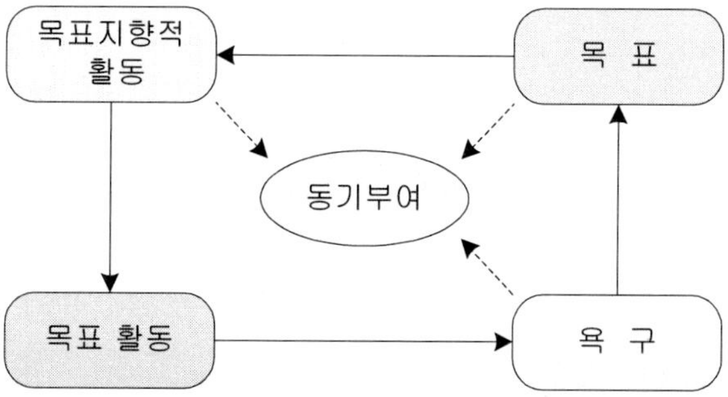

[그림 2-3] 욕구에 따른 인간의 활동

3.2 목표설정과 동기부여

신입사원에게 부여된 목표는 오래 근무한 사원에게는 별 의미를 주지 못할 수 있으므로 근무연수나 업무경험에 따라 사원들의 목표는 달라져야 한다. 따라서 상사는 부하직원의 능력을 정기적으로 평가하고 적절한 목표를 설정해 줌으로서 성장개발의 기회를 제공해야 한다. 이때 상사가 부하의 목표를 정해주는 것보다는 부하가 스스로 목표를 설정할 때 목표의 실행가능성이 더 높아진다고 한다. 또한 목표지향적 활동을 오래 지속하더라도 욕구불만이나 활동을 포기하는 일이 적어진다고 한다.

맥클리랜드(D. McClelland)와 앳킨슨(J. Atkinson)의 연구에 의하면 동기부여와 노력의 크기는 목표에 대한 성공확률이 50%에 이를 때까지는 계속 상승하다가 성공확률이 50%를 넘으면 감소하기 시작한다. 다시 말하여 목표를 달성할 가능성이 거의 없거나 혹은 확실하게 목표를 달성할 수 있는 경우에는 동기부여가 잘 이루어지지 않는다. 따라서 목표는 너무 높거나 너무 낮게 설정되지 않아야 하며 노력을 기울였을 때 달성될 수 있는 현실적인 수준이어야 한다.

3.3 매슬로우의 욕구단계이론

1943년 미국의 심리학자 매슬로우(A. Maslow)는 5개의 욕구계층으로 이루어진 욕구단계이론을 발표하였다. 그의 이론에 의하면 인간의 욕구계층은 [그림 2-4]에서 보는 바와 같이 생리적 욕구, 안전욕구, 사회적 욕구, 존경욕구, 자아실현욕구로 이루어지며, 하위욕구가 충족되면 상위욕구로 옮겨가게 된다.

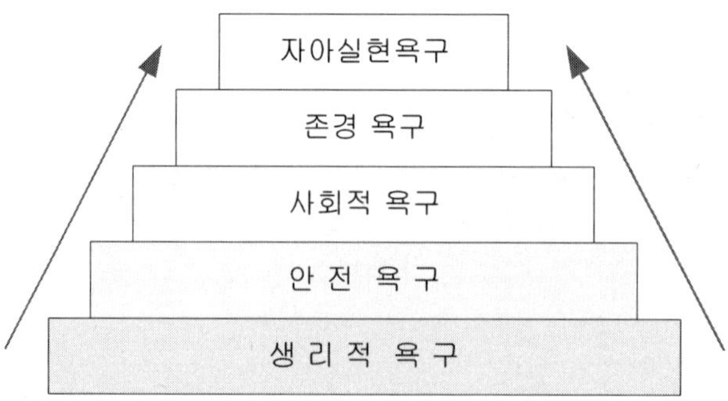

[그림 2-4] 매슬로우의 욕구계층

생리적 욕구(physiological needs)는 매슬로우의 욕구단계 중에서 최하위계층에 해당된다. 이는 생명을 유지하려는 욕구로서 갈증, 배고픔, 졸림, 성욕 등 각종 생리적 욕구들이 포함된다. 회사에서 종업원들에게 채워줄 수 있는 생리적 욕구로는 적당한 임금, 휴식, 냉난방 시설 등이 있다.

안전욕구(safety needs)는 육체적 안전과 심리적 안정을 추구하는 욕구다. 즉, 개인이 신체적, 심리적 불안의 원인이 되는 위협으로부터 벗어나 안전과 안정을 얻으려는 갈망이다. 회사는 종업원들의 안전욕구를 충족시키기 위하여 작업환경의 안전, 고용보장 등을 제공한다.

사회적 욕구(social needs)는 정서적 애정, 우정 등 다른 사람들과 관계를 유지하고 싶어하는 욕구다. 인간은 사회적 존재이므로 다른 사람들과 관계를 맺거나, 집단에 소속되고 싶어한다. 회사생활에서 개인의 사회적 욕구는 화목한 회사분위기, 우호적인 팀워크 등을 통해 충족될 수 있다.

존경욕구(esteem needs)는 인간이 자존감을 유지하고 자신을 존중하면서 타인으로부터 존경받기를 바라는 욕구다. 여기에는 신뢰, 독립, 자유, 위신, 인정, 관심, 존경에 대한 욕망이 포함된다. 회사에서 존경욕구는 포상, 승진, 인정, 책임부여 등을 통하여 얻어질 수 있다.

마지막으로, 자아실현욕구(self-actualization needs)는 매슬로우의 욕구단계 중에서 최상위 수준에 해당된다. 이는 자기완성에 대한 갈망과 자신의 잠재능력을 실현하고자 추구하는 욕구로 완전한 충족이 불가능하다. 회사에서는 기술향상, 창조적 활동, 도전적 과업, 업무의 성공적 완성 등을 통하여 종업원들에게 자아실현욕구를 제공할 수 있다.

[표 2-2]는 매슬로우의 욕구단계계층에 관한 내용을 기술하고 있다.

[표 2-2] 매슬로우의 욕구단계계층

계층	명칭	욕구의 내용	회사에서 충족 가능한 내용
계층1	생리적욕구	의식주, 성욕, 수면	임금, 휴식, 냉난방시설
계층2	안전욕구	물질적, 심리적 안정	작업안전, 고용보장
계층3	사회적욕구	사랑, 우정을 위한 모임에 소속	회사분위기, 팀워크
계층4	존경욕구	존경, 자아존중, 타인지배	포상, 승진, 인정, 책임부여
계층5	자아실현욕구	자기개발, 이상적 자아의 실현	기술향상, 도전적 과업, 업무완성

3.4 허즈버그의 동기위생이론

동기위생이론(motivation hygiene theory)은 1950년대 말 미국의 경영심리학자 허즈버그(F. Herzberg)에 의하여 제시된 동기부여이론으로, 2요인이론(two factor theory)이라고 부르기도 한다.

허즈버그는 피츠버그지방의 11개 산업체에서 선정된 200명의 사람들을 대상으로 직무를 수행할 때 불만족스럽게 하는 요인과 만족을 주는 요인에 대하여 면접을 실시하였다. 그 조사에서 허즈버그는 직무불만족에 영향을 미치는 요인을 위생요인(hygiene factor), 직무만족에 영향을 미치는 요인을 동기요인(motivator)이라고 호칭하고 동기위생이론을 주장하였다.

그의 연구에서 특이한 사항은 직무에 관하여 만족을 표시했던 요인들 대부분은 직무와 관련이 있었으며, 반면에 불만족을 나타냈던 요인들은 대부분 근무여건과 관련되었다는 점이다. 직무만족과 직무불만족 모두에 크게 영향을 준 요인은 없었다.

이 연구조사를 근거로 허즈버그는 만족과 불만족이 동일한 개념의 양극이 아니라 두 개의 독립된 개념이라고 주장하였다. 다시 말하여 만족의 반대는 불만족이 아니라 만족이 없는 상태이며, 불만족의 반대도 만족이 아니라 불만족이 없는 상태라는 것이다. 이 연구결과는 직무에 불만이 없으면 만족하게 될 것이라는 전통적인 사고와 전혀 다른 관점을 제시하였다. [그림 2-5]는 직무만족과 불만족에 대하여 전통적 관점과 허즈버그의 관점을 보여주고 있다.

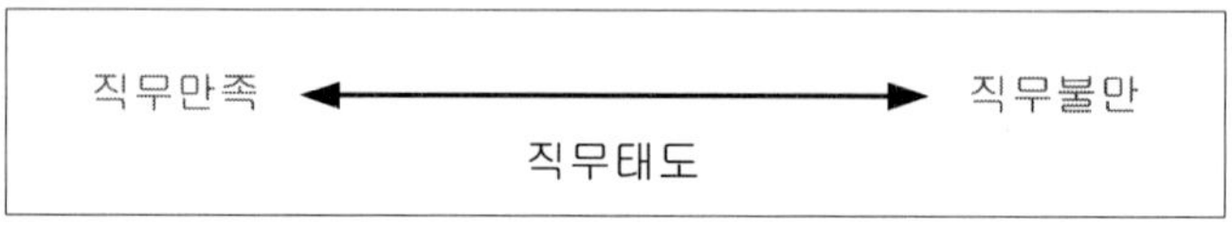

(a) 전통적 관점

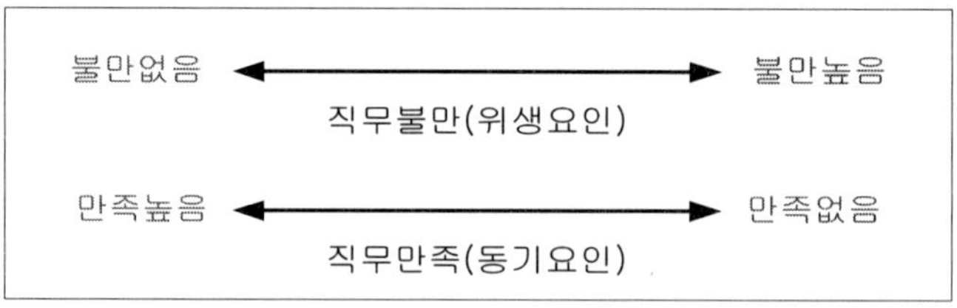

(b) 허즈버그의 관점

[그림 2-5] 전통적 관점과 허즈버그 관점의 직무만족과 불만족

위생요인은 직무불만족에 영향을 미치는 요인으로, 직무환경과 관련된 회사의 정책과 관리, 감독, 작업조건, 개인 상호간의 관계, 임금, 보수, 지위, 안전 등이 이에 해당된다. 허즈버그가 이들 요소에 위생이란 용어를 사용한 것은 이들이 단지 직무의 불만을 예방할 수 있기 때문이다. 위생요인은 충족되더라도 직무에 대한 불만족만을 없애줄 뿐 만족감을 제공하지 못한다. 이로 인하여 위생요인을 불만족요인이라고 부르기도 한다.

반면에 동기요인은 직무만족에 영향을 미치는 요인으로, 직무내용에 관련한 성취감, 인정, 도전감, 책임감, 성장발전 등이 이에 해당된다. 동기요인은 사람들에게 보다 나은 만족을 제공하므로 만족요인이라고 부르기도 한다. 허즈버그는 동기요인이 만족될 때 사람들의 동기를 불러일으킬 수 있다고 주장하였다. 위생요인과 동기요인을 서로 비교하면 [표 2-3]과 같다.

[표 2-3] 위생요인과 동기요인

위생요인	동기요인
• 급여 • 회사의 정책 및 관리 • 작업조건 • 감독 • 직원들간의 인간관계 • 지위 • 직장의 안정성	• 성취감 • 성장발전 • 칭찬, 인정 • 자율, 책임부여 • 직업 그 자체의 흥미 • 승진 • 직무의 도전성

허즈버그의 이론에 따르면 사람들은 위생요인이 충족되어도 자신의 직무를 위하여 더 이상 노력하지 않는다. 하지만 동기요인이 충족되면 목표를 향하여 최선의 노력을 기울이게 된다. 경영주들은 작업자들의 동기부여를 위하여 성취감, 책임감, 성장발전 등을 체험할 수 있도록 직무확대나 직무충실화를 실시해야 한다. 아울러 작업자들이 동기요인을 추구하도록 교육할 필요가 있다.

3.5 피그말리온 효과

그리스신화에 나오는 피그말리온(Pygmalion)은 사이프러스 섬의 왕이자 조각가였다. 그는 대리석을 깎아 아름다운 여인을 조각하는 도중 그 조각물을 사랑하게 되었다. 사랑의 갈망을 주체할 수 없었던 피그말리온은 비너스신전에 제물을 바치고 그 조각물이 사람이 되게 해달라고 간절히 기도하였다. 그의 사랑과 기도에 감동한 비너스는 조각물에 생명을 넣어주었고 피그말리온은 갈망하던 소원을 이루게 되었다.

피그말리온이 조각물에 대하여 간절한 기대와 소망을 품었을 때 조각물은 그가 바랐던 대로 사람으로 변화되었다. 이 신화가 암시하는 내용은 상대방에 대하여 큰 기대와 관심을 가질 때 바라던 그대로 상대방이 변화된다는 사실이다. 이처럼 다른 사람에 대한 태도에 따라 상대에게서 그에 부응하는 변화된 행동이 나타나는 현상을 피그말리온 효과(Pygmalion effect)라고 말한다.

예를 들어 부하직원이 상사로부터 잠재력이 있고 매우 유능하다는 칭찬을 들었을 때 그 직원의 업무실적은 크게 개선된다. 또한 감독자가 부하직원에게 기대하는 성과를 솔직히 이야기하는 경우에 직원의 성과는 올라간다. 이처럼 다른 사람이 자신에게 기대와 관심을 가지고 대할 때 사람은 동기가 부여되는 경향이 있다.

실습 1 동기부여이론의 적용

[목적] 동기부여이론을 실제 상황에 적용하여 그 의미를 분명히 이해한다.
[방법] 각자 실습을 수행한다.

1. 매슬로우의 욕구단계이론을 대학생활에 적용해 보자. 다음의 욕구를 채우기 위하여 대학생활 중에 행하는 내용을 2가지씩 열거해보라.

- 생리적 욕구

- 안전욕구

- 사회적 욕구

- 존경욕구

- 자아실현욕구

2. 작업관리 수업에 허즈버그의 동기위생이론을 적용해 보자. 수업에 의욕을 불러일으키는 동기요인과 불만을 야기하는 위생요인을 각각 3가지씩 열거해보라.

- 동기요인

- 위생요인

연습문제

1 테일러가 노동자들의 작업성과를 높이기 위하여 실시한 일들을 열거해 보라.

2 테일러가 설정한 표준시간이 작업의 생산성을 높이게 된 이유는 무엇인가?

3 도요타시스템의 5Why기법이란 무엇인가?

4 호손실험을 통하여 새롭게 알게 된 사실은 무엇인가?

5 매슬로우의 욕구계층에서 최상위욕구의 특징을 설명하라.

6 허즈버그의 동기위생이론에서 위생요인에 대하여 설명하라.

7 당신이 회사의 팀장이라고 가정하자. 팀원들의 능력을 향상시키기 위하여 피그말리온 효과를 적용하려고 한다. 당신은 팀원들을 어떻게 대해야 하겠는가?

제 3 장
문제해결의 절차

1. 문제해결방법

작업현장에서 발생하는 다양한 문제를 해결하기 위하여 여러 문제해결방법이 연구되었다. 문제해결방법은 크게 분석적 접근법과 설계적 접근법으로 구분된다. 분석적 접근법은 현상분석을 통해 대상 작업이나 공정의 구성요소를 명확히 이해한 후에 문제에 대한 해결책을 수립하는 접근방법이다. 이는 기존의 시스템을 개선하는데 주로 이용되며, 통상적으로 작업개선을 위하여 사용되어온 방법이다. 반면에 설계적 접근법은 문제 자체를 좀더 근본적인 시각에서 바라보자는 것으로, 대상시스템이나 제품의 기능을 분명히 하고 꼭 필요한 제약조건만을 만족시키는 해결방안을 찾는 접근방법이다. 설계적 접근법은 대상물이 존재하지 않아도 적용이 가능하므로 새로운 시스템 개발이나 제품설계에 주로 이용된다.

2. 분석적 접근법

분석적 접근법에 의한 문제해결과정은 개선대상의 선정, 작업방법의 분석, 분석자료의 검토, 개선안 수립, 개선안 실시의 5단계로 이루어진다.

2.1 개선대상의 선정

작업장에서 어떤 작업을 우선적으로 개선할 것인지 선정하는 일은 매우 중요하다. 흔히 80대 20의 법칙이라고 불리는 파레토의 법칙을 적용하여 적은 노력으로 큰 효과를 얻을 수 있는 대상을 찾는다. 개선대상을 선정할 때는 다음의 내용을 고려한다.

- 작업의 안전
- 경제적인 효과
- 현실적인 개선가능성
- 소요기간
- 작업자들의 반응

1) 작업의 안전

작업장에서 우선적으로 개선해야 할 작업은 작업자의 부상빈도가 높거나 위험요소가 큰 작업이다. 특히 안전사고는 반복하여 발생하는 경향이 있으므로 작업장에서 발생한 사고는 분석검토하여 사고방지에 활용해야 한다. 작업의 안전은 작업환경과 관련이 있으며 작업자들의 건의를 고려하여 작업자들의 불평이 많은 작업을 먼저 개선한다.

2) 경제적인 효과

작업을 개선하려면 많은 인력과 시간이 소요된다. 작업에 따라 개선에 필요한 비용과 기대효과는 서로 다르므로 소요비용에 비하여 개선효과가 월등한 작업을 우선한다. 경제적인 효과를 기대할 수 있는 개선대상으로는 전체작업을 지연시키는 병목공정, 물류량이 많은 작업, 이동거리가 긴 작업, 작업주기가 짧은 반복작업 등이 있다.

3) 현실적인 개선가능성

개선을 위하여 선택된 작업 중에는 현실적으로 해결이 불가능한 경우도 있다. 아무리 개선효과가 높다고 하더라도 기술적으로 개선이 불가능하거나, 과도한 비용이 요구되거나, 개선에 소요되는 기간이 너무 긴 경우에는 개선을 시도할 수 없다. 이처럼 현실적으로 개선이 불가능한 작업은 연구대상에서 제외시켜야 한다.

4) 작업자들의 반응

경제성이 있는 개선안이라 해도 현장에 있는 작업자들이 협조하지 않는다면 원하는 효과를 거둘 수 없다. 개선안이 성공적으로 정착되려면 작업자들의 이해와 그들과의 유대관계가 특히 중요하다. 작업자들의 협조를 얻으려면 다음의 사항을 유의해야 한다.

- 작업자들에게 우호적인 태도를 취하라.
- 작업에 대한 작업자들의 지식을 인정하라.
- 작업자들의 자발적인 도움을 유도하라.
- 작업자들과 의사소통을 원활히 하라.
- 개선에 대한 자신감과 열정을 가지라.
- 개선을 자주 시도하지 말라.

19세기 이탈리아의 경제학자 파레토(V. Pareto)는 부와 소득의 유형을 연구하면서 대부분의 부가 소수의 사람에게 집중해 있다는 부의 불평등현상을 발견했다. 즉 소수의 사람들이 대부분의 부를 소유하고 있었던 것이다. 파레토 법칙으로 알려진 80대 20의 법칙은 오늘날 광범위한 분야에 적용되고 있으며 적은 원인이나 노력이 대부분의 결과나 성과를 가져온다는 법칙으로 알려져 있다. 회사에서 80대 20의 법칙을 적용한 예는 다음과 같다.

- 20%의 제품이 매출액의 80%를 차지한다.
- 20%의 고객이 이익의 80%를 가져다준다.
- 회사발전의 80%는 20%의 직원에 의하여 결정된다.
- 소비자불만의 80%는 20%의 원인 때문에 생겨난다.
- 20%의 품목이 80%의 재고를 차지한다.
- 불량의 80%는 20%의 원인에서 발생한다.
- 안전사고의 80%는 20%의 작업장에서 발생한다.
- 작업자는 20%의 설비도구들을 80%만큼 사용한다.

2.2 현 작업방법의 분석

개선할 대상이 선정되면 현재 작업이 어떤 방식으로 이루어지고 있는지 철저히 분석되어야 한다. 현재의 작업방법을 올바로 이해하고 내용을 체계적으로 분석하기 위하여 차트(chart)와 도표(diagram)가 자주 사용된다. 예를 들어 제품을 제조하는 전체 공정이나 자재의 흐름을 분석하기 위한 도구에는 작업공정도, 흐름공정도, 흐름도표, 유입유출표, 활동관계분석표 등이 있다. 작업장에서 이루어지는 활동을 분석하기 위해서는 작업자-기계분석표, 복수작업자분석표, 작업자공정도를 사용한다.

2.3 분석자료의 검토

차트와 도표를 사용하여 작업을 분석하는 목적은 문제점을 발견하고 해결방안들을 제시하기 위한 것이다. 이 단계에서 문제해결을 위한 아이디어가 요구된다. 문제해결을 위한 아이디어를 얻는 방법으로는 5W1H, 개선의 ECRS, 체크리스트, 브레인스토밍 등이 있다.

2.3.1 5W1H

5W1H는 개선을 위하여 수집한 자료에 대하여 왜(why)라는 질문을 던지면서 작업목적(what), 작업장소(where), 작업순서(when), 작업자(who), 작업방법(how)의 개선을 추구하는 방법이다.

- 작업목적(what) : 이 작업은 왜 해야 하는가? 이 작업의 목적은 무엇인가?
- 작업장소(where) : 이 작업은 왜 여기서 해야 하는가? 다른 곳에서 작업할 수는 없는가?
- 작업순서(when) : 왜 이 순서로 작업을 하고 있는가? 다른 순서로 이 작업을 하면 어떤가?
- 작업자(who) : 왜 이 작업자가 이 일을 하고 있는가? 다른 작업자가 할 수는 없는가?
- 작업방법(how) : 왜 이 방법을 사용하는가? 다른 방법은 없는가?

2.3.2 개선의 ECRS

개선의 ECRS는 작업개선을 위한 검토의 착안점으로 작업의 제거(eliminate), 작업의 결합(combine), 작업순서의 변경(rearrange), 작업의 단순화(simplify)를 뜻한다.

작업의 제거는 "이 작업은 꼭 필요한가?"의 질문을 던지면서 불필요한 작업을 찾아 제거한다. 이는 작업목적과 관계된 것으로 가장 큰 개선효과를 가져다주므로 다른 개선에 앞서 우선적으로 시행되어야 한다.

작업의 결합은 사람, 장소, 순서의 관점에서 여러 작업을 하나로 결합하는 더 좋은 방법을 찾는 것이다. "다른 작업과 함께 실시할 수 없을까?"를 살핀다.

작업순서의 변경은 작업순서를 바꿈으로 보다 효율적인 작업방법을 찾는 것이다. "언제 행하면 좋은가?", "어떤 순서로 하면 좋은가?" 등의 질문을 던지면서 검토한다.

작업의 단순화는 작업방법을 보다 단순하고 쉽게, 간편하게 작업할 수 있는 방법을 생각한다. "좀더 쉽게 할 수 있는 방법은 없는가?"를 질문하면서 개선방안을 찾는다.

2.3.3 체크리스트

5W1H나 개선의 ECRS는 다소 추상적이므로 보다 구체적으로 개선점을 발견하려면 개선

을 위한 체크리스트(check list)를 이용하는 것이 효과적이다. [표 3-1]은 공정개선을 위한 체크리스트를 보여준다.

[표 3-1] 공정개선을 위한 체크리스트

체크항목	체크 내용
생산	① 업무분담은 적절히 이루어졌는가? ② 준비시간을 좀더 단축할 수 없는가? ③ 생산방식을 변경할 수는 없는가?
설계	① 모따기, 언더컷 등 부품의 모양을 바꿀 수 없는가? ② 공차 등의 정밀도는 적절한가? ③ 표면처리와 도장시방을 바꾸는 것은 어떠한가? ④ 재료, 부품, 제품을 표준화할 수 없는가?
재료	① 다른 재료로 바꿀 수 없는가? ② 재료의 모양이나 길이, 두께 등을 바꿀 수 없는가? ③ 재료의 수율을 향상시킬 방법은 없는가? ④ 재료의 배합을 바꾸는 것은 어떠한가?
가공	① 설계변경으로 가공을 제거할 수는 없는가? ② 더 우수한 설비로 바꿀 수는 없는가? ③ 기계설비를 충분히 활용하고 있는가? ④ 가공의 로트수는 적정한가? ⑤ 작업주기를 단축할 수는 없는가?
검사	① 검사공정을 제거할 수 없는가? ② 검사순서를 바꾸는 것은 어떠한가? ③ 더 우수한 검사설비는 없는가? ④ 검사장소를 다른 곳으로 옮길 수 없는가? ⑤ 검사담당자를 바꾸는 것은 어떠한가?
운반	① 운반공정을 제거할 수는 없는가? ② 시설배치를 변경하여 이동거리를 단축할 수 없는가? ③ 운반수단을 바꾸는 것은 어떠한가? ④ 운반경로를 바꾸는 것은 어떠한가? ⑤ 팔레트, 스키드 등을 바꾸어 사용하면 어떠한가? ⑥ 운반을 동력화, 자동화, 컨베이어화하면 어떠한가? ⑦ 중력을 이용하는 것은 어떠한가?
정체, 저장	① 로트의 크기를 작게 하면 어떠한가? ② 정체나 저장의 시간을 단축할 수는 없는가? ③ 정체, 저장을 제거하거나 최소화할 수는 없는가?

2.3.4 브레인스토밍

브레인스토밍(brain storming)은 1941년 미국의 오스본(A. Osborn)에 의하여 창안되었으며, 아이디어의 창출과 평가를 분리시키는 집단사고방식을 채택하고 있다. 이는 평가 없이 최대한 아이디어를 제안하고 차후에 제안된 아이디어를 평가한다. 이같은 방법은 집단의 효과를 살리면서도 자유분방하게 사고할 수 있는 분위기를 만들어 연쇄반응적으로 아이디어를 이끌어낸다. 브레인스토밍은 단시간에 많은 아이디어를 얻어내는데 효과적인 방법으로 알려져 있다.

브레인스토밍에서는 다음의 4가지 규칙이 준수되어야 한다.

[규칙1] 다른 사람의 의견을 비판하지 않는다.

[규칙2] 참가자는 자유롭게 의견을 발표한다.

[규칙3] 가능한 한 많은 아이디어를 이끌어낸다.

[규칙4] 다른 사람의 아이디어를 변형시킬 수 있다.

2.3.5 생선뼈도표

생선뼈도표(fishbone diagram)는 도쿄대학교의 이시가와 가오루교수에 의하여 개발되었다. 이 도표의 목적은 주어진 문제의 모든 요인을 파악하고 열거하기 위한 것이다. 이는 그룹차원에서 활용할 수 있는 문제분석의 기법이지만 개인적으로도 사용될 수 있다.

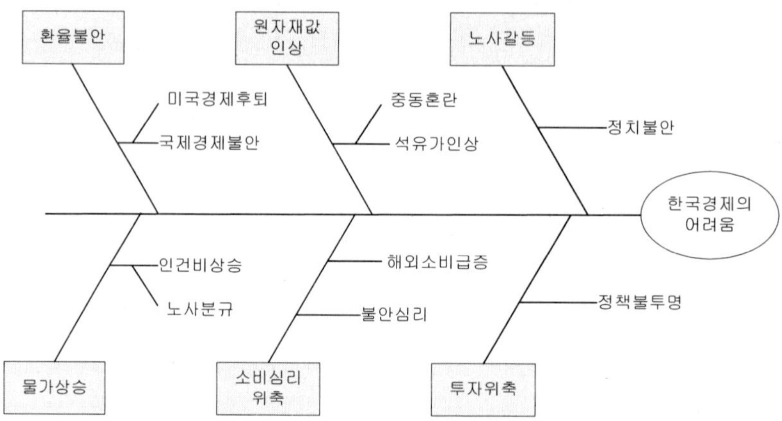

[그림 3-1] 생선뼈도표

[그림 3-1]을 보면서 생선뼈도표를 작성하는 절차를 설명해보자. 종이의 오른편에 먼저 동그라미를 하나 그려 놓고 그 안에 문제의 내용을 적는다. 이 동그라미의 왼편으로 생선등뼈에 해당하는 직선을 하나 그리게 되면 생선등뼈 모양이 만들어진다. 계속해서 등뼈로

부터 위와 아래를 향하여 각각 45도 각도로 가지들을 그려놓고 가지 끝마다 문제에 대한 원인들을 열거한다. 이 때 문제의 원인들을 찾기 위하여 브레인스토밍을 이용할 수 있다. 각각의 원인에 대하여 추가설명이 더 필요한 경우에는 원인을 가리키는 가지마다 설명을 위한 곁가지를 덧붙인다. 생선뼈도표에서는 단순하면서도 상대적으로 중요한 원인들을 생선의 머리 쪽에 위치시키고, 복잡하고 자질구레한 원인들을 생선의 꼬리 쪽에 표기함으로 원인의 중요도를 순차적으로 구분할 수 있게 한다.

2.3.6 마인드맵

마인드맵(mind map)은 영국의 부잔(T. Buzan)에 의하여 창안되었으며, 사람의 두뇌가 핵심단어나 개념을 중심으로 사고를 펼쳐나간다는 이론에 근거하여 개발된 시각적 사고기법이다. 브레인스토밍이 여러 사람으로부터 많은 아이디어를 얻으려고 하는 것이라면, 마인드맵은 개인의 머릿속에 떠오르는 생각들을 종이 위에 기록하는 개인적 브레인스토밍이라고 말할 수 있다. 마인드맵에서 떠오르는 생각을 종이에 옮겨 적을 때는 문장이 아니라 간단한 단어나 기호 혹은 그림으로 나타내야 한다.

[그림 3-2]는 '안전사고'라는 제목으로 작성된 마인드맵이다. 마인드맵은 다음의 절차에 따라 작성된다.

① 큰 백지를 가로로 길게 펴놓는다.

② 중심주제를 백지의 중앙에 적고 동그라미를 친다.

③ 떠오르는 생각들을 백지의 적당한 빈 공간에 적는다.

④ 관련있는 내용들을 가지로 연결한다.

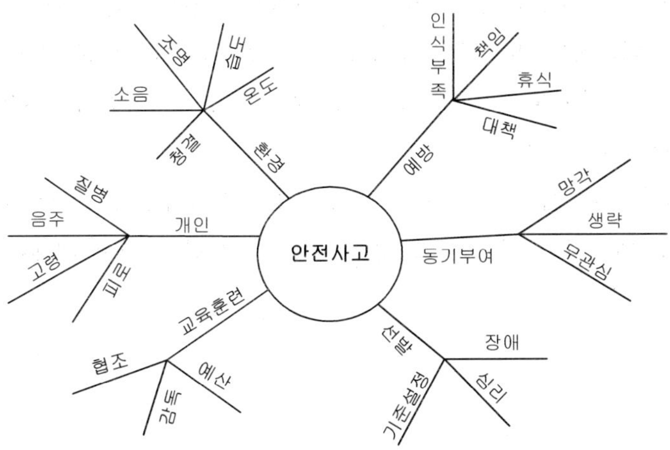

[그림 3-2] 마인드맵

2.4 개선안의 수립

앞에서 소개된 기법들을 적절히 활용하고 깊이 숙고하면 문제해결을 위한 후보대안들을 찾게 된다. 후보대안들로부터 최종개선안을 선택하기에 앞서 충분한 비교와 검토가 요구된다. 후보대안들을 비교평가하려면 개선대상을 선정할 때와 마찬가지로 비용에 대비한 경제적인 효과, 기술적 가능성, 소요기간, 작업자들의 반응 등을 살펴야 한다. 기술적인 가능성이나 소요기간, 작업자의 반응 등의 문제가 있는 대안들을 제외하고, 실시가능한 후보대안 중에서 회사에서 정한 적절한 기준에 따라 최적의 개선안을 수립한다.

2.5 개선안의 실시

선택된 개선안은 작업현장에 올바로 실시되어야 한다. 개선안을 도입할 때는 예상하지 못한 문제가 종종 발생하므로 상당한 주의와 인내가 요구된다. 개선안을 성공적으로 시행하려면 상부와 작업현장에 있는 사람들을 충분히 납득시켜야 한다. 먼저 개선안을 상부에 보고하여 승인을 받아야 하며, 그들에게 만족스러운 개선효과를 정량적으로 입증해야 한다. 개선효과의 정량적인 입증은 소요원가를 비교하는 것이 보통이다. 원가비교가 곤란한 경우에는 작업소요시간이나 소요공수 혹은 이동거리를 비교하는 것도 가능하다.

상부로부터 일단 승인을 얻게 되면 개선안이 실시될 부서의 감독자와 작업자들의 이해를 구하고 요망사항을 전달한다. 무엇보다도 이들에게 현재의 방법과 개선안의 차이를 분명히 이해시켜야 하며, 개선안의 기대효과를 분명히 제시해야 한다. 현장실무진들의 적극적인 도움이 없는 경우 개선안을 성공적으로 실시하는 것은 거의 불가능하다. 무엇보다도 그들과 자주 만나 대화하며 인간적인 유대를 강화하는 가운데 신뢰를 구축해야 한다. 또한 그들의 생각이나 아이디어를 적극적으로 수용하여 그들로 하여금 개선활동에 참여하고 있다는 인식을 갖게 해야 한다.

개선안이 도입된 이후에는 정기적으로 활용상태를 점검하고 발생되는 문제점을 보완하여 의도했던 대로 개선안이 현장에 잘 정착되도록 필요한 조치를 취해야 한다.

3. 설계적 접근법

분석적 접근법은 현재의 상태를 분석검토하여 보다 나은 개선안을 찾는 방법이다. 이는 현재의 방법을 개선하는 것에 초점을 맞추므로 문제 자체에 대한 개선보다는 현행 방법을 개선하는데 주력하게 된다. 즉, 근본적인 개선방안을 찾기보다는 현재의 방법을 일부 수정하는 작은 개선에 머무르는 것이 보통이다.

분석적 접근법이 현재상태의 제약조건을 고려하여 개선안을 마련하는 것이라면 설계적 접근법은 일단 모든 제약조건을 무시하고 문제를 정의한 후, 꼭 필요한 최소한의 제약만을 만족시키는 개선안을 찾는 문제해결방법이다. 설계적 접근법의 절차는 문제의 정의, 문제의 분석, 대안의 탐색, 대안의 평가, 선정안의 명시 순으로 이루어진다.

3.1 문제의 정의

문제를 정의하는 것은 문제해결절차의 첫 단계다. 어떤 문제든지 현재상태와 도달하고자 하는 최종상태가 있다. 물론 현재상태에서 최종상태에 도달하는 과정에는 제약이 반드시 존재하기 마련이다. 문제를 정의할 때는 제약들을 가능하면 무시하는 것이 바람직하다. 제약을 최소화하여 문제를 정의할 때 자유로운 상상력을 동원하여 다양한 해결책을 발견할 수 있다. 작업이 수행되고 있는 경우에는 현재의 방법을 고려하지 말고 독립적으로 문제를 정의하는 것이 중요하다.

3.2 문제의 분석

일단 문제가 정의되었으면 이를 정확하게 분석하기 위하여 보다 구체적인 자료를 얻어야 한다. 문제분석단계에서는 사실에 대한 평가와 문제해결과 관련된 분명한 결정을 유보하고, 문제에 영향을 미치는 제약들을 철저히 찾아내야 한다. 제약들을 찾는 과정에서 실제로 존재하지 않는 허구적인 제약을 고려하는 일이 종종 발생하므로 주의해야 한다. 허구적인 제약은 무의식 중에 설계자가 존재한다고 착각하여 불필요하게 추가하는 조건이다. 이런 제약은 충분한 검토없이 반드시 필요하다는 선입견으로 인하여 생기게 된다.

3.3 대안의 탐색

대안의 탐색단계에서는 발견된 여러 제약들을 만족하는 현실적인 대안을 찾게 된다. 이때 우수한 대안을 보다 많이 찾으려면 아이디어가 풍부해야 하며 설계자의 창의력이 요구된다. 창의력은 문제와 관련된 설계자의 지식, 상상력, 문제해결에 대한 열망에 의하여 좌우된다. 따라서 대안탐색단계에서 설계자는 전문서적 열람, 토의 등 다양한 방법으로 보다 많은 지식을 얻도록 노력해야 한다. 또한 문제에 대하여 의지를 가지고 적극적으로 해결방안을 폭넓게 지속적으로 생각해야 한다. 이 단계에서 마인드맵이나 브레인스토밍 같은 문제해결기법을 적극적으로 사용한다.

3.4 대안의 평가

고려하고 있는 문제에 대하여 몇 가지 대안을 얻었다면 이들을 평가하여 가장 좋은 것을 선정해야 한다. 대안들을 평가할 때 대안 자체를 비교하거나, 대안들을 상호 비교하거나, 대안들을 결합하는 방법 등이 사용된다. 초기에는 결정적인 일부 항목들을 중심으로 일정 수준에 미치지 못하면 제외한다. 그런 다음 나머지 대안에 대하여 상세한 항목들을 추가하여 정밀하게 평가를 실시한다. 설계자에게 최종선택의 재량권이 없거나 객관적으로 평가결과를 나타내기 곤란한 경우에는 몇 개의 대안을 추천하여 최종개선안의 선정을 상부에 위임한다.

3.5 선정안의 명시

선정된 최종안은 관련된 사람들이 충분히 이해할 수 있도록 세부 내용이 자세히 기술되어야 한다. 설계자는 다른 사람과의 의사소통을 통하여 마련된 선정안을 이해시키고 적극적으로 받아들이도록 노력해야 한다. 설계자가 선정안에 대한 구체적인 내용을 알려야할 관계자들로는 선정안의 승인자, 실무관련자, 감독자, 보수유지담당자 등이 있다. 설계자는 선정안의 명시, 시행, 개선되는 과정에도 지속적인 관심을 기울여야 한다.

연습문제

1. 분석적 접근법에 의한 문제해결절차를 열거하라.

2. 문제해결절차의 2종류와 그 차이점을 설명하라.

3. 개선을 위한 연구대상을 선정할 때 고려할 내용들을 열거해 보라.

4. 문제해결절차에 있어서 분석적 접근법의 한계는 무엇인가?

5. 작업현장에서 발견할 수 있는 80대 20의 법칙의 예를 3가지 들어보라.

6. 낮은 학점의 원인을 생선뼈도표로 분석해 보라.

7 브레인스토밍의 규칙을 열거하라.

8 자신의 취업전략을 마인드맵으로 작성하라.

2부
작업방법개선

제 4 장
작업공정분석

1. 작업의 구분

작업은 크기에 따라 동작(motion), 요소작업(work element), 단위작업(work), 공정(process)으로 구분된다. 동작은 작업을 이루는 신체움직임의 가장 작은 단위이며 더 이상 작게 세분될 수 없다. 작업동작으로는 '잡는다', '부품을 옮긴다', '놓는다' 등이 있으며, 이들은 소요시간이 너무 짧아 시간측정단위로는 이용되지 않는다.

요소작업은 일련의 동작으로 이루어진 최소한의 작업단위로, 분명한 목적을 가지고 행하여진다. '공구를 장착한다.', '작업물을 로딩한다', '작업물을 절삭한다' 등이 요소작업에 해당되며 작업측정이 이루어지는 최소단위다.

단위작업은 여러 요소작업이 모여 하나의 완성된 작업을 이루는 것으로, '작업물의 절삭가공', '완성품의 검사', '완성품의 저장' 등이 이에 해당된다. 예를 들어 단위작업인 '작업물의 절삭가공'은 '공구를 장착한다.', '작업물을 로딩한다', '작업물을 절삭한다' 같은 여러 요소작업으로 이루어진다.

공정은 정해진 장소에 위치한 작업장에서 이루어지는 일련의 단위작업들을 가리키며, '선반가공', '열처리', '조립' 등이 이에 해당된다. 예를 들어 '선반가공' 공정은 '작업물의 절삭가공'. '완성품의 검사', '완성품의 반출'과 같은 여러 단위작업으로 구성된다.

[표 4-1]은 동작, 요소작업, 단위작업, 공정을 비교 설명한 것이다.

[표 4-1] 작업의 구분과 비교

	동 작	요소작업	단위작업	공 정
내용	작업을 이루는 신체 움직임의 가장 작은 단위	여러 동작으로 이루어진 최소한의 작업 단위	여러 요소작업이 모여 이루는 하나의 완성된 작업 단위	하나의 작업장에서 이루어지는 일련의 단위 작업들
작업예	• 손을 뻗는다. • 부품을 잡는다. • 부품을 옮긴다. • 부품을 내려놓는다.	• 공구를 장착한다. • 작업물을 로딩한다. • 작업물을 절삭한다. • 작업물을 언로딩한다.	• 작업물의 반입 • 작업물의 절삭가공 • 완성품의 검사 • 완성품의 반출	• 선반가공 • 열처리 • 용접 • 연삭가공

2. 공정분석

공정분석이란 재료, 반제품, 제품 등의 처리경로를 공정단위로 발생순서에 따라 분류하고, 각 공정의 가공조건, 경과시간, 이동거리 등과 함께 분석하는 기법이다. 공정분석은 생산기간의 단축, 재공품의 절감, 제품의 품질유지, 시설배치의 개선, 공정관리시스템의 개선 등을 목적으로 이루어진다.

2.1 공정의 분류

작업장에서 이루어지는 공정은 통상적으로 가공, 운반, 검사, 지체, 저장으로 분류된다.

1) 가공

가공(operation)은 제조하려는 목적을 직접적으로 달성하기 위한 활동으로 부품의 변형, 조립, 분해 등을 가리킨다. 망치로 못질하거나, 밀링기계를 사용하여 물품을 절삭가공하는 일이 가공에 해당된다.

2) 운반

운반(transport)은 제품이나 부품을 다른 작업장으로 옮기기 위해 적재, 운반, 하역하는 활동을 가리킨다. 작업자가 직접 자재를 들어 옮기거나, 컨베이어를 사용하여 자재를 운반하는 일이 운반에 해당된다.

3) 검사

검사(inspection)는 제품이나 부품이 원하는 품질수준을 만족하는지 확인하는 작업으로, 양적 검사와 질적 검사로 구분된다. 양적 검사는 수량, 중량 등을 측정하는 것이며, 질적 검사는 설정된 품질기준에 따라 등급별로 물품을 분류하는 것이다.

4) 지체

지체(delay)는 제품이나 부품이 다음 작업을 위해 일시적으로 대기하고 있는 상태를 말한다. 제품을 수레에 싣고 운반하는 도중에 승강기를 기다리고 있거나, 상자에 부품이 가득 채워질 때까지 운반을 미루는 일이 지체에 해당된다.

5) 저장

저장(storage)은 제품이나 부품이 필요한 모든 작업활동을 마치고 계획적으로 지정된 장소에 보관되어 있는 상태를 가리킨다. 저장된 물품들은 창고에 보관되며 고객의 요청이 있을 때 출하된다.

2.2 공정개선의 방법

공정분석을 통하여 공정을 개선하려면 공정의 감축, 공정의 변경, 공정의 최적화, 효율적 운반, 대기의 감축 등을 고려해야 한다.

2.2.1 공정의 감축

작업활동의 최종목적에 기여하지 않는 공정을 찾아서 제거한다.

- 형상, 정도, 공차, 표면처리, 표준화 등 제품의 설계를 변경한다.
- 재질, 형상, 치수와 같은 자재의 사양을 변경한다.
- 표준화, 치수, 형상 등 포장의 사양을 변경한다.
- 검사공정의 위치를 최적화한다.

2.2.2 공정의 변경

결합, 분리, 교체, 병행 등의 방법으로 공정을 변경함으로 공정에서 수행되는 작업을 개선한다.

- 결합 : 둘 이상의 공정을 하나로 합한다.
- 분리 : 하나의 공정을 둘 이상으로 분해하여 분업화한다.
- 교체 : 둘 이상의 공정순서를 서로 바꾼다.
- 병행 : 둘 이상의 공정을 동시에 작업하도록 한다.

2.2.3 공정의 최적화

가공조건, 공정설비, 작업방법 등을 최적화하여 각 공정에서 작업이 효율적으로 수행되도록 한다.

- 각 공정마다 최적의 가공조건을 찾아 설정한다.
- 각 공정마다 비용과 기능의 측면에서 최적의 설비를 도입한다.
- 각 공정의 작업방법을 단순화하여 미숙련자도 쉽게 작업하도록 한다.

2.2.4 효율적 운반

자재, 재공품, 제품 등을 운반하는 물량과 횟수를 줄여 효율적으로 작업이 진행되도록 한다.

- 절삭여유나 스크랩을 줄여 운반량을 감소시킨다.
- 운반량을 증가시키거나 임시보관을 폐지하여 운반회수를 감소시킨다.
- 자재취급을 용이하게 하거나 대차를 개선하여 운반방식을 개선한다.
- 공정순서나 시설배치를 변경하여 운반거리와 운반경로를 최적화한다.
- 운반설비를 대형화, 고속화, 다기능화하여 운반 및 하역시간을 단축한다.

2.2.5 지체 및 저장의 감축

지체와 저장의 물량, 회수, 시간 등을 감축하여 물품의 보관으로 낭비되는 비용을 줄인다.

- 각 공정마다 작업능력의 밸런싱을 유지한다.
- 각 공정의 일정관리를 합리적으로 계획한다.
- 체계적인 재고관리계획을 수립하여 재고낭비를 줄인다.
- 운반시스템을 개선하여 지체시간을 단축한다.

3. 작업분석도표

현재 수행되고 있는 작업을 기술하거나 개선안을 제시할 때는 그 내용을 분명하고 간결하게 표현하는 방법이 필요하다. 작업내용을 글이나 말로 표현하는 것은 번거로울 뿐만 아니라 부정확하기 쉬우므로, 이러한 문제점을 해결하기 위하여 차트(chart)와 도표(diagram)가 개발되었다. 전체공정을 대상으로 작업의 흐름을 분석하기 위한 도구로는 작업공정도, 흐름공정도, 흐름도표가 있고, 하나의 작업장을 중심으로 이루어지는 공정활동을 분석하기 위한 차트로는 작업자-기계분석표와 복수작업자분석표가 있다. 차트와 도표는 작업공정의 내용을 쉽게 나타낼 뿐만 아니라 작업을 분석하여 개선안을 제시하는 데에도 매우 효과적이다.

3.1 공정도의 기호

공정도는 작업장에서 이루어지는 작업활동을 약속된 기호로 표시하는 도표다. 미국의 기계공학회인 ASME(American Society of Mechanical Engineers)는 작업, 검사, 운반, 지체, 저장의 5가지 공정활동을 나타내는 기호를 정의하여 보급하였다. 그에 비하여 한국공업규격(Korean Industrial Standards)에서는 공정활동을 [표 4-2]와 같이 가공, 운반, 정체, 검사의 4가지로 분류하고 있으며 필요에 따라 좀 더 세분하고 있다. 여기서 특기할 사항은 정체는 저장과 지체로 나뉘며, 검사는 수량검사와 품질검사로 세분되고 있다는 점이다.

[표 4-2] 공정분석기호

공정활동		기호	공정내용
가공		○	물품의 형태나 특성을 변화시키는 활동
운반		⇨	물품의 위치가 변하는 활동
정체	저장	▽	물품을 저장함
	지체	D	물품의 처리가 지체됨
검사	수량검사	□	물품의 개수를 검사함
	품질검사	◇	물품의 품질특성을 검사함
복합		◇□	품질검사를 주로 하면서 수량검사도 실시
		□◇	수량검사를 주로 하면서 품질검사도 실시
		○⇨	가공을 주로 하면서 운반도 실시
		○□	가공을 주로 하면서 수량검사도 실시

3.2 작업공정도

작업공정도(operation process chart)에는 원자재로부터 완제품이 만들어지기까지 실시되는 작업활동이 도식적으로 기록된다. 이는 작업활동의 내용과 순서를 한 눈으로 볼 수 있을 뿐만 아니라, 제안된 개선방법을 설명하거나 홍보하는 데에도 매우 효과적이다. 작업공정도에 도시되는 작업활동은 가공과 검사이며, 이들은 각각 원과 정사각형 모양의 기호로 표기된다.

[그림 4-1]은 압력을 검출하여 송신하는 압력전송기를 생산하는 작업내용을 작업공정도로 나타낸 것이다. 처음 투입되는 자재는 케이블, 판넬, 블록이며, 이들 가운데 케이블과 판넬은 필요한 가공과 검사가 완료되면 블록에 조립되어 완제품으로 만들어진다.

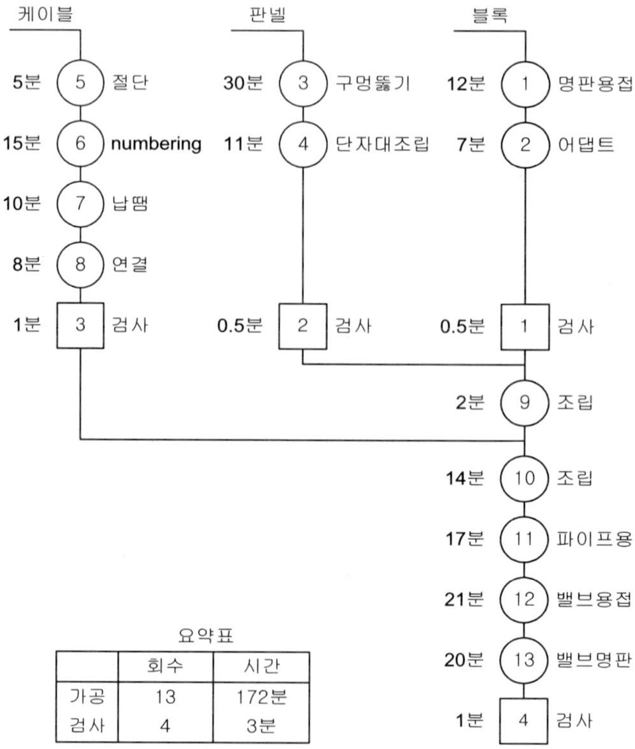

요약표

	회수	시간
가공	13	172분
검사	4	3분

[그림 4-1] 작업공정도

작업공정도를 작성하는 절차를 좀더 구체적으로 설명해 보자. 작업공정도에서 수평선은 투입되는 자재와 그 시점을, 수직선은 작업의 순서를 나타낸다. 수직선 상에는 작업순서에 따라 가공과 검사가 기호로 표시되어 있고, 각각의 기호마다 소요시간과 설명이 왼편과 오른편에 각각 기록되어 있다. 조립이 이루어지기 전까지 여러 작업들이 동시에 실시될 때는 주공정이 가장 오른편에 위치되도록 공정도를 작성한다. 작업활동이 공정도에 모두 도시되면 주공정부터 작업순서에 따라 가공과 검사별로 일련번호를 기호 안에 기입한다. 마지막으로 왼쪽 하단에는 요약표를 추가하여 가공과 검사의 시행회수와 총소요시간을 각각 기입한다.

3.3 흐름공정도

공정내용	회수	거리	시간
○ 가공	11		315.5
⇨ 운반	7	31.0	
□ 검사	1		130
D 지체	6		65
▽ 저장	2		

작업명	열처리작업
작업부서	
도표번호	
작성자	
작성일자	년 월 일

공정내용	기호	거리(m)	시간(분)	비고
1. 부품을 입고한다.	○ ⇨ □ D ▼			
2. 부품을 운반차에 싣는다.	● ⇨ □ D ▽		3.0	
3. 부품을 세척장으로 옮긴다.	○ ➡ □ D ▽	3.5		
4. 세척장에서 대기한다.	○ ⇨ □ ◗ ▽		1분	
5. 부품을 세척한다.	● ⇨ □ D ▽		30분	
6. 부품을 운반차에 싣는다.	● ⇨ □ D ▽		0.5분	
7. 부품을 침탄로로 이동한다.	○ ➡ □ D ▽	2.0		
8. 침탄로에서 대기한다.	○ ⇨ □ ◗ ▽		1분	
9. 부품을 침탄한다.	● ⇨ □ D ▽		200분	
10.부품을 운반차에 싣는다.	● ⇨ □ D ▽		0.5분	
11.부품을 세척장으로 옮긴다.	○ ➡ □ D ▽	2.0		
12.세척장에서 대기한다.	○ ⇨ □ ◗ ▽		1분	
13.부품을 세척한다.	● ⇨ □ D ▽		30분	
14.부품을 운반차에 싣는다.	● ⇨ □ D ▽		0.5분	
15.부품을 템퍼링로로 옮긴다.	○ ➡ □ D ▽	9.0		
16.템퍼링로에서 대기한다.	○ ⇨ □ ◗ ▽		1분	
17.부품을 템퍼링한다.	● ⇨ □ D ▽		30분	
18.부품을 운반차에 싣는다.	● ⇨ □ D ▽		0.5분	
19.쇼트블래스트기로 가져간다.	○ ➡ □ D ▽	4.0		
20.블래스트기에서 대기한다.	○ ⇨ □ ◗ ▽		1분	
21.쇼트블래스트작업한다.	● ⇨ □ D ▽		20분	
22.부품을 운반차에 싣는다.	● ⇨ □ D ▽		0.5분	
23.부품을 검사실로 옮긴다.	○ ➡ □ D ▽	3.5		
24.검사실에서 대기한다.	○ ⇨ □ ◗ ▽		60분	
25.샘플의 품질을 확인한다.	○ ⇨ ■ D ▽		130분	
26.완제품저장소로 옮긴다.	○ ➡ □ D ▽	7.0		
27.완제품을 보관한다.	○ ⇨ □ D ▼			
	○ ⇨ □ D ▽			

[그림 4-3] 흐름공정도

흐름공정도(flow process chart)는 공정 중에서 발생하는 가공, 검사, 운반, 지체, 저장의 작업활동을 기호로 도식화한 공정도다. 이는 작업공정도보다 더 세밀하게 작업공정을 분석하므로 하나의 부품을 대상으로 공정도를 작성하는 것이 보통이다. 흐름공정도는 작업공정에서 발생하는 운반거리, 지체 및 저장시간을 분석할 수 있으므로 자재의 불필요한 이동이나 작업의 지연과 같이 눈에 잘 보이지 않는 숨은 비용(hidden cost)을 찾아내는데 매우 효과적이다. 따라서 시설배치나 자재취급방법, 공정관리시스템 등을 개선하고자 할 때는 흐름공정도를 사용하는 것이 효과적이다.

[그림 4-3]은 부품을 침탄과 템퍼링으로 열처리한 후, 쇼트블래스트 방식으로 표면처리하는 작업을 흐름공정도로 도시한 것이다. 흐름공정도를 작성할 때는 작업공정을 순서에 따라 설명과 기호로 나타내고 이동거리와 소요시간을 함께 기록한다. 또한 작업공정 별로 공정의 발생회수와 총이동거리, 총이동시간을 함께 요약한다.

3.4 흐름도표

흐름공정도는 이루어지는 작업공정을 순서대로 기록한 것이므로, 각각의 작업공정이 작업장의 어느 위치에서 실시되고 있는지 시각적인 정보를 제공하지 못한다. 흐름도표(flow diagram)는 이러한 흐름공정도의 약점을 보완하기 위한 도표로서, 물품의 이동경로에 따라 제조과정에서 시행되는 작업공정의 위치를 배치도상에 도시한다. 따라서 흐름공정도는 흐름도표와 함께 사용되는 것이 보통이다. 특히 흐름도표는 시설을 재배치하여 물품의 이동거리를 단축하거나, 혼잡지역을 파악하거나, 공정의 역류현상을 점검하는데 효과적으로 사용된다.

흐름도표를 작성하려면 먼저 작업활동이 이루어지는 작업장에서 기자재에 대한 배치도를 작성하고, 물품의 이동경로를 배치도상에 직선이나 곡선으로 도시한다. 그 다음 작업장에서 시행되는 작업공정을 이동경로선 상에 기호로 표기하고, 각 기호 별로 공정순서에 따라 번호를 기입한다.

[그림 4-4]는 앞서 [그림 4-3]에서 보여준 흐름공정도를 흐름도표로 도시한 것이다.

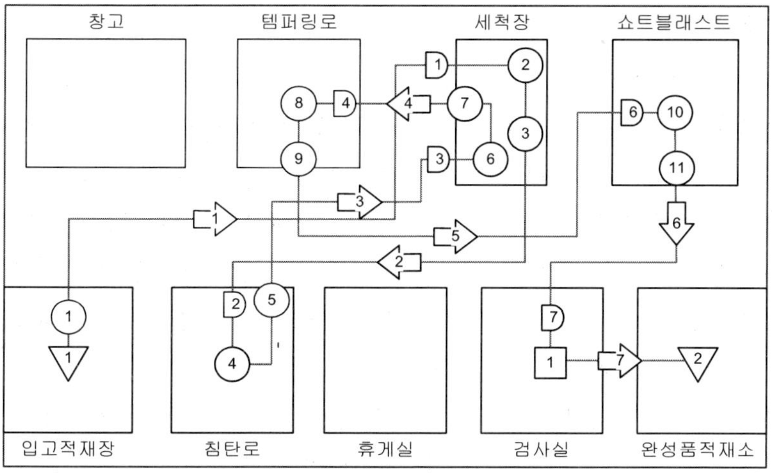

[그림 4-4] 흐름도표(개선전)

[그림 4-4]의 흐름도표를 살펴보면서 시설배치를 개선해 보자. 침탄로와 템퍼링로, 세척장의 주위에서는 자재의 흐름이 많을 뿐만 아니라 일부 흐름은 역류하고 있음을 알 수 있다. 이를 개선하기 위하여 자재의 이동이 빈번한 세척장과 침탄로를 가깝게 배치하였으며, 중앙아래에 위치했던 휴게실을 오른쪽위의 구석으로 이동하였다. [그림 4-5]는 개선된 시설배치에 대한 유통선도를 보여준다. 개선된 유통선도를 보면 개선 전에 비해 혼잡도가 크게 줄었고, 자재의 흐름이 역류하지 않으며, 이동거리가 상당히 단축된 것을 알 수 있다.

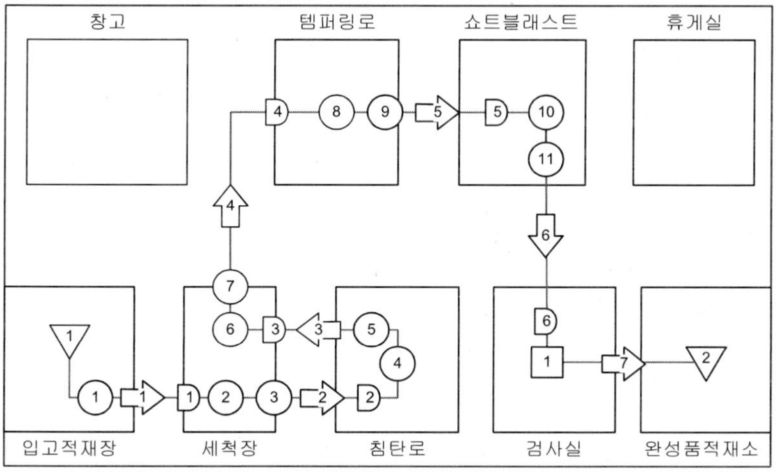

[그림 4-5] 흐름도표(개선후)

3.5 다제품공정도

유사한 공정으로 작업이 이루어지는 여러 제품들을 함께 도시하여 분석할 때는 다제품 공정도(multi-product process chart)가 유용하다. 작업공정도가 하나의 중요한 제품을 별도로 관리하기 위한 도표인데 반하여, 다제품공정도는 상대적으로 덜 중요하면서 유사한 여러 제품들을 한꺼번에 관리하기 위한 도표다. 다제품공정도는 작업활동이 가공이나 검사인 경우에는 적합하지만, 조립이나 분해의 작업활동을 도시하는 데에는 적합하지 않다.

다제품공정도는 [그림 4-6]에서 보는 바와 같이 왼편에는 작업활동의 내용이 열거되고, 윗편에는 제품의 이름이 기입된다. 각각의 제품마다 시행되는 작업순서에 따라 작업활동의 기호와 번호를 표시하여 선으로 연결한다. 공정도의 가장 아래편에는 매출액을 기준한 제품의 백분율이 기재된다.

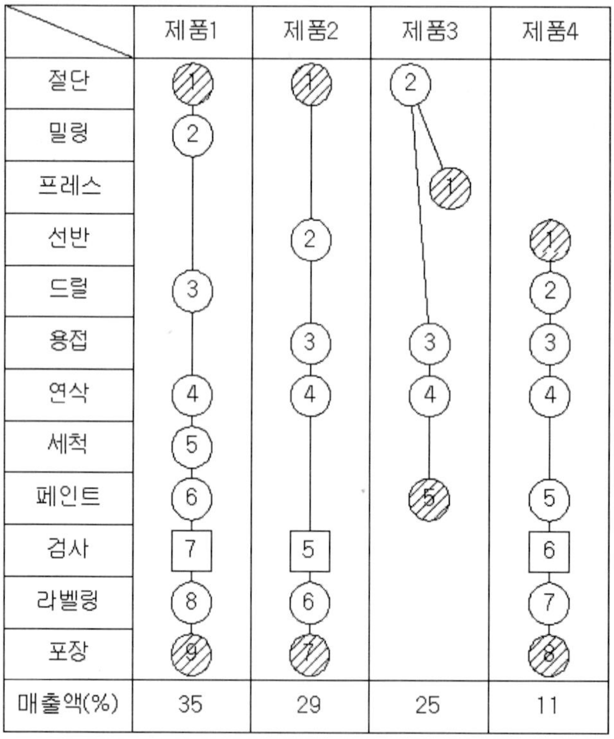

[그림 4-6] 다제품공정도

4. 작업장활동의 분석

앞서 기술한 작업공정도나 흐름공정도에서는 자재의 흐름에 따라 작업의 전체과정을 분석하였다. 하지만 작업장에서 작업자나 기계는 여러 이유로 인하여 유휴시간이 자주 발생하므로 작업효율을 높이기 위하여 작업장의 활동을 분석해야 한다. 작업장활동을 분석하기 위해 사용되는 차트로는 작업자-기계분석표와 복수작업자분석표가 있다.

4.1 작업자-기계분석표

작업자-기계분석표(man-machine chart)는 1명의 작업자가 1대 이상의 기계를 담당하는 작업장을 분석할 때 사용된다.

4.1.1 작업자-기계분석표의 기호

작업자-기계분석표를 작성하기 위하여 사용되는 기호는 [그림 4-7]과 같다. 그림에서 기계와 작업자의 동시작업은 작업자에 의하여 가공물을 기계에 로딩(loading)하거나 언로딩(unloading)하는 것을 말한다. 또한 작업자의 독립적인 활동은 작업물의 준비, 완성품검사, 포장, 작업자의 이동과 같이 기계와 상관없이 작업자가 독자적으로 행하는 작업을 가리킨다.

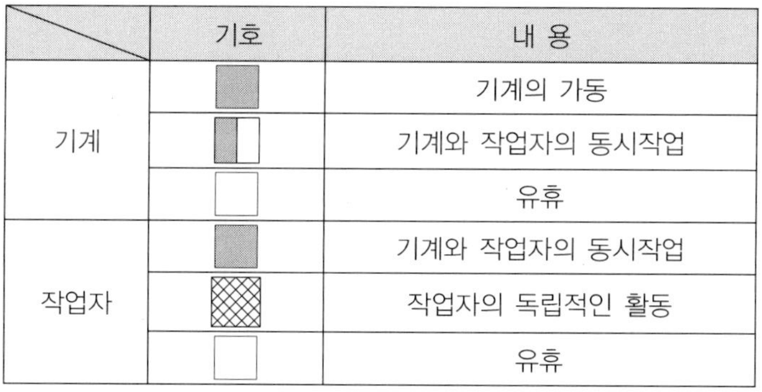

[그림 4-7] 작업자-기계분석표에서 사용되는 기호

[그림 4-8]은 1명의 작업자가 동일한 2대의 기계를 담당하는 작업장을 분석하기 위하여 작성된 작업자-기계분석표를 예시하고 있다. 작업자는 두 기계를 왕래하면서 작업하고 있으며 다른 기계로 이동하는데 1분이 소요된다. 다른 기계에 도착하면 즉시 로딩할 작업물을

준비해야 하며 소요시간은 3분 걸린다. 로딩된 작업물이 기계 상에서 가공을 마치면 작업자는 가공물을 언로딩하고 새로운 작업물을 로딩하게 되는데, 이 2가지 활동에는 5분이 소요된다. 작업물의 로딩이 완료되면 기계는 19분 동안 자동으로 작업물을 가공한다.

작업자가 기계1과 기계2에 작업물을 로딩한 후 다시 기계1로 돌아오기까지는 총 18분이 소요된다. 하지만 그 때까지 기계1은 여전히 가공 중이므로 작업자는 가공이 끝나기까지 6분을 기다려야 한다. 반면에 기계는 가공이 끝남과 동시에 작업자에 의하여 언로딩과 로딩이 실시되므로 유휴시간은 발생되지 않는다. 따라서 작업장의 생산주기는 언로딩 및 로딩시간 5분과 기계가공시간 19분을 합하여 24분이 소요된다.

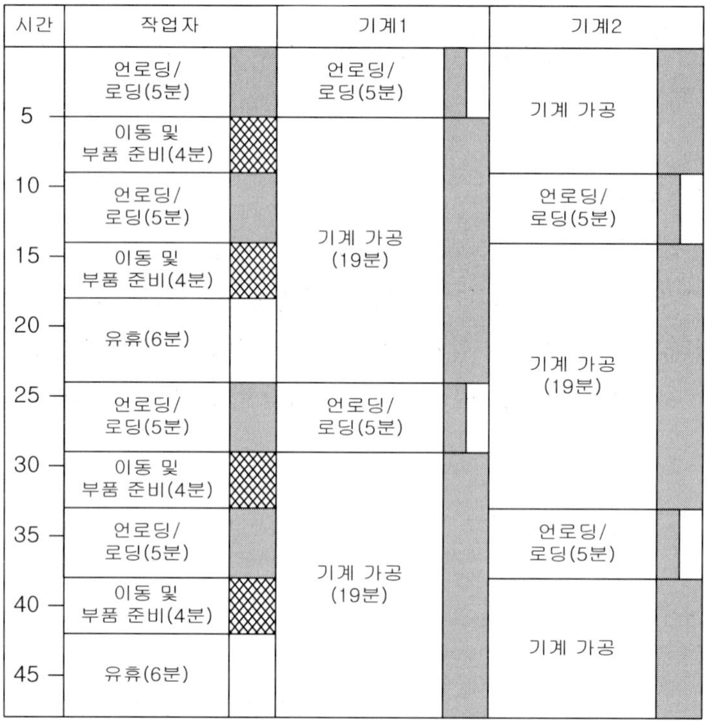

[그림 4-8] 작업자-기계분석표

4.1.2 담당기계대수의 변화와 유휴시간의 발생

작업장에서 언로딩/로딩시간은 2분, 기계의 가공시간은 3분이 소요된다고 하자. 작업자가 다른 기계로 이동하는데 소요되는 시간은 무시된다. [그림 4-9]는 1명의 작업자가 동일한 기계를 1대, 2대, 3대를 담당했을 때 각각에 대한 작업자-기계분석표를 보여준다.

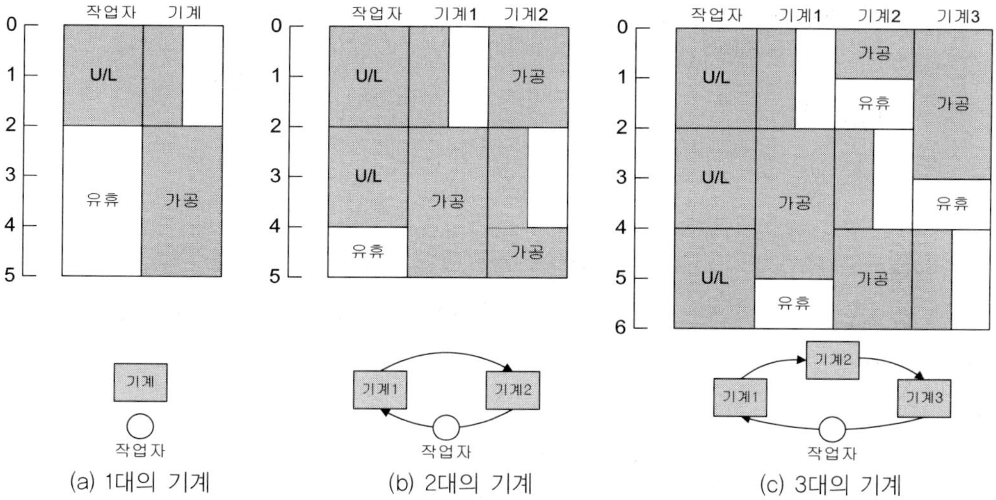

[그림 4-9] 담당기계대수의 변화와 유휴시간

1) 1대의 기계담당

[그림 4-9(a)]에 의하면 제품의 생산주기는 5분, 생산주기마다 작업자에게 3분의 유휴시간이 발생한다. 작업장에서 시간당 제품의 생산량은 60/5 = 12개, 작업자의 효율은 2/5 = 40%, 기계의 가동률은 100%다.

2) 2대의 기계담당

[그림 4-9(b)]에서 제품의 생산주기는 5분, 생산주기마다 작업자에게 1분의 유휴시간이 발생한다. 이 작업장에서 시간당 제품생산량은 (60/5)×2 = 24개, 작업자의 효율은 4/5 = 80%, 기계의 가동률은 100%다.

3) 3대의 기계담당

[그림 4-9(c)]를 보면 제품의 생산주기는 6분, 생산주기마다 유휴시간은 기계에서 1분씩 발생한다. 이 작업장에서 시간당 제품생산량은 (60/6)×3 = 30개, 작업자의 효율은 100%, 기계의 가동률은 5/6 = 83.3%다.

4.1.3 담당기계대수의 결정

작업자가 동일한 기계를 여러 대 담당할 때 최적의 담당기계대수를 결정해 보자. 이 경우 작업시간은 ①언로딩/로딩시간과 같이 작업자와 기계가 함께 작업하는 시간, ②작업물 준비, 검사, 포장, 이동과 같이 작업자 혼자 활동하는 시간, ③기계만의 가공시간으로 구분된다. 구분된 작업활동에 소요되는 시간을 각각 a, b, t라 하자.

a = 기계와 작업자의 동시작업시간

b = 작업자만의 활동시간

t = 기계가공시간

한 제품을 생산하기 위하여 작업자에게 요구되는 작업시간은 a + b, 기계에서 이루어지는 작업시간은 a + t가 된다. 따라서 작업자 한 사람이 담당할 최적의 기계대수 n'는 다음과 같이 결정된다.

$$n' = \frac{\text{제품당 기계의 작업시간}}{\text{제품당 작업자의 작업시간}} = \frac{a+t}{a+b}$$

n'가 정수값일 때 작업자와 기계 모두에서는 유휴시간이 전혀 발생하지 않는 최적의 상태가 된다. 하지만 일반적으로 n'는 정수값이 아니므로 작업자가 담당할 기계대수는 정수 n과 n + 1의 둘 중에서 선택해야 한다. 여기서 n은 n'보다 작은 값들 중 최대정수를 가리킨다.

[그림 4-9]의 경우 한 작업자가 담당할 적정 기계대수를 결정해 보자. a = 2분, b = 0분, t = 3분이므로 이론적 담당기계대수 n'는 다음과 같이 계산된다.

$$n' = \frac{2+3}{2+0} = 2.5$$

n = 2이므로 작업자가 담당할 기계대수는 2대 혹은 3대 중에서 선택해야 한다.

보다 일반적으로 작업자가 N_1 = n대의 기계를 담당할 경우와 N_2 = n + 1대의 기계를 담당할 경우를 비교해 보자. 먼저 작업자가 N_1대의 기계를 담당하는 경우, 기계에서는 유휴시간이 발생하지 않으므로 제품의 생산주기시간은 a + t가 된다. 또한 작업자는 N_1대의 기계를 담당하므로 $N_1(a + b)$의 작업시간이 소요된다. 작업자의 작업시간은 생산주기시간보다 짧으므로 작업자에게서 $(a + t) - N_1(a + b)$의 유휴시간이 발생하게 된다.

반면에 작업자가 N_2대의 기계를 담당하는 경우를 살펴보자. 작업자는 유휴시간 없이 N_2대의 기계에서 작업하게 되므로 제품의 생산주기시간은 $N_2(a + b)$가 된다. 이 경우 기계의 작업시간 a + t는 생산주기시간보다 짧으므로 $N_2(a + b) - (a + t)$만큼의 유휴시간이 기계에서 발생한다.

이들 두 경우에 대하여 생산주기, 작업자, 기계의 유휴시간을 서로 비교하면 [표 4-3]과 같다.

[표 4-3] 담당기계대수에 따른 비교

	N_1대의 기계담당	N_2대의 기계담당
생산주기	$a + t$	$N_2(a + b)$
작업자 유휴시간	$(a + t) - N_1(a + b)$	0
기계 유휴시간	0	$N_2(a + b) - (a + t)$

4.2 복수작업자분석표

작업자-기계분석표는 1명의 작업자가 여러 기계를 담당하는 작업장을 분석할 때 사용된다. 그에 비하여 복수작업자분석표(gang process chart)는 1대의 기계를 중심으로 여러 작업자가 함께 일하는 작업장을 분석하기 위하여 사용된다.

복수작업자분석표로 작업장을 분석한 사례를 소개한다. 작업장에서는 1대의 기계를 중심으로 1명의 작업자와 1명의 협조자가 함께 철판절단작업을 수행하고 있다. 작업은 다음의 순서로 이루어진다.

① 기계의 절단작업은 작업자의 감시 하에 자동으로 이루어진다.
② 절단작업이 이루어지는 동안 협조자는 다음 작업할 철판을 준비한다.
③ 절단작업이 완료되면 협조자는 철판을 운반할 카트를 가져온다.
④ 작업자와 협조자가 협조하여 절단이 끝난 철판을 언로딩한다.
⑤ 협조자는 철판을 검사대로 옮긴다.
⑥ 협조자는 돌아와 작업자와 함께 다음 작업할 철판을 로딩한다.
⑦ 로딩이 완료되면 기계는 절단작업에 들어간다.

이러한 절단작업에 대하여 복수작업자분석표를 작성하면 [그림 4-10]과 같다. 분석표에 의하면 작업자와 협조자의 작업효율은 각각 74%, 68%에 불과하며, 특히 기계의 가동률은 45%로 매우 저조하다. 이로 인하여 회사에서는 현재의 작업방법을 개선하여 작업자와 기계의 작업효율을 높이려고 계획 중이다.

	작업자	협조자	기계
주기시간	7.7분	7.7분	7.7분
작업시간	5.7분	5.2분	3.5분
유휴시간	2분	2.5분	4.2분
이용율	74%	68%	45%

[그림 4-10] 개선 전의 복수작업자분석표

작업을 분석한 결과 3가지 내용에 대하여 작업을 개선하였다. 첫째, 협조자는 철판이 가공되고 있는 동안 다음에 작업할 철판을 준비하고 있었다. 그런데 그 시간이 기계가공시간에 비하여 매우 짧아 상당한 유휴시간이 발생하고 있었으므로 기계가공 중에 협조자로 하여금 철판을 준비하는 일 외에 운반용 카트도 가져오도록 조치하였다. 둘째, 철판을 기계에 로딩할 때 작업자와 협조자는 함께 작업하고 있었다. 하지만 작업현장에서 조사한 바에 의하면 로딩작업은 처음 철판을 들어 기계에 올려놓는 0.5분 동안만 협조자의 도움이 필요했고 나머지 작업은 작업자가 혼자서도 충분히 수행할 수 있었다. 하지만 작업자 혼자서 철판을 로딩할 때 작업시간은 1.5분으로 협조자와 함께 일할 때보다 0.3분 더 소요되었다. 마지막으로, 협조자는 가공이 끝난 철판을 검사대로 옮기는 작업을 로딩 이전에 수행하고 있었다. 개선안에서는 이를 로딩 이후로 변경하였다.

이상과 같이 개선된 작업에 대하여 작성된 복수작업자분석표는 [그림 4-11]과 같다. 개선 후 작업자의 작업효율은 100%, 협조자의 작업효율은 75%, 기계의 가동률은 58%로 개선 전보다 크게 작업성과가 향상된 것을 알 수 있다.

	작업자	협조자	기계
주기시간	6분	6분	6분
작업시간	6분	4.5분	3.5분
유휴시간	0분	1.5분	2.5분
이용율	100%	75%	58%

[그림 4-11] 개선 후의 복수작업자분석표

5. 작업분석

각종 차트나 도표를 작성한 후에는 작업분석(operation analysis)을 통하여 효율적인 작업과 비효율적인 작업을 심도있게 분석하여 개선을 도모해야 한다. 작업분석은 기존의 작업을 개선하는 것만 아니라 새로운 작업장을 계획하는 데에도 매우 효과적이다. 작업을 분석하는 과정에서는 특히 다음의 사항들을 염두에 두어야 한다.

- 작업의 목적은 무엇인가?
- 부품은 적절하게 설계되었는가?
- 공차와 규격은 지나치게 엄격하지 않은가?

- 더 우수한 재료는 없는가?
- 더 나은 제조순서는 없는가?
- 더 효율적인 셋업과 치공구는 없는가?
- 더 효율적인 자재취급방법은 없는가?
- 시설배치에서 개선할 점은 없는가?
- 작업환경은 쾌적한가?

5.1 작업의 목적

작업의 목적을 수시로 확인하는 것은 작업분석에 있어서 가장 중요하다. 작업의 목적을 확인할 경우 불필요한 작업을 찾아내어 제거할 수 있기 때문이다. 작업목적을 염두에 두고 왜(why)라는 질문을 계속 던지게 되면 제거가능한 작업을 찾을 수 있다. 전문가에 따르면 미국산업계에서 설계와 제조공정을 철저히 살피는 경우 25%의 작업을 제거할 수 있다고 한다. 다음의 질문들은 작업목적을 살피는데 도움을 준다.

- 이 작업을 왜 하는가?
- 이 작업은 꼭 필요한가?
- 원하는 목적을 얻을 수 있는 다른 방법은 없는가?

5.2 부품의 설계

제조부서에서 일하는 작업자들은 설계된 부품을 경제적으로 생산하는 방법을 찾기 위해 골몰한다. 하지만 설계상에 문제가 있는 경우 제조부서에서 아무리 노력해도 제조원가를 낮추는 데는 한계가 있다. 따라서 개선은 제조단계뿐만 아니라 설계단계에서부터 추구되어야 한다. 부품을 설계할 때는 다음의 내용들을 검토해야 한다.

- 설계를 단순화하여 부품의 수를 감소시킨다.
- 가공과 조립이 용이하도록 설계한다.
- 제품이나 부품을 보다 단순화한다.

제품을 구성하는 부품수를 줄이면 간접비용이 절감되고 조립작업이 줄어든다. 비용절감의 원인으로는 재고의 감소, 공장배치의 단순화, 구매활동의 감소, 자재취급의 감소, 품질관리의 감소, 회계작업의 감소 등을 들 수 있다. 또한 조립될 부품들은 제품의 고장에 영향을 미치므로 부품을 적게 사용할수록 제품의 품질은 더욱 향상된다.

[그림 4-12]는 자동차에서 기능과 미관을 목적으로 부착하는 바퀴축덮개의 구성부품들을 보여준다. 개선 전에는 10개의 부품을 사용했으나 개선 후에는 부품수가 2개로 줄어들었다.

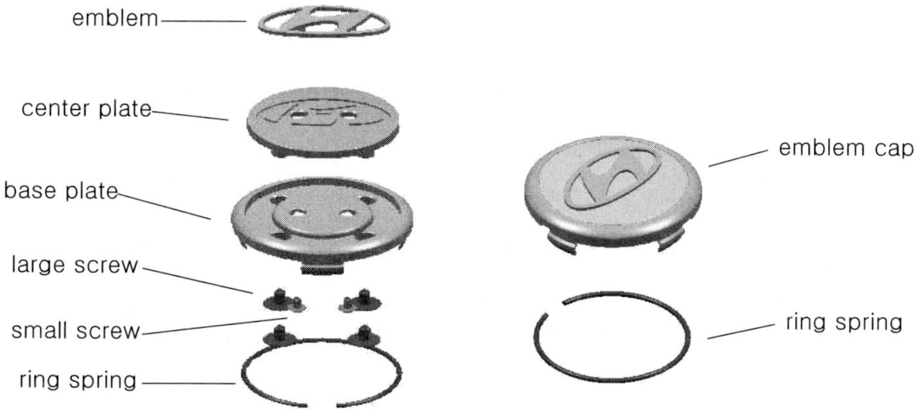

(a) 개선전(10개) (b) 개선후(2개)

[그림 4-12] 자동차 바퀴축덮개의 개선(현대자동차)

> "선박건조에서 가장 중요한 부분은 설계로, 건조원가의 15%에 불과하지만 통상적으로는 건조원가의 85%를 설계가 좌우합니다. 지난 80년대만 해도 30만t급 유조선 한 척을 만드는데 100,000개가 넘는 철판을 이어 붙여야 했습니다. 하지만 지금은 81,000~84,000개로 20% 가량 줄었습니다. 그만큼 생산성이 향상됐다는 의미입니다. 지난 80년대 평균 14개월 걸리던 선박건조기간이 현재는 8~9개월이면 충분합니다" [파이낸셜 뉴스 2007]

5.3 공차와 규격

설계자는 원가구성요소에 대한 인식이 부족하고 제조부서의 능력을 의심하는 경향이 있으므로 제품을 설계할 때 필요 이상으로 규격을 엄격하게 하는 것이 보통이다. 이는 원가 상승의 요인이 되므로 설계자에게 엄격한 공차가 제조원가에 미치는 영향에 대하여 충분히 주지시킬 필요가 있다.

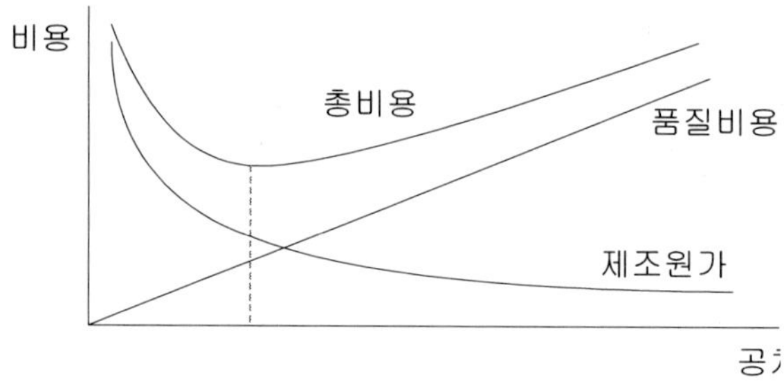

[그림 4-13] 공차와 비용

[그림 4-13]은 기계가공공차가 부품의 제조원가와 품질비용에 미치는 영향을 보여준다. 일반적으로 공차가 줄어들면 제조원가는 증가한다. 특히 매우 작은 공차를 요구하는 정밀가공의 경우 제조원가는 급격히 늘어난다. 반면에 공차가 커지면 불량은 늘어나므로 재작업이나 반품과 같은 품질비용이 증가하게 된다. 제조원가와 품질비용을 합한 총비용을 최소로 하는 공차를 선택하는 것이 중요하다.

"우리가 6호선까지는 일본 가와사키(KHI)조선소의 설계로 제작을 했고, 7호선부터 현대에서도 설계에 참여해 8호선부터는 현대가 독자적으로 기본설계를 했습니다. 초창기 때는 가와사키도 감독을 했지만 유럽 쪽에서 감독이 많이 왔었어요. 선박건조를 우리가 잘 모르니까요. 그때 도면상에는 정밀기계의 허용오차 정도로 아주 정확하게 만들라고 되어 있었습니다. 그건 실제로 시간만 낭비하는 건데, 기계 도면을 그리는 사람은 너무 정밀하게, 예를 들면 10배 이상으로 정밀하게 표시하는 일도 가끔 있었습니다. 왜 그런 도면을 주었을까 하는 이유에 대해서는 여러 시각이 있었습니다. 의도적으로 골탕을 먹이고 시간을 끌게 하자는 속셈이 아니냐 하는 말까지 나왔습니다. 결국 우리 엔지니어들이 너무 정밀하다 싶어서 일반적인 기준으로 변경했습니다. 그랬더니 통과되었습니다. 우리의 판단이 맞은 거지요."

[정주영 조선업도전 회고록 2008]

5.4 재료

설계자가 제품을 설계할 때 가장 먼저 결정할 일은 재료의 선택이다. 제품을 만들기 위해 사용될 수 있는 재료는 그 종류가 매우 많으며, 계속해서 신소재가 개발되고 있다. 따라서 설계자는 현재 사용되고 있는 재료보다 더 우수한 재료가 있는지 수시로 조사해야 한다. 통상적으로 우수한 재료의 판단기준은 낮은 가격과 쉬운 가공이다.

가정에서 흔히 볼 수 있는 세수대야를 예로 들어 설명해보자. 수십년 전에 만들어진 세수대야들은 거의 대부분 금속을 재료로 사용했다. 하지만 요즘의 세수대야는 대부분 합성수지로 만들어진다. 왜 그런가?

세수대야의 일차적인 기능은 물을 담는 것이다. 물을 담는 기능의 측면에서 볼 때 세수대야의 재료가 금속이든 합성수지이든 차이는 거의 없다. 하지만 두 재료의 비용을 비교하면 이야기는 달라진다. 합성수지가 금속보다 훨씬 비용이 저렴하기 때문이다. 더 나아가 가공의 측면에서 이 둘을 비교해보면 차이는 더욱 분명해진다. 금속박판을 눌러 가공하는 벤딩성형에 비하여 합성수지를 녹여 가공하는 압출성형이 월등히 쉽고 빠르기 때문이다.

부품의 재료를 선택할 때는 다음의 사항을 유의해야 한다.

- 품질과 기능에 상관 없다면 값싼 재료를 선택한다.
- 가공하기 쉬운 재료를 선택한다.
- 재료를 효율적으로 사용한다.
- 재료를 크기, 모양, 품질등급 면에서 단순화시켜 표준화한다.

5.5 제조공정

21세기에 들어서 제조기술은 수작업에서 자동화작업으로 빠르게 변모하고 있다. 따라서 보다 효율적인 다기능자동화설비의 도입과 이들 설비의 효율적인 활용에 관심을 기울여야 한다. 제조공정을 개선하려면 다음의 내용을 고려할 필요가 있다.

- 제조비용의 감소를 위하여 작업순서를 재배열한다.
- 수작업을 자동화한다.
- 보다 효율적으로 기계가공하는 방안을 검토한다.
- 기계설비의 가동효율을 높인다.
- 효율적인 지그와 치공구를 사용한다.
- 공구는 작업순서에 따라 사용하기 쉽게 보관한다.
- 볼트, 나사의 크기를 통일하여 스패너, 드라이버의 교체시간을 줄인다.

수작업을 자동화하면 노동생산성의 향상, 인건비절감, 단조로운 업무의 제거, 작업의 안전, 제품품질의 향상, 생산시간의 감소 등의 이점을 기대할 수 있다.

5.6 준비작업과 공구

준비작업(setup)과 공구에서 고려되어야 할 가장 중요한 요소는 비용이며, 이는 생산량,

생산반복정도, 노동력, 제품인도조건, 투자비용 등에 의하여 좌우된다. 특히 고정구(fixture)를 개선하는 경우에는 사용빈도를 면밀히 체크해야 한다. 어쩌다 한번 사용하는 고정구보다는 지속적으로 작업하는 작업방법이나 기계를 개선하는 것이 훨씬 효과적이기 때문이다.

생산시간에서 준비작업시간의 비율이 상대적으로 높다면 준비작업을 개선할 필요가 있다. 준비작업시간을 줄이는 한 가지 방법은 그룹테크놀로지(group technology)를 적용하는 것이다. 생산현장에서 그룹테크놀로지를 적용하려면 먼저 모양과 공정순서에 따라 유사한 부품을 그룹핑하고, 같은 그룹에 속한 부품들을 모아 한꺼번에 작업하도록 한다. 그룹테크놀로지를 도입하면 생산량의 증가, 준비작업시간의 감소, 기계효율의 개선, 자재취급의 감소 등의 효과를 기대할 수 있다.

준비작업과 공구에서 고려할 사항은 다음과 같다.

- 준비작업시간(setup time)을 최소화한다.
- 기계의 능력을 최대한 발휘하도록 치공구를 설계한다.
- 효율이 높은 신소재의 공구사용을 검토한다.

5.7 자재운반

공장 내의 생산활동이 효율적으로 수행되려면 각 부서에서 요구하는 수량의 자재가 원하는 시간과 장소와 품질에 차질이 없이 최소의 비용으로 운반되어야 한다. 자재운반이 원활하게 이루어지려면 자재운반설비가 효율적이어야 하며, 이를 계획하고 통제하는 자재운반시스템이 우수해야 한다. 자재운반을 효과적으로 관리하려면 다음의 사항에 유의한다.

- 중력에 의한 자재운반방법을 적극 활용한다.
- 사람에 의한 운반은 가능하면 기계에 의한 운반으로 전환한다.
- 로딩 및 언로딩에 소요되는 시간을 최소화한다.
- 1회 운반하는 물량을 가능한 크게 한다.
- 새로운 자재운반설비에 관한 정보에 관심을 기울인다.
- 재고와 관련된 분야에는 바코드시스템을 도입한다.

5.8 작업환경

쾌적한 작업환경에서 일하는 작업자가 열악한 작업환경에서 일하는 작업자보다 불평이 적고 작업효율도 훨씬 높다. 또한 개선된 작업환경으로부터 얻어지는 이익은 환경개선을 위해 투자된 비용을 능가하는 것으로 알려져 있다. 작업환경을 개선할 때는 다음의 내용을 기억해야 한다.

- 적당한 밝기로 조명을 유지한다.
- 적절한 실내온도를 유지한다.
- 환기가 잘 이루어지게 한다.
- 소음이 적게 발생하도록 통제한다.
- 작업장은 항상 정리정돈되어 있어야 한다.
- 위험한 곳에는 안전장치를 준비한다.
- 헬멧, 장갑과 같은 개인용 안전장비를 공급한다.
- 안전사고를 대비하여 구급프로그램을 준비한다.

실습 2 공정도 작성

[목적] 공정도를 작성하고 작업을 분석하여 개선안을 찾는 능력을 배양한다.
[방법] 1~2인이 실습을 수행한다.

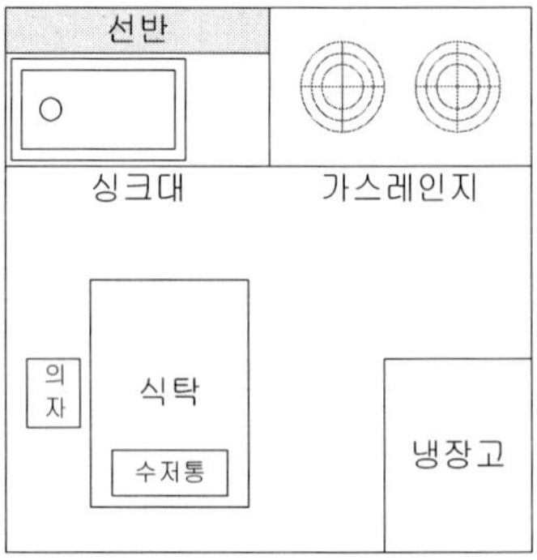

부엌에서 라면을 끓여먹고 설거지하는 일련의 활동은 다음과 같다.

① 선반에서 냄비를 꺼내 싱크대에서 물을 담는다.
② 가스레인지에서 라면을 조리한다.
③ 라면이 충분히 삶아지면 달걀을 넣는다.
④ 식사는 부엌에 있는 식탁에서 한다.
⑤ 라면은 김치와 함께 먹는다.
⑥ 설거지는 싱크대에서 한다.

라면과 냄비는 싱크대 위의 선반에, 달걀과 김치는 냉장고에, 수저는 식탁위에 있다. 소요시간과 이동거리는 적절히 정한다.

1. 작업공정도를 작성하라.

2. 흐름공정도와 흐름도표를 작성하라.

3. 왜(why)라는 질문을 던져가며 공정도를 분석하면서 개선안을 제시해 보라.

연습문제

1 공정도를 열거하고 그 용도를 간단히 기술하라.

2 공정도의 목적 2가지를 열거하라.

3 흐름도표는 왜 필요한가?

4 작업개선에 있어서 흐름공정도는 작업공정도에 비하여 왜 효과적인가?

5 숨은 비용이란 무엇인가? 또한 이를 감소시키는데 효과적인 공정도는 무엇인가?

6 설계자는 제품을 설계할 때 필요 이상으로 엄격하게 규격을 정하는 경향이 있다. 그 이유는 무엇인가?

7 작업자-기계분석표와 복수작업자분석표의 차이를 비교하라.

8 다음의 자료에 대하여

① 로딩/언로딩시간 : 1.4 분

② 다른 기계로 이동하는 시간 : 0.3 분

③ 기계가공시간 : 4.4 분

1) 기계의 가동률을 최대로 하면서 작업자가 효율적으로 담당할 수 있는 기계는 몇 대인가?

2) 작업자-기계분석표를 작성하라.

3) 작업의 사이클타임을 구하라.

4) 작업자의 효율을 구하라.

제 5 장
시설배치

1. 시설배치의 목적

공장시설의 배치는 작업자, 설비, 자재와 같은 생산요소들의 위치를 정하는 것으로, 기업의 생산성과 이윤에 크게 영향을 미치는 중요한 의사결정문제다. 공장의 시설배치는 자재의 흐름과 취급에 밀접하게 관련되어 있다. 시설배치가 잘못되면 자재의 흐름은 길어지며 자재취급에 소요되는 비용은 증가한다. 제조공장에서 자재취급과 운반비용은 간접제조비의 20~50%를 차지하는 것으로 알려져 있으며, 이는 시설배치의 개선을 통하여 상당부분 절감할 수 있다.

공장 내의 시설을 효율적으로 배치하면 불필요한 자재의 운반을 제거하고, 공간을 최대한 활용하면서, 적은 노력으로 빠르게 원하는 제품을 생산할 수 있게 된다. 시설배치를 계획할 때는 다음의 내용들을 고려해야 한다.

- 작업자의 안전과 만족
- 운반거리의 감축
- 작업정체의 빈도감소
- 자재운반할 때 혼잡감소
- 낭비면적의 최소화

- 재공품의 감소
- 자재취급물량의 감소
- 감독의 용이성
- 미래변화에 대한 적응

2. 시설배치의 유형

공장 내에서 이루어지는 시설배치의 유형으로는 제품별 배치와 공정별 배치가 일반적이며, 이 둘을 조합한 그룹배치도 있다. 시설배치는 부품이나 제품들이 기계설비를 찾아 이동하며 작업이 이루어지는 상황에서 기계설비를 효율적으로 배치하는 문제를 다루게 된다. 전문가에 따라서는 기계설비들을 제품 주위로 옮겨와 작업을 수행하는 고정위치배치를 시설배치유형에 포함시키기도 한다. 하지만 여기서는 고정위치배치를 제외한 나머지 배치유형만을 다루기로 한다.

2.2 제품별 배치

제품별 배치(product layout)는 자동차나 전자제품의 조립라인과 같이 대량생산이 이루어지는 기계설비의 배치형태로 라인배치(line layout)라고도 부른다. 이는 [그림 5-1]에서 보는 바와 같이 작업이 이루어지는 순서에 따라 기계설비가 배치된다. 그림에서 제품 P_1의 경우 톱질작업(S), 선반작업(L), 선반작업(L), 밀링작업(M), 드릴작업(D), 연삭작업(G)의 순서로 작업이 진행되고 있다. 이 배치유형에서는 소품종대량생산에 적합한 전용기계설비들이 사용되므로 다양한 제품을 생산하는 주문생산은 적합하지 않다.

제품별 배치의 장점은 자재의 운반거리가 짧고, 재공품이 적으며, 공정관리업무가 쉽다는 점이다. 하지만 하나의 기계설비에 고장이 생기면 전체공정이 중단되며, 제품설계가 변경되면 전반적인 배치조정이 필요하다는 단점이 있다. 또한 폭넓은 지식과 경험있는 감독자가 필요하며, 초기투자가 많이 요구되는 것도 문제점으로 꼽힌다.

제품별 배치를 필요로 하는 소품종대량생산의 제품은 생산량이 많으므로 작업공정의 개선과 같은 집중적인 관리가 필요하다. 따라서 각각의 제품마다 작업공정도, 흐름공정도 등을 사용하여 수시로 작업내용을 분석하고 개선을 추구할 필요가 있다.

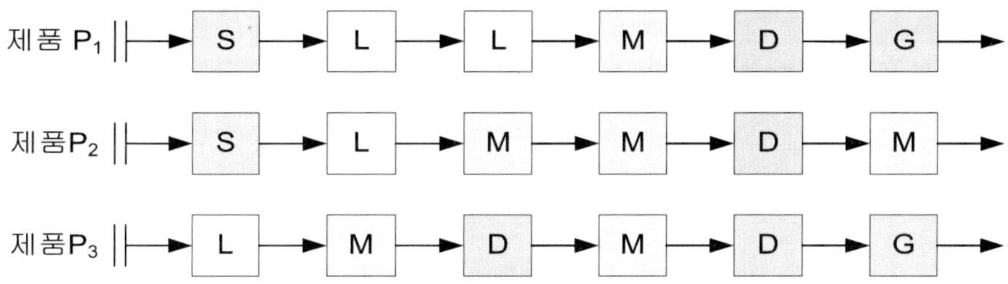

[그림 5-1] 제품별 배치

2.2 공정별 배치

공정별 배치(process layout)는 주문생산공장에서 흔히 볼 수 있는 배치형태로 기능별배치(functional layout)라고도 말한다. 이는 [그림 5-2]에서 보는 바와 같이 동일한 기능의 기계설비들을 같은 장소에 모아놓고 동일한 공정의 작업을 한 곳에서 실시하는 배치형태다. 그림에서 제품 P_1은 톱질작업(S), 밀링작업(M), 연삭작업(G)의 순서로 가공이 이루어지는데, 이들 가공을 위하여 각각의 부서를 찾아다녀야 한다. 부품의 가공을 위하여 범용기계가 사용되고 있으며, 다품종소량생산의 형태로 작업이 이루어진다.

공정별 배치의 장점은 설비보전이 간편하며, 초기자본투자가 적게 소요된다는 점이다. 또한 작업량이 변하거나 어느 한 기계에 고장이 발생해도 전반적인 작업수행에 큰 어려움을 주지 않는다. 반면에 단점으로는 부품의 이동거리가 길어지며, 작업진도를 파악하기 어렵고, 재공품이 많아지며, 생산시간이 길어진다는 점 등이다.

다품종소량생산을 실시하는 공정별 배치의 공장에서는 개별제품에 대한 관리가 크게 중요하지 않다. 제품별 배치와는 달리 공정별 배치에서는 동일한 기계에서 다양한 제품을 가공해야 하므로 부품의 이동거리를 줄이기 위한 시설배치가 매우 중요하다.

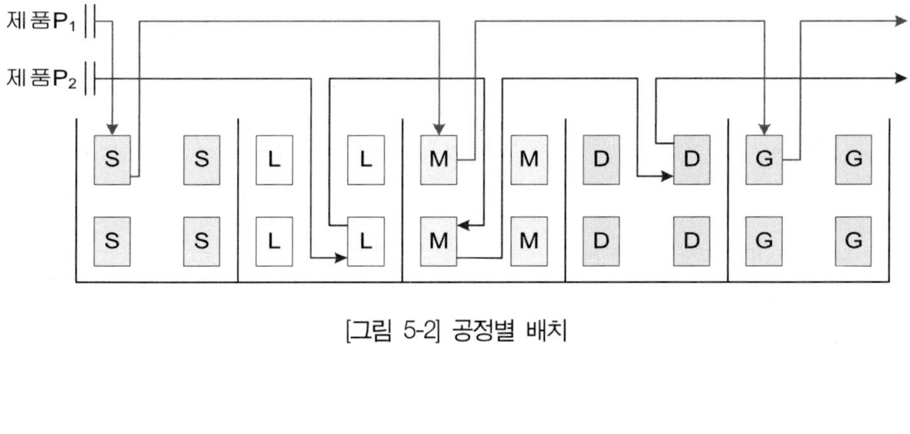

[그림 5-2] 공정별 배치

2.3 그룹배치

그룹배치(group layout)는 그룹테크놀로지(group technology: GT)를 잘 운영하기 위한 배치 방식이다. 그룹테크놀로지는 생산시간에 비하여 작업준비시간의 비율이 큰 제품들의 작업 준비시간을 단축하는데 매우 효과적이다. 한마디로 다품종소량생산의 부품들을 대량생산에 유사하게 생산하는 기술이 그룹테크놀로지다.

다양한 부품을 생산하는 업체의 경우, 생산공정이나 형태가 유사한 부품들을 모아 부품군(part family)을 만든다. 또한 각각의 부품군에 속한 부품들을 가공할 설비그룹(machine group)을 형성한다. 즉, 특정 부품군에 속한 부품들은 대응되는 설비그룹에 속한 기계들을 사용하여 생산되며, 각 설비그룹은 배치도상에서 각기 제조셀(manufacturing cell)을 형성한다.

동일한 부품군에 속해있는 부품들은 동일한 시간대에 같은 설비에서 가공하면 작업준비시간(setup time)을 크게 줄일 수 있다. 하지만 부품들의 크기나 모양이 서로 다르므로 동일한 설비로 가공하려면 범용성이 큰 치공구의 제작이 개발되어야 한다. 이 경우 그룹테크놀로지를 잘 활용하면 생산량증대, 운반비 감소, 작업준비시간 및 가공대기시간의 감소와 같은 생산효과를 얻을 수 있다.

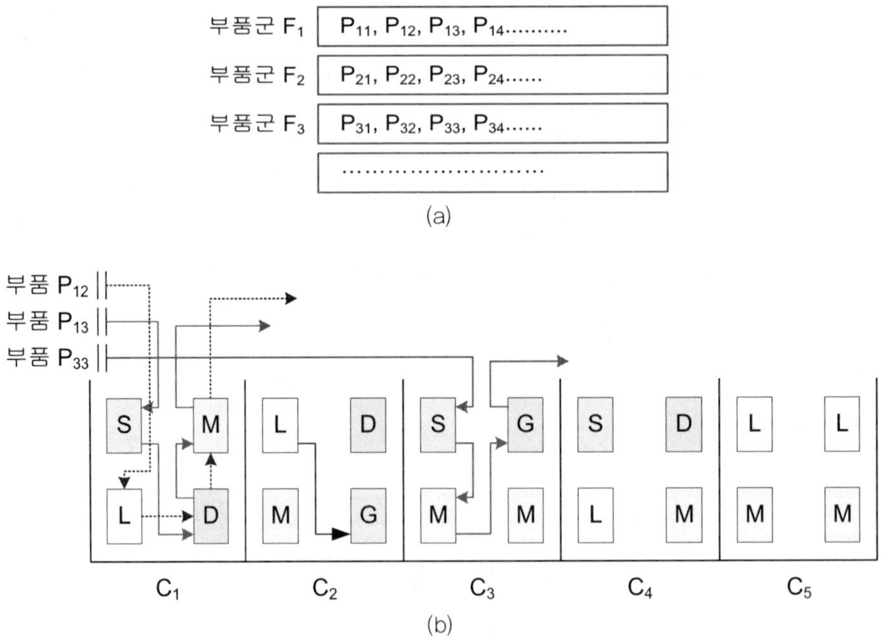

[그림 5-3] 그룹배치를 위한 (a) 부품군과 (b) 설비그룹

[그림 5-3(a)]는 유사한 부품들을 모아놓은 부품군들을 보여준다. 또한 [그림 5-3(b)]에서는 각 부품군에 속한 부품들을 가공할 설비그룹이 도시되어 있다. 예를 들어 부품군 F_1에 속한 부품 P_{12}의 경우, 이는 첫번째 제조셀 C_1에 있는 기계설비들을 이용하여 선반작업(L), 드릴작업(D), 밀링작업(M)의 순으로 작업이 이루어진다. 또한 부품군 F_3에 속한 부품 P_{33}의 경우, 3번째 제조셀 C_3에서 톱질작업(S), 밀링작업(M), 연삭작업(G)의 순으로 작업이 진행된다.

한 부품군에 속한 부품들 각각의 물량은 그다지 많지 않지만 부품군 전체에 속한 부품들의 물량은 상당히 많다. 따라서 부품들을 개별적으로 관리하기보다는 부품군 단위로 모아 함께 관리하는 것이 보다 경제적이다.

하나의 부품군에 속한 부품들의 작업경로를 함께 도시하여 분석하기 위하여 다제품공정도가 사용된다. 다제품공정도를 사용하면 설비와 부품의 관계, 공동이용설비, 각 기계설비에 부과되는 작업량 등을 쉽게 파악할 수 있다. 또한 작업흐름의 역류현상을 막고 흐름물량이 많은 기계설비들을 근접시키는 등 시설배치에도 도움을 준다.

3. 시설배치계획

시설배치계획에 관하여는 많은 연구가 이루어졌고 또한 여러 방법이 제시되었다. 여기서는 머더(R. Muther)가 제시한 시설배치방법을 소개한다.

3.1 시설배치계획의 단계

머더의 시설배치계획은 다음의 4단계를 결쳐 이루어진다.

[1단계] 위치선정단계(location stage)
[2단계] 전반적 배치단계(overall layout stage)
[3단계] 세부배치단계(detail layout stage)
[4단계] 설치단계(installation stage)

위치선정단계는 시설물을 어느 곳에 배치할 것인지 그 위치를 결정하는 단계다. 기존의 위치에 설비배치만 바꿀 것인지, 아니면 다른 부서의 용도를 변경하여 시설을 배치할 것인지, 혹은 아예 새로운 장소를 찾아 시설물을 배치할 것인지 결정하게 된다.

전반적 배치단계에서는 시설물 내에 존재하는 여러 활동부서들의 상대적인 위치를 결정하는 단계다. 활동부서들 간의 관련성과 필요한 소요면적을 먼저 조사한 후, 다음 절에 소개될 SLP패턴을 적용하여 활동부서들의 배치안을 정한다.

세부배치단계에서는 SLP패턴을 한 차례 더 적용하여 각 활동부서 내에 설치할 설비들의 구체적인 위치를 확정하게 된다. 세부배치단계는 2단계의 전반적 배치단계와는 배치대상만 차이가 있을 뿐 배치과정은 동일하다.

마지막으로, 설치단계에서는 수립된 설치계획을 공식적으로 승인받고 배치계획에 따라 활동부서들과 설비들을 설치하는 최종단계다.

3.2 SLP 패턴

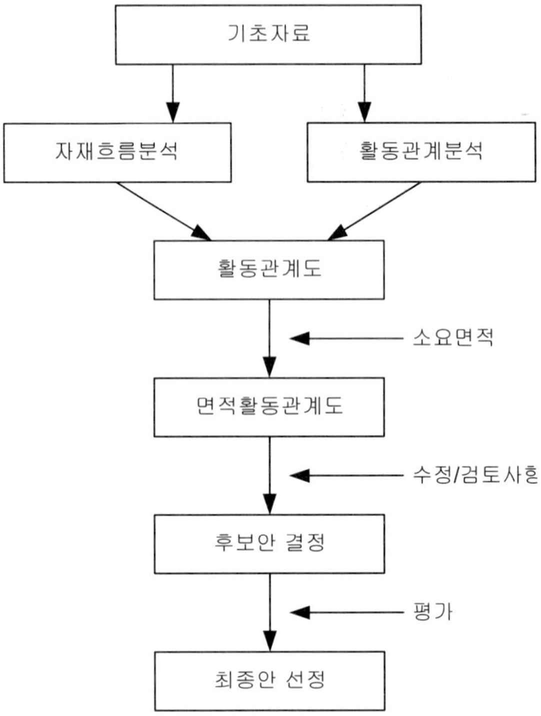

[그림 5-4] SLP패턴

SLP패턴(Systematic Layout Planning pattern)은 머더에 의하여 제안된 최적의 시설배치안을 결정하는 체계적인 절차를 말한다. 이는 [그림 5-4]에서 보는 바와 같이 기초자료의 수

집으로부터 시작하여 공정 간의 자재의 흐름과 필요한 활동들의 상호관계를 분석하여 설비나 활동부서들 간의 활동관계도(activity relationship diagram)를 작성한다. 또한 활동관계도를 참조하여 설비나 활동부서에서 필요로 하는 소요면적과 실제 활용가능한 면적을 고려하여 면적활동관계도를 작성한다. 여러 제약조건을 감안하여 면적활동관계도를 수정하면 2~3개의 배치후보안을 얻게 되는데, 이들 가운데 평가항목들을 충분히 검토하여 최종배치안을 선정한다.

3.3 기초자료

시설배치계획을 위하여 필요한 기초자료에는 제품, 수량, 경로, 보조설비, 활동부서 등이 있다.

- 제품 : 최종제품뿐만 아니라 이를 생산하는데 필요한 원료, 가공품, 서비스 등도 포함된다.
- 수량 : 생산되는 제품들 각각의 생산량을 뜻한다.
- 경로 : 제품을 만드는 과정에서 필요한 제조공정, 제조설비, 작업내용, 작업순서 등을 가리킨다.
- 보조설비 : 생산활동을 간접적으로 지원하는 설비로서, 창고, 식당, 화장실, 공구실, 정비실, 유틸리티(전기, 증기, 상하수도 등)를 말한다.
- 활동부서 : 작업장, 건물, 기계, 지원시설, 도로, 승강기 등 시설배치계획에서 취급되어야할 모든 대상을 의미한다.

3.4 P-Q분석(제품-수량분석)

[표 5-1] 제품과 생산량의 자료

제품	생산량(톤)	제품	생산량(톤)	제품	생산량(톤)
1	64.9	6	11.4	11	5.1
2	50.2	7	8.9	12	4.3
3	35.4	8	7.5	13	3.8
4	16.4	9	7.4	14	2.5
5	17.1	10	6.2	15	1.9

P-Q분석(Product-Quantity analysis)은 생산량의 크기에 따라 제품을 구분하는 분석기법으로, 적절한 시설배치와 작업분석의 방법을 결정하는데 이용된다. [표 5-1]에는 어느 회사에

서 생산하는 제품과 수량에 대한 자료가 주어져 있다.

[그림 5-5(a)]는 표의 자료를 생산량의 크기순서에 따라 막대그래프로 도시하고 있으며, 이를 P-Q분석도라고 말한다. 또한 막대그래프 대신 곡선으로 도시한 것을 P-Q곡선이라고 부른다. P-Q곡선은 [그림 5-5(b)]에서 보는 바와 같이 제품의 생산량에 따라 A, B, C 3구역으로 나누어진다.

P-Q곡선에서 A구역에 속하는 제품들은 종류가 적고 생산량이 많으므로 대량생산에 유리한 제품별배치가 적합하다. 반면에 C구역의 제품들은 제품의 종류가 많으면서 생산량이 적으므로 공정별배치가 바람직하다. B구역에 속하는 제품들은 유사한 제품들을 모으면 대량생산방식으로 생산할 수 있으므로 그룹배치가 적당하다.

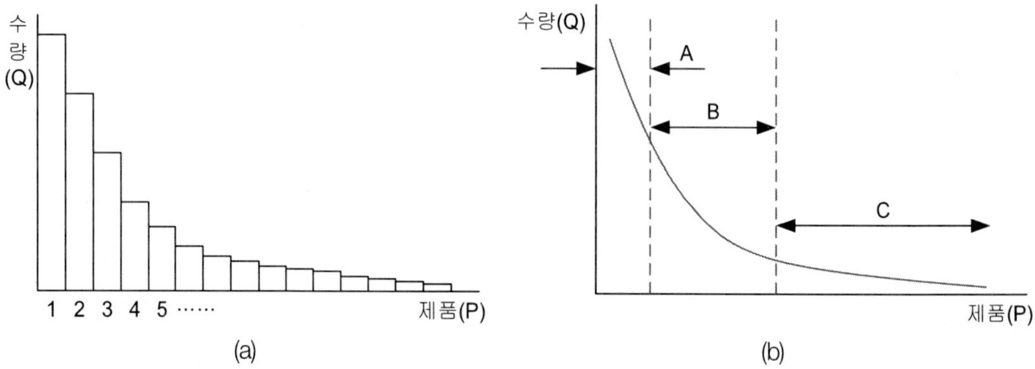

[그림 5-5] P-Q분석을 위한 (a) P-Q분석도와 (b) P-Q곡선

3.5 자재흐름분석

시설배치를 위한 자재흐름의 분석은 제품들이 P-Q곡선에서 속해 있는 구역에 따라 각기 다른 도표가 사용된다. A구역에 속한 제품들은 작업공정도에 의하여 제품별로 자재흐름분석이 이루어지고, B구역에 속한 제품들은 유사한 제품들을 모아 다제품공정도로 분석하게 된다. 마지막으로, C구역에 속한 제품들은 함께 모아 유입유출표(from to chart)를 이용하여 자재의 흐름을 분석한다.

작업공정도와 다제품공정도는 이미 설명되었으므로 여기서는 유입유출표에 대해서만 설명하기로 한다. [표 5-2]는 4종류의 제품P_1, P_2, P_3, P_4에 대하여 공정순서와 팰릿(pallet)단위로 표시된 하루생산량을 보여준다. 예를 들어 제품P_1은 공정A, 공정B, 공정C, 공정D, 공정E, 공정F를 거쳐서 작업이 이루어지며 하루에 50팰릿의 분량이 생산되고 있다.

[표 5-2] 제품의 공정순서 및 생산량

제품	공정순서	하루생산량(팰릿)
P_1	A→B→C→D→E→F	50
P_2	B→A→C→E→F	80
P_3	A→B→D→C→F	20
P_4	A→C→B→E	10

[표 5-2]에서 보여주는 제품의 공정순서와 생산량을 사용하여 유입유출표를 작성하면 [그림 5-6]과 같다. 유입유출표의 왼편과 상단에는 작업이 이루어지는 공정들이 열거되어 있다. 여기서 왼편의 공정들은 가공이 완료된 제품이 떠나게 될 공정이고, 상단의 공정들은 다음 작업을 위하여 도착하게 될 공정을 가리킨다.

from \ to	A	B	C	D	E	F
A		50+20	80+10			
B	80		50	20	10	
C		10		50	80	20
D			20		50	
E						50+80
F						

[그림 5-6] 흐름물량의 유입유출표

제품P_1의 경우 공정순서에 따라 하루생산량인 50팰릿만큼씩 자재의 흐름이 이루어진다. 즉, 공정A에서 작업을 마치면 자재는 공정B로 이동하게 된다. 따라서 [그림 5-6]의 유입유출표에서 왼편에서는 공정A를, 상단에서는 공정B를 찾아 그에 해당되는 빈칸에 자재의 흐름물량 50을 기입한다. 또한 공정B에서 작업이 끝나면 공정C로 자재가 이동하므로 유입유출표의 왼편에서는 공정B를, 상단에서는 공정C를 찾아 만나는 빈칸에 흐름물량 50을 기입한다. 계속해서 자재는 공정C에서 공정D로, 공정D에서 공정E로, 공정E에서 공정F로 50팰릿만큼씩 자재의 흐름이 있게 되므로, 해당되는 유입유출표의 빈칸에 흐름물량 50을 기입한다. 동일한 방법으로 제품P_2, P_3, P_4에 대해서도 공정순서에 따라 자재의 흐름물량을 빈칸에 기입하면 유입유출표는 완성된다.

[그림 5-6]의 유입유출표에서 대각선을 기준으로 아래에 기입된 자재의 흐름방향은 대각선 윗편에 기입된 자재의 흐름방향과 반대가 된다. 예를 들어 공정A에서 공정B로 이동하는 흐름물량은 70팰릿이고, 공정B에서 공정A로 이동하는 흐름물량은 80팰릿이다. 이 두 흐

름에서 자재의 이동방향은 서로 반대이지만 동일한 두 공정 A와 B사이에서 자재가 왕래하므로 이 둘을 합한 값 150팰릿을 두 공정 간의 흐름물량으로 정한다. 따라서 대각선 아래에 기입된 자재의 흐름물량을 대각선을 기준하여 대칭위치의 빈칸으로 옮겨서 합하면 [그림 5-7]과 같이 수정된 흐름물량의 유입유출표를 얻게 된다.

from \ to	A	B	C	D	E	F
A		150	90			
B			60	20	10	
C				70	80	20
D					50	
E						130
F						

[그림 5-7] 수정된 흐름물량의 유입유출표

[그림 5-7]을 보면 자재의 흐름물량은 (공정A-공정B), (공정E-공정F), (공정A-공정C)의 순서인 것을 알 수 있다. 따라서 흐름물량이 많은 공정설비쌍을 먼저 가까이 배치한다면 나중에 배치되는 흐름물량이 적은 공정설비쌍은 자연히 멀리 배치되므로 효율적인 설비배치를 기대할 수 있다.

3.6 활동관계분석표

시설배치의 대상이 공정설비가 아니라 활동부서인 경우에는 자재의 흐름이 존재하지 않으므로 자재의 흐름대신 부서들 간의 근접필요성을 분석하여 배치를 결정해야 한다. 부서 간의 근접필요성은 면접이나 설문의 방법으로 조사한다. 부서 간의 근접필요성 조사를 완료하면 [그림 5-8]과 같은 활동관계분석표(activity relationship chart)를 작성한다. 여기서는 10개의 활동부서에 대하여 상호간에 근접도를 분석하고 있는데, 마름모의 위부분에는 근접필요성의 정도가 영자기호로 표시되고, 마름모의 아래부분에는 근접필요성의 이유를 설명하는 번호가 기입된다. 근접도를 나타내는 기호는 필요의 정도에 따라 영자모음 A, E, I, O, U로 나타내며, 멀리 떨어져야 할 경우에는 X 혹은 XX로 표기한다.

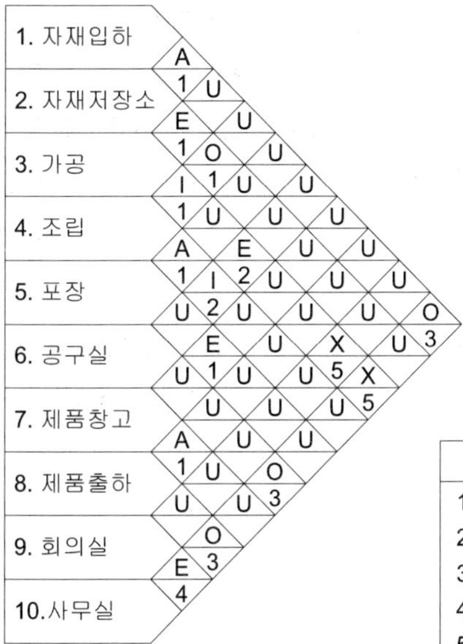

	이유
1	자재의 흐름
2	빈번한 왕래
3	관리감독
4	공동사용
5	소음발생

[그림 5-8] 활동관계분석표

[표 5-3]에서는 두 활동부서 간의 근접도를 나타내는 영자기호 및 연결표기, 가중치, 의미를 보여주고 있다. 근접도가중치는 절대로 근접해야 하는 A의 경우 4의 값을 부여하고, 1씩 그 값을 줄여나가 절대로 근접해서는 안 되는 XX는 -2의 값을 할당한다.

[표 5-3] 두 활동부서 간의 근접도기호

근접도 영자기호	A	E	I	O	U	X	XX
근접도 연결표기							
근접도 가중치	4	3	2	1	0	−1	−2
의미	절대로 근접해야	근접이 매우중요	근접이 중요	근접이 필요	근접이 상관없음	근접하지 말아야	절대로 근접금지

3.7 활동관계도

자재흐름과 근접도의 분석을 마치면 얻어진 자료를 근거로 활동관계도(activity relationship diagram)를 작성한다. 이 때 배치할 대상에 따라 자재흐름분석과 근접도분석 가운데 어느 한 가지 자료를 사용하거나 혹은 이들 두 분석자료를 모두 이용한다. 두 분석자료를 함께 사용하여 활동관계도를 작성할 때는 자재흐름량을 근접도의 영자기호로 변환한 후, 활동관계분석표와 적절히 가중평균하여 통합된 근접도를 결정한다.

활동관계도를 작성할 때는 활동부서나 설비 간에 관련성이 높은 쌍들을 먼저 도시한다. 활동부서를 배치할 경우에는 활동관계분석표로부터 활동부서들 간의 근접도를 이용하고, 공정설비를 배치하는 경우에는 자재흐름분석으로부터 설비간의 흐름물량을 조사한다. 이 때 근접도가 높거나 흐름물량이 많은 시설쌍부터 먼저 가까이 배치하면 관련성이 적은 시설쌍은 자연히 멀리 배치된다.

[그림 5-9]의 활동관계도는 [그림 5-8]의 활동관계분석표로부터 얻어진 것이다. 활동관계도의 활동부서들 간에는 관련도에 따라 다양한 모양의 선들로 연결되어 있다. 연결된 선들의 개수는 근접도가중치와 일치하며, 가중치가 -1의 값을 갖는 관련도 X의 경우에는 지그재그 모양의 선으로 연결되어 있다.

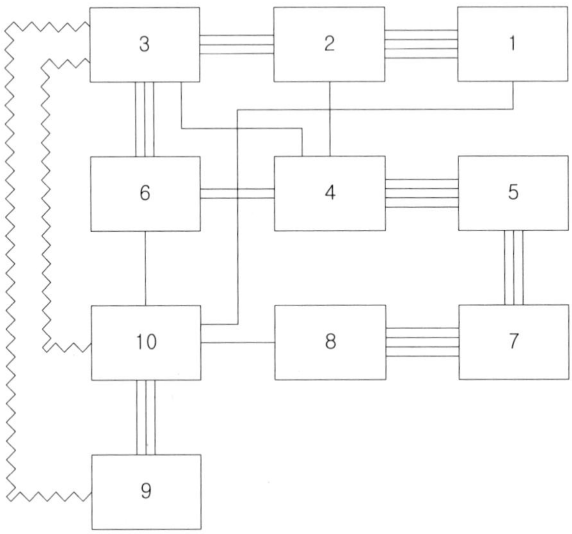

[그림 5-9] 활동관계도

3.8 면적활동관계도

면적활동관계도는 활동관계도 상의 활동부서를 소요면적에 따라 확대하여 도시한 것이다. 활동부서에서 필요로 하는 소요면적은 보유한 인력이나 설비들을 고려하거나, 전문가들의 도움을 얻어 추정한 다음, 가용한 면적 내에서 조정하게 된다. [그림 5-10]은 면적활동관계도를 보여주며, 활동부서를 나타내는 사각형의 오른쪽 하단에 있는 괄호 안의 수치는 소요면적을 나타낸다.

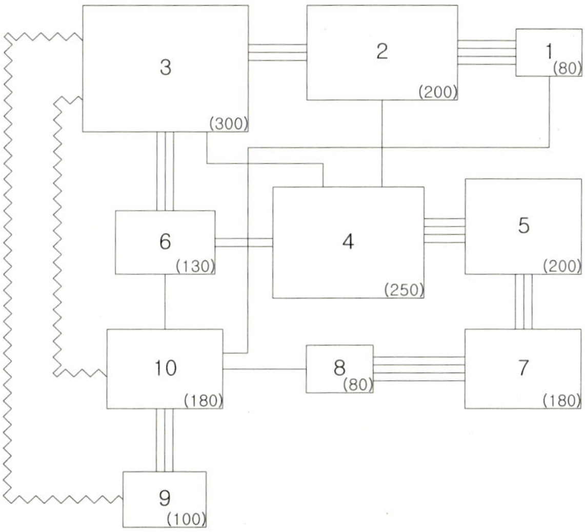

[그림 5-10] 면적활동관계도

3.9 평가 및 배치안선정

면적활동관계도는 자재흐름량이나 부서활동의 관련성만을 고려하여 결정된 이론적인 배치형태다. 하지만 실제로 시설을 배치할 때는 건물의 형태, 주변 환경, 건축규정, 회사방침 등 여러 제약조건들이 따르게 마련이다. 이러한 제약조건들을 고려하여 면적활동관계도를 수정하면 몇 개의 후보배치안이 얻어진다. [그림 5-11]은 제약조건들을 고려하여 결정된 2개의 후보배치안을 보여준다.

제시된 후보배치안들로부터 최적배치안을 결정하려면 확장가능성, 시설배치의 효율성, 공간의 활용도, 부대시설과의 조화, 작업자만족도, 관리감독의 편의성 등의 평가항목들을 고려해야 한다.

2단계 배치과정을 통하여 활동부서들의 배치안이 확정되면, 필요에 따라 활동부서 각각에 대하여 세부설비배치를 계획하는 3단계 배치과정을 실시한다.

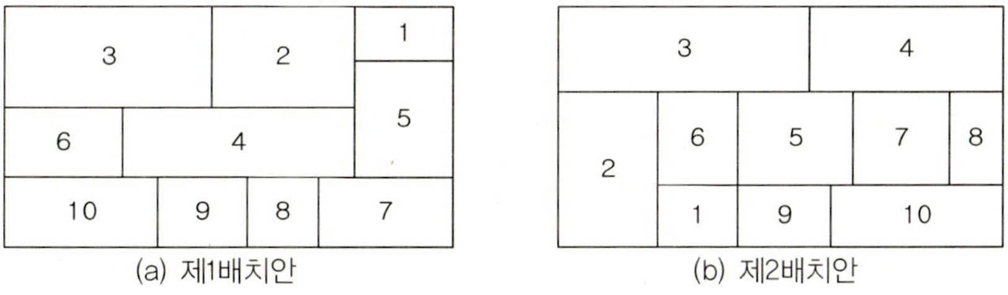

[그림 5-11] 후보배치안

4. 정량적 방법에 의한 배치안선정

후보배치안을 고르거나 혹은 이들 가운데서 최종배치안을 결정할 때에는 정량적인 방법이 이용되기도 한다.

4.1 정량적 방법의 선택기준

정량적 방법에 의한 배치안선정은 시설들 간의 총거리를 기준으로 최종배치안을 찾는 방법이다. 배치대상이 활동부서인 경우에는 활동부서들 간의 거리와 근접도가중치를 곱한 값들의 합인 Σ(거리×근접도가중치)가 최소인 배치안을 최적안으로 정한다. 배치대상이 공정설비인 경우에는 공정들 간의 거리와 공정들 간의 흐름물량을 곱한 값들의 합인 Σ(거리×흐름물량)이 최소가 되는 배치안을 선택한다. 여기서 거리는 두 시설물의 중심점을 연결한 수평수직선분의 거리를 합한 값으로 정의한다.

4.2 근접도의 활동관계분석표

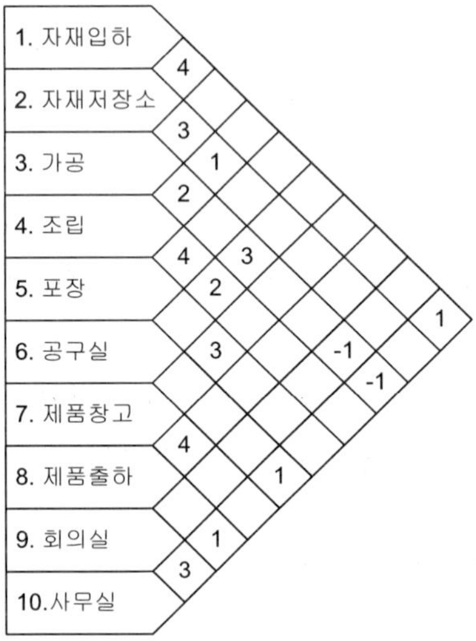

[그림 5-12] 근접도의 활동관계분석표

[그림 5-11]의 두 후보배치안에 대하여 정량적 방법을 이용하여 최종배치안을 결정해보자. [그림 5-8]의 활동관계분석표에서 근접도기호를 근접도가중치로 대체하면 근접도를 나

타내는 활동관계분석표를 [그림 5-12]와 같이 얻게 된다. 마름모가 빈칸인 곳은 근접도가중치가 0의 값임을 의미한다.

4.3 거리의 활동관계분석표

또한 두 후보배치안에 대하여 활동부서들 간의 거리를 구하여 활동관계분석표로 나타내면 [그림 5-13]과 같다고 가정한다. 두 활동부서 간의 근접도가중치가 0의 값일 때는 편의상 거리를 기입하지 않는다.

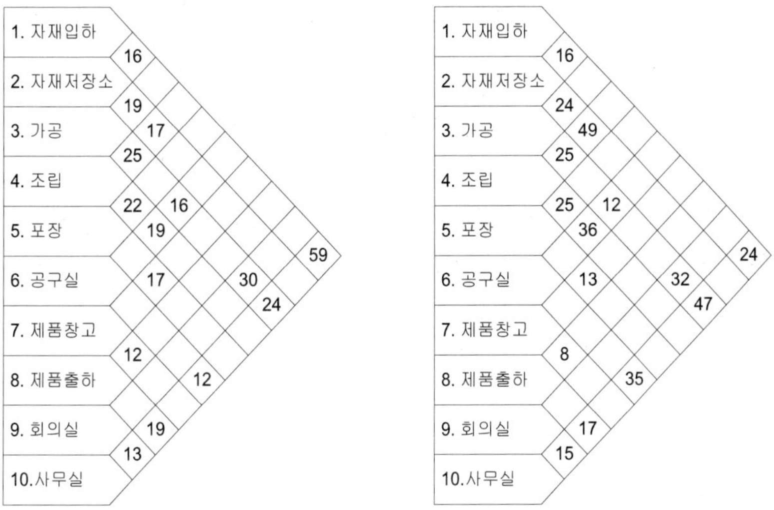

(a) 제1후보배치안 (b) 제2후보배치안

[그림 5-13] 거리의 활동관계분석표

4.4 배치안의 선정

[그림 5-12]와 [그림 5-13]을 이용하여 활동부서들 간의 거리와 근접도가중치를 곱한 값을 활동관계분석표로 나타내고, 그 값들의 총합인 Σ(거리×근접도가중치)를 구하면 [그림 5-14]와 같다.

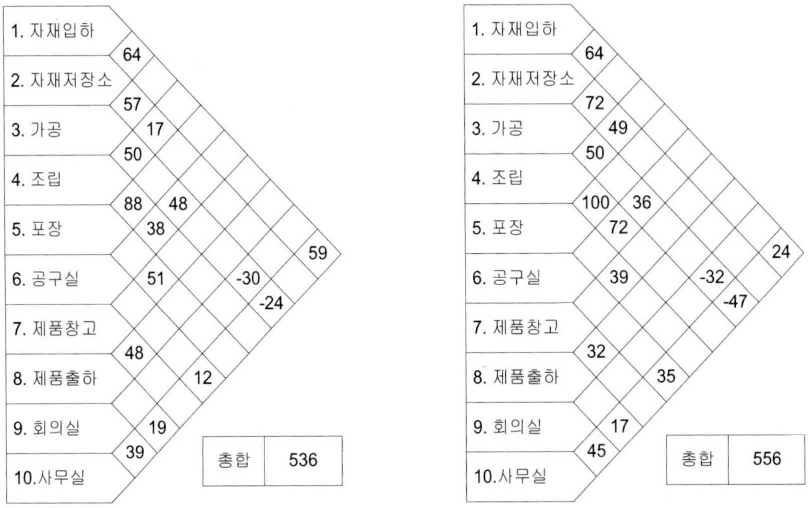

(a) 제1후보배치안 (b) 제2후보배치안

[그림 5-14] 거리×근접도가중치의 활동관계분석표

두 후보배치안에 대하여 거리×근접도가중치의 총합을 구하면 제1후보배치안은 536, 제2후보배치안은 556이다. 정량적인 기준만으로 비교한다면 제1후보배치안이 더 우수한 것으로 판단된다.

실습 3 자재흐름분석에 의한 시설배치

[목적] 자재흐름분석에 의하여 공장설비들의 최적배치안을 작성한다.
[방법] 각자 실습을 수행한다.

공장 내에 배치될 공정들은 다음과 같다.
① 절단 ② 밀링 ③ 프레스 ④ 검사 ⑤ 선반 ⑥ 용접 ⑦ 드릴 ⑧ 연삭 ⑨ 도장 ⑩ 포장

회사에서 취급하는 제품은 A, B, C, D, E 5종류이며 월간생산량과 작업순서는 다음과 같다.

제품	월간생산량	작업순서
A	100	①-③-⑥-④-⑩
B	50	②-⑦-⑧
C	200	⑤-②-⑦-⑨
D	30	②-⑤-⑥-⑧-⑨-⑩
E	80	①-③-④-⑥-⑨

1. 다제품공정도를 작성하라.

2. 유입유출표를 작성하라.

3. 공정 간의 자재흐름물량을 고려하여 공정설비배치를 위한 후보배치안을 2개 작성하라. 각 공정설비의 소요면적은 정사각형이고 그 크기가 모두 동일하다고 가정한다.

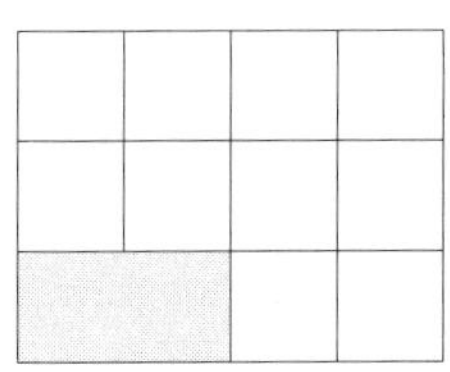

4. 후보배치안들로부터 정량적 기법에 의하여 최종배치안을 선정하라.

실습 4 활동관계분석에 의한 시설배치

[목적] 활동관계분석에 의하여 활동부서들의 배치안을 작성한다.
[방법] 각자 실습을 수행한다.

10개의 활동부서를 배치하기 위하여 다음과 같이 활동관계분석표를 작성하였다.

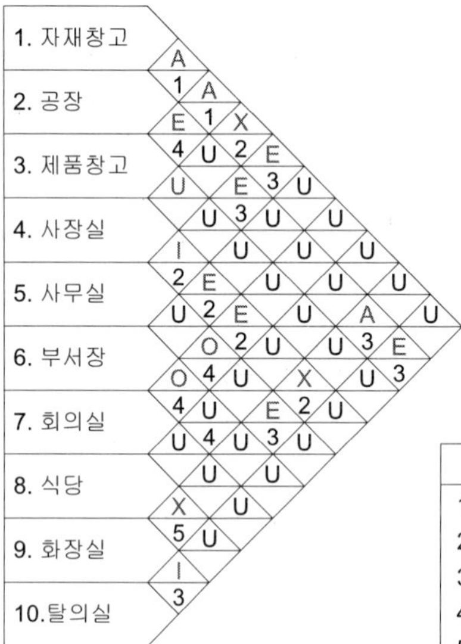

	이유
1	자재의 이동
2	사장에 대한 예우
3	효율적 업무
4	이동거리 단축
5	위생 청결

1. 활동관계도를 작성하라.

2. 각 활동부서에서 필요한 면적이 다음과 같을 때 면적활동관계도를 작성하라.

부서	1	2	3	4	5	6	7	8	9	10	합계
면적	200	400	200	50	100	100	100	200	100	50	1,500

3. 활동부서를 배치할 공장부지가 아래와 같은 모양일 때 배치계획안을 2개 작성하라.

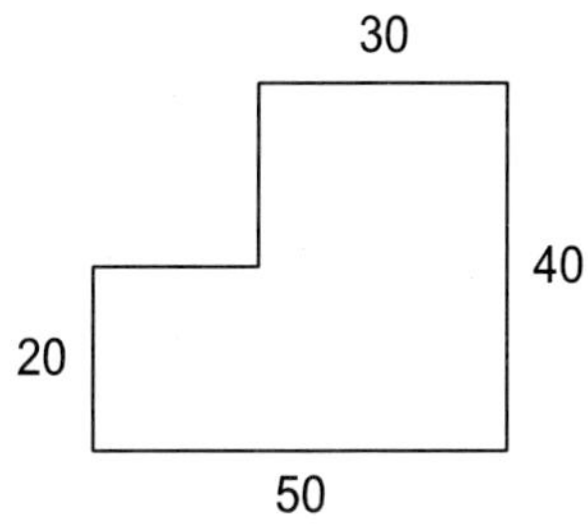

4. 정량적 기법에 의하여 최종배치안을 결정하라.

연습문제

1 P-Q분석이란 무엇이며 어떤 목적으로 활용될 수 있는가?

2 6개의 공정설비 ①, ②, ③, ④, ⑤, ⑥을 공장에 배치하려고 한다.

1) 공장에서 생산하는 제품 P_1, P_2, P_3, P_4의 공정순서와 월간생산량이 다음과 같을 때 유입유출표를 작성하라.

제품	공정순서	월간생산량
P_1	①-②-③-④-⑤-⑥	100
P_2	①-③-②-④-⑥	80
P_3	①-②-④-③-④-⑥	120
P_4	①-④-②-⑤-⑥	50

2) 자재흐름물량만을 고려한 활동관계분석표를 작성하라.

3) 자재흐름 외의 조건을 고려하여 아래와 같은 활동관계분석표가 얻어졌을 때 활동관계도를 작성하라. 자재흐름과 활동관계분석의 가중치는 6대 4로 정한다.

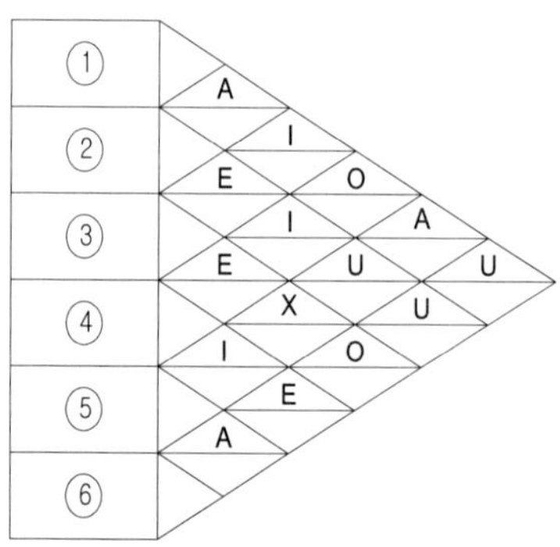

4) 공정설비의 소요면적이 다음과 같을 때 면적활동관계도를 작성하라.

공정	①	②	③	④	⑤	⑥
소요면적	50	100	50	200	100	100

5) 공장부지가 가로 30, 세로 20의 직사각형 모양일 때 3개의 후보배치안을 작성하라.

3 어느 회사에서 생산하는 제품들의 연간생산량과 작업공정은 다음과 같다.

제품	생산량/년	작업공정
1	50	A–B–C–D–E–F–G–H
2	30	A–C–E–D–F–G–H
3	15	A–D–F–C–D–G–H
4	10	A–C–E–G–H
5	5	A–D–B–C–E–G–H

1) P-Q분석도를 작성하라.

2) 유입유출표를 작성하라.

3) 작업공정들의 소요면적이 10×10으로 동일하고 공장의 부지가 가로 20, 세로 40의 직사각형모양일 때 공장 내에 공정설비들을 배치하라.

4 [표 5-2]에 주어진 6개의 공정설비에 대하여 아래와 같이 2개의 후보배치안이 주어졌을 때 정량적 기법을 이용하여 최적배치안을 선택하라. 공정설비들의 면적은 모두 동일하고 크기는 10×10으로 가정한다.

D	E	F
A	B	C

제1배치안

D	C	F
A	E	B

제2배치안

제 6 장
라인밸런싱

1. 라인작업

라인작업이란 순서대로 배열된 일련의 공정들을 다수의 작업자들이 업무를 분담하여 작업하는 흐름작업이다. 라인작업에서는 제품의 제조순서에 따라 작업공정들이 라인형식으로 배치되며, 작업자들은 작업장에서 미리 결정된 요소작업을 수행하게 된다.

1.1 라인밸런싱

작업장마다 부과된 작업량은 동일하지 않으므로 작업장에 따라 유휴시간이 발생하거나 병목공정(bottleneck process)이 생겨나게 된다. 병목공정은 작업량이 가장 많은 공정을 가리키며, 라인의 생산능력은 병목공정의 작업시간인 병목시간(neck time)에 의하여 결정된다. 라인작업에서 작업공정들 간에 작업량이 균형을 이루지 못하면 공정대기현상이 발생하게 되어 재공품이 늘어나거나 작업할 물량이 없어 유휴시간이 생기게 된다.

[그림 6-1(a)]은 3개의 공정으로 이루어진 라인작업을 나타낸다. 또한 [그림 6-1(b)]는 각 공정에서 발생하는 작업시간과 유휴시간을 보여준다. 공정A, 공정B, 공정C의 작업시간은 각각 1.3분, 2.3분, 1.1분이다. 여기서 병목공정은 공정B이며, 공정A와 공정C에서는 각각

1.0분과 1.2분의 유휴시간이 발생한다. 물론 공정B에서는 유휴시간이 발생하지 않으며 제품의 생산주기는 병목시간과 일치하게 된다. 만일 공정A에서 작업자가 유휴시간 없이 작업을 계속한다면 많은 재공품이 공정B 앞에 대기하게 된다.

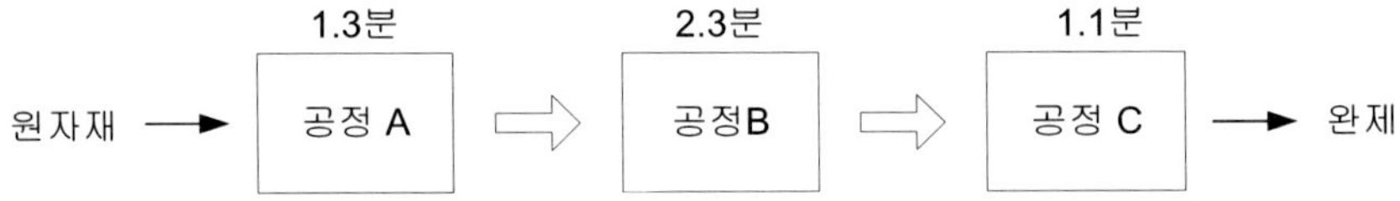

(a) 라인작업

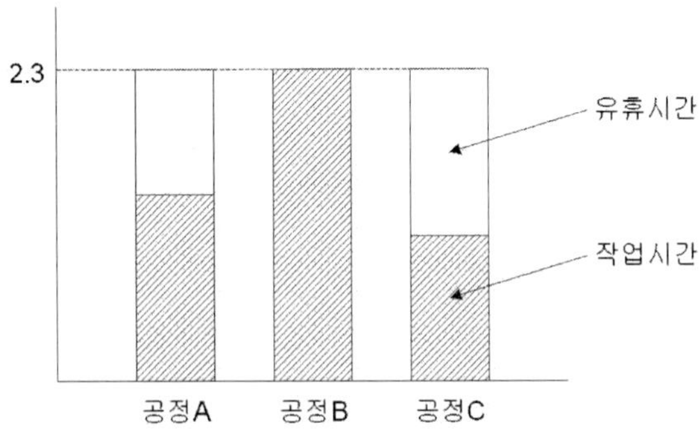

(b) 작업 및 유휴시간

[그림 6-1] 라인작업과 각 공정의 작업 및 유휴시간

라인작업에서 원하는 시간 내에 작업을 수행하면서 공정 간의 균형을 맞추려는 활동을 라인밸런싱(line balancing)이라고 말한다. 일반적으로 라인밸런싱은 설비들이 직선형으로 배치되며, 한 작업자가 연속된 공정들을 담당한다는 전제 하에 공정의 선후관계를 고려하여 작업장을 구성한다. 라인밸런싱은 여러 공정으로 이루어진 연속작업에서 항상 발생하는 문제이지만, 부품을 가공하는 라인보다는 조립하는 라인에서 좀더 용이하게 적용된다.

1.2 라인작업의 장단점

라인작업은 소품종대량생산에서 주로 이용되며 장단점은 [표 6-1]과 같다.

[표 6-1] 라인작업의 장단점

장점	단점
• 작업자를 짧은 시간 내에 숙련시킬 수 있다. • 생산능력의 파악이 쉽다. • 이동거리가 짧다. • 재공품이 적어진다. • 생산시간이 단축된다. • 공정관리가 용이하다.	• 라인별로 기계를 설치해야 하므로 설비비가 많이 소요된다. • 기계고장이나 설계변경 등 환경의 변화에 대한 적응력이 낮다. • 감독자는 전 공정을 이해해야 한다. • 단조로운 업무로 인하여 작업의욕이 떨어진다.

2. 라인밸런싱의 기초

라인밸런싱을 구체적으로 설명하기에 앞서 피치타임, 라인효율, 피치다이어그램에 대하여 먼저 설명해보자.

2.1 피치타임

라인밸런싱 문제를 해결하려면 3가지 정보, 목표생산량, 요소작업들의 선후관계, 요소작업들의 표준시간을 알고 있어야 한다. 목표생산량은 목표로 하는 제품의 생산량을 가리키며, 일단 목표생산량이 정해지면 한 제품을 생산하는데 소요되는 피치타임(pitch time)이 계산된다. 피치타임은 목표생산량을 달성하기 위하여 요구되는 제품당 생산소요시간으로, 택트타임(tact time)이라고도 부른다. 목표생산량을 N, 유휴시간을 제외한 실작업시간을 T라고 할 때 피치타임은 다음과 같이 계산된다.

$$\text{피치타임} = \frac{T}{N}$$

실작업시간이 고정된 가운데 목표생산량이 증가할 때 피치타임은 작아지고, 목표생산량이 감소할 때 피치타임은 커지게 된다. 제품의 불량률을 α, 자재의 품절이나 설비의 고장으로 인한 라인의 정지확률을 β라고 할 때 피치타임은 다음과 같이 결정된다.

$$피치타임 = \frac{T(1-\alpha)(1-\beta)}{N}$$

예제 6-1 월 10,000개의 제품을 생산하려 할 때 제품의 피치타임을 구하라. 작업자는 1달에 25일, 하루에 8시간 작업하고 제품의 불량률은 10%, 라인의 정지확률은 5%로 가정한다.

$$피치타임 = \frac{(25 \times 8 \times 60)(1-0.10)(1-0.05)}{10,000} = 1.03(분/제품)$$

2.2 라인효율과 피치다이어그램

라인작업에서 각 공정마다 작업시간이 일정하게 배분되는 것은 매우 중요하다. 라인작업의 적합성여부를 체크하는 기준을 라인효율 혹은 편성효율이라고 말하며 다음의 식으로 결정된다.

$$라인효율(\%) = \frac{요소작업시간의\ 총합}{피치타임 \times 작업자수} \times 100$$

라인효율을 100%로 만드는 것은 현실적으로 불가능한 일이며, 어느 정도 낭비가 발생하는 것은 불가피하다. 작업의 유형에 따라 차이가 있지만 라인의 효율은 75% 이하이면 비효율적이며, 90% 이상이 되도록 개선을 추구해야 한다.

일반적으로 라인의 효율을 구할 때는 분모에 피치타임을 사용하지만 작업의 실태를 파악하기 위하여 병목시간(neck time)을 사용하는 경우도 자주 있다. 병목시간은 피치타임보다 보통 작은 값이므로 생산주기를 병목시간과 일치시키는 경우, 제품의 생산량은 목표량을 초과하게 된다. 이같은 과잉생산이 문제가 된다면 제품의 생산주기를 피치타임에 맞추는 것이 바람직하다. 피치타임에 대한 병목시간의 비율을 라인가동률이라고 말한다. 즉 라인가동률은 제품을 만드는데 필요한 시간과 실제로 제품을 만드는데 소요된 시간의 비율을 의미한다.

$$라인가동률(\%) = \frac{병목시간}{피치타임} \times 100$$

예제 6-2 아래의 그림과 같이 6개의 요소작업으로 이루어진 라인작업이 있다. 월생산목표량이 40,000개이고 월평균작업시간이 200시간일 때 피치타임을 구하고 각 요소작업에 작업장을 설치할 때 라인효율을 구하라.

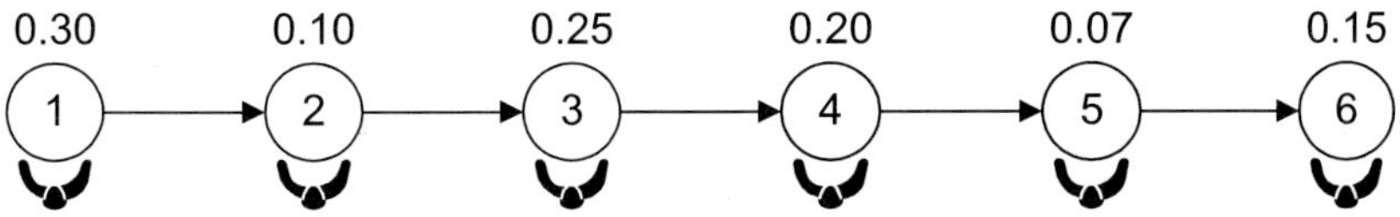

피치타임은 다음과 같이 결정된다.

$$피치타임 = \frac{200 \times 60}{40{,}000} = 0.30(분)$$

6개의 작업장 각각에 대하여 작업시간과 유휴시간은 아래 그림과 같다.

작업장	1	2	3	4	5	6	합
요소작업	1	2	3	4	5	6	–
작업시간	0.30분	0.10분	0.25분	0.20분	0.07분	0.15분	1.07분

6개의 작업장으로 이루어진 라인의 효율은 다음과 같이 계산된다.

$$라인효율 = \frac{1.07}{0.3 \times 6} \times 100\% = 59.4\%$$

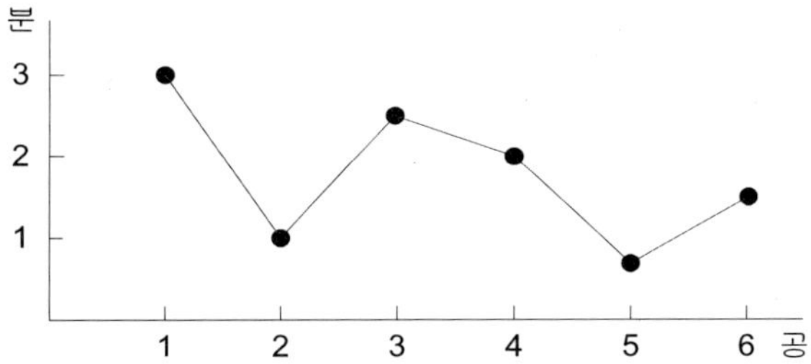

[그림 6-2] 피치다이어그램

참고로 라인에 존재하는 공정의 작업시간을 꺽은선그래프로 도시한 도표를 피치다이어그램(pitch diagram)이라고 부른다. [그림 6-2]는 [예제 6-2]의 라인작업을 피치다이어그램으로 나타낸 것이다.

3. 라인밸런싱의 전략

라인밸런싱에서 중요한 문제는 작업장의 작업시간을 피치타임에 근접하게 함으로 목표생산량을 달성하면서 아울러 라인의 효율을 극대화하는 것이다. 따라서 피치타임보다 시간이 적게 소요되는 요소작업들은 적절히 통합하고, 피치타임을 초과하는 요소작업들은 피치타임 이내에 작업할 수 있도록 만드는 전략이 필요하다.

3.1 전략의 종류

요소작업들의 소요시간이 피치타임보다 작은 경우를 생각해 보자. 이때는 인접한 요소작업들을 합하는 통합의 전략을 사용한다. 요소작업들을 통합하려면 작업의 선후관계를 신중히 고려해야 한다.

이와 반대로 한 요소작업에서 소요되는 시간이 피치타임을 초과할 수도 있다. 이런 경우에는 목표생산량에 도달하는 것이 불가능하므로 다음과 같은 전략을 사용하여 문제를 해결하게 된다.

첫째로, 문제의 요소작업에서 일부 작업을 떼어내어 인접한 다른 작업장에 할당하는 분할의 전략을 사용한다. 분할의 전략을 사용할 때는 요소작업들 간의 선후관계에 주의해야 한다. 또한 이 전략은 선후작업장에 충분한 유휴시간이 있을 때에 적용이 가능하다.

둘째로, 문제의 요소작업을 개선하여 작업시간을 단축하는 개선의 전략을 사용한다. 이 전략은 요소작업의 소요시간이 피치타임을 크게 초과하지 않을 때에 유용한 방법이다.

마지막으로, 작업자를 추가로 투입하는 충원의 전략이다. 이는 문제를 해결하는 확실한 방법이지만 인건비, 시설비 등 상당한 비용을 필요로 하므로 분할과 개선의 전략을 사용할 수 없을 때 사용되는 최후의 전략이다.

3.2 라인밸런싱 전략의 적용예

[예제 6-2]의 요소작업들은 모두 피치타임보다 작업시간이 적게 소요되므로 통합의 전략을 사용한다. 통합이 가능한 요소작업은 요소작업5와 요소작업6이다. 이 두 작업을 통합하게 되면 라인은 5개의 작업장으로 줄어든다. 각 작업장에 속한 요소작업과 작업시간은 [표 6-2]와 같다.

[표 6-2] 작업장의 요소작업과 작업시간

작업장	1	2	3	4	5	합
요소작업	1	2	3	4	5,6	–
작업시간	0.30분	0.10분	0.25분	0.20분	0.22분	1.07분

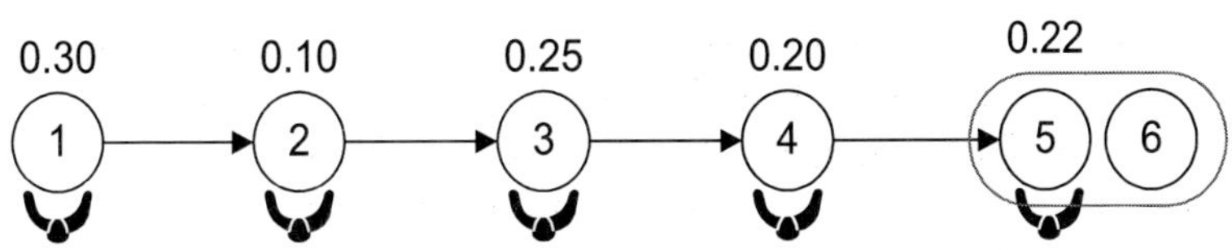

5개의 작업장으로 이루어진 라인의 효율은 다음과 같다.

$$\text{라인효율} = \frac{1.07}{0.3 \times 5} \times 100\% = 71.3\%$$

월생산량이 40,000개에서 90,000개로 증가했다고 가정해보자. 이 경우에 증가된 목표생산량에 도달하려면 라인의 피치타임을 다음과 같이 줄여야 한다.

$$\text{피치타임} = \frac{200 \times 60}{90{,}000} = 0.13(\text{분})$$

[표 6-2]에서 작업장1, 3, 4, 5의 작업시간은 피치타임보다 오래 걸린다. 충원의 전략을 사용하여 이들 작업장에서 작업시간을 피치타임보다 작게 만들어보자. [표 6-3]은 각 작업장에 필요한 작업자수와 평균작업시간을 보여준다. 라인에 5명의 작업자가 충원되었으며 작업자의 총인원은 10명이 된다.

[표 6-3] 작업장의 작업자수와 평균작업시간

작업장	1	2	3	4	5	합
요소작업	1	2	3	4	5,6	-
작업시간	0.30분	0.10분	0.25분	0.20분	0.22분	1.07분
작업자수	3명	1명	2명	2명	2명	10명
평균작업시간	0.10분	0.10분	0.125분	0.10분	0.11분	-

작업자가 충원된 라인의 효율은 다음과 같이 계산되며, 이전보다 효율이 상당히 높아졌음을 알 수 있다.

$$\text{라인효율} = \frac{1.07}{0.13 \times 10} \times 100\% = 82.3\%$$

> 삼성전자 구미공장은 최근 휴대폰 생산라인을 개선하여 휴대폰을 평균 5초에 1대씩 만들어내고 있다고 밝혔다. 이는 지난 해 8초에서 올해 초 6초로 2초 앞당긴 뒤 다시 1초를 줄인 것으로, 육상 100m 달리기로 비유하면 세계최고기록을 0.01초 단축한 것과 같다. 특히 2000년에 대당 생산속도가 23초였던 것에 비하면 생산시간을 5년여 만에 거의 4분의 1로 줄인 셈이다. 이 라인은 생산시간이 많이 소요되는 다품종소량생산체제에도 적용할 수 있을 정도로 응용력이 획기적이라고 삼성측은 설명했다. 삼성은 1초를 줄이기 위해 생산라인공정을 재배치했고 장비도 대폭 교체했다. 삼성전자 관계자는 2000년 23초에서 올해 5초로 줄인 것은 장비와 공정혁신의 결과라면서 대당 평균생산시간을 4초대로 줄일 계획이라고 말했다. [한국경제신문 2006]

3.3 충원과 라인밸런싱

충원했던 앞의 예에서 5명이 일하는 작업장에 작업자를 1명씩 충원하여 10명까지 늘려간다고 가정해보자. 작업자가 늘어남에 따라 피치타임은 줄어들고 연간생산량은 늘어나게 된다. [그림 6-3]은 작업자를 한명씩 충원함에 따라 작업장의 평균작업시간을 나타내는 피치다이어그램을 보여준다.

작업자의 충원은 작업시간이 가장 긴 병목작업장에 이루어진다. [그림 6-3(a)]를 보면 작업자의 충원없이 5명이 작업하는 현재의 라인에서 병목공정은 첫번째 작업장이다. 작업장1에 1명의 작업자가 충원될 때 평균작업시간은 0.30분에서 0.15분으로 줄어들게 된다. 따라서 [그림 6-3(b)]에서 보는 바와 같이 병목공정은 작업장1에서 작업장3으로, 병목시간은 0.3분에서 0.25분으로 바뀌게 된다. 동일한 방법으로 병목공정에 작업자를 충원할 때마다 해당 작업장의 평균작업시간은 변하며, 라인의 병목공정과 병목시간은 바뀌게 된다.

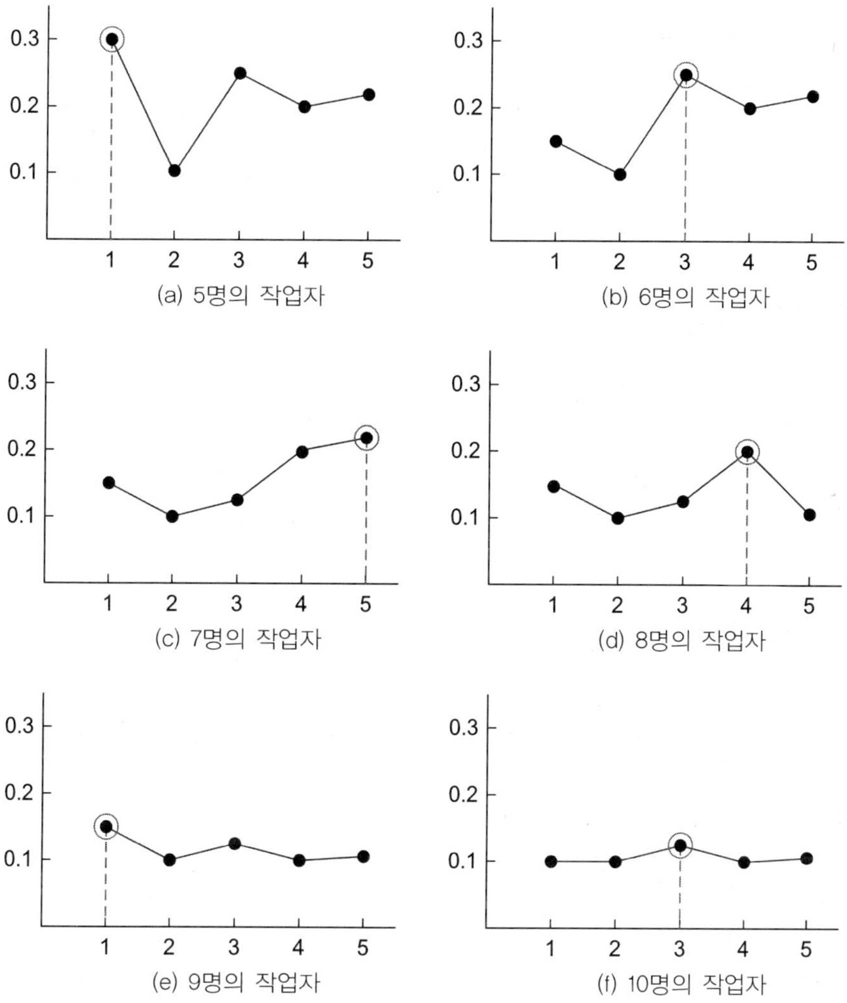

[그림 6-3] 작업자충원과 라인의 피치다이어그램

작업자가 충원됨에 따라 라인의 병목공정, 생산주기, 생산량, 라인효율의 변화를 정리하면 [표 6-4]와 같다.

[표 6-4] 작업자의 충원에 따른 라인의 변화

	현상태	W_1증원	W_3증원	W_5증원	W_4증원	W_1증원
작업자수	5명	6명	7명	8명	9명	10명
병목공정	W_1	W_3	W_5	W_4	W_1	W_3
생산주기	0.3분	0.25분	0.22분	0.20분	0.15분	0.125분
생산량	40,000개	48,000개	54,545개	60,000개	80,000개	96,000개
라인효율	71.3%	71.3%	69.5%	66.8%	79.2%	85.6%

4. 라인밸런싱 기법

라인밸런싱문제를 해결하기 위한 지금까지 연구된 탐색적 기법으로는 순위가중배열법(ranked positional weight technique), Kilbridge와 Wester방법, COMSOAL방법이 많이 알려져 있다. 이들 가운데 순위가중배열법의 절차를 소개하기로 한다.

4.1 순위가중배열법

순위가중배열법은 미국의 헬제슨(W. Helgeson)과 버니(D. Birnie)가 제안한 것으로, 다른 기법에 비하여 신속히 라인밸런싱의 해결방안을 찾을 수 있다는 장점이 있다. 이 방법은 다음의 3단계를 걸쳐 수행된다.

① 선후관계도를 작성한다.

② 순위가중치를 결정한다.

③ 작업장에 요소작업을 배정한다.

4.2 선후관계도의 작성

[그림 6-4]는 12개의 요소작업으로 이루어진 조립라인의 선후관계도를 보여준다. 주어진 그림의 예를 사용하여 순위가중배열법을 수행하는 절차를 설명해보자. 조립라인의 생산주기는 0.45분으로 가정한다.

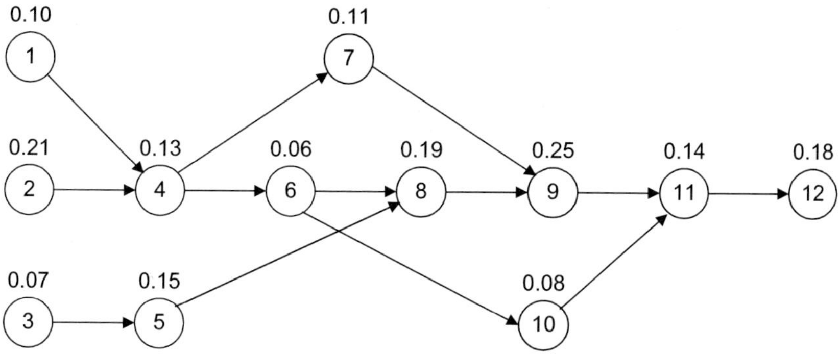

[그림 6-4] 선후관계도

4.3 순위가중치 결정

먼저 선후관계도를 이용하여 요소작업들의 순위가중치를 구한다. 요소작업의 순위가중치는 자신과 그 후에 수행하게 될 요소작업들의 소요시간을 합한 값으로 정의된다. 요소작업의 순위가중치가 크다는 것은 그 작업 이후에 해야할 작업시간이 많다는 것을 의미하므로, 순위가중치가 큰 요소작업부터 작업장에 배정해야 한다. 요소작업의 순위가중치를 계산한 결과는 [표 6-5]에 주어져 있다.

[표 6-5] 요소작업의 순위가중치

요소작업	작업시간(분)	이후요소작업	순위가중치
1	0.10	1, 4, 6, 7, 8, 9, 10, 11, 12	1.24
2	0.21	2, 4, 6, 7, 8, 9, 10, 11, 12	1.35
3	0.07	3, 5, 8, 9, 11, 12	0.98
4	0.13	4, 6, 7, 8, 9, 10, 11, 12	1.14
5	0.15	5, 8, 9, 11, 12	0.91
6	0.06	6, 8, 9, 10, 11, 12	0.90
7	0.11	7, 9, 11, 12	0.68
8	0.19	8, 9, 11, 12	0.76
9	0.25	9, 11, 12	0.57
10	0.08	10, 11, 12	0.40
11	0.14	11, 12	0.32
12	0.18	12	0.18

4.4 요소작업의 작업장배정

[표 6-6]은 순위가중치를 이용하여 요소작업을 작업장에 배정한 결과를 보여준다. 요소작업을 작업장에 배정할 때 고려해야 할 내용으로는 순위가중치 외에도 요소작업의 선후관계와 생산주기가 있다. 요소작업을 작업장에 배정하는 절차를 설명해 보자.

[표 6-6] 요소작업의 작업장 배정

작업장	요소작업	가중치	작업시간	누적시간	남은시간	배정가능작업
1	2	1.35	0.21	0.21	0.24	1,3
	1	1.24	0.10	0.31	0.14	3,4
	4	1.14	0.13	0.44	0.01	3,6,7
2	3	0.98	0.07	0.07	0.38	5,6,7
	5	0.91	0.15	0.22	0.23	6,7
	6	0.90	0.06	0.28	0.17	7,8,10
	7	0.68	0.11	0.39	0.06	8,10
3	8	0.77	0.19	0.19	0.26	9,10
	9	0.57	0.25	0.44	0.01	10
4	10	0.40	0.08	0.08	0.37	11
	11	0.32	0.14	0.22	0.23	12
	12	0.18	0.18	0.40	0.05	–

먼저 순위가중치가 가장 큰 요소작업인 작업2를 작업장1에 배정한다. 작업시간이 0.21분, 생산주기가 0.45분이므로 작업장에 남은 시간은 0.24분이다. 작업의 선후관계를 살펴볼 때 다음에 배정이 가능한 요소작업은 작업1과 작업3이다. 이들의 작업시간은 작업장1에 남은 시간보다 모두 작으므로 가중치가 큰 작업1을 다음 작업으로 선택한다. 다음으로 선택할 수 있는 요소작업은 작업3과 작업4인데, 이들 모두의 작업시간도 남은 시간 0.14분보다 작으므로 가중치가 큰 작업4를 선택한다. 이제 작업장에 남은 시간은 0.01분으로, 이는 다음에 배정가능한 요소작업들의 소요시간보다 작으므로 작업장1의 배정을 마치고 다음 작업장의 배정을 시작한다.

이후에 다른 작업장에 대한 요소작업들의 배정은 작업장1과 동일한 방법을 사용하면 가능하다. 그 결과 작업장2에는 요소작업3, 5, 6, 7을, 작업장3에는 요소작업8과 9를, 작업장4에는 요소작업10, 11, 12를 각각 배정하게 된다. 작업장에 배정된 요소작업을 함께 묶어서 도시하면 [그림 6-5]와 같다.

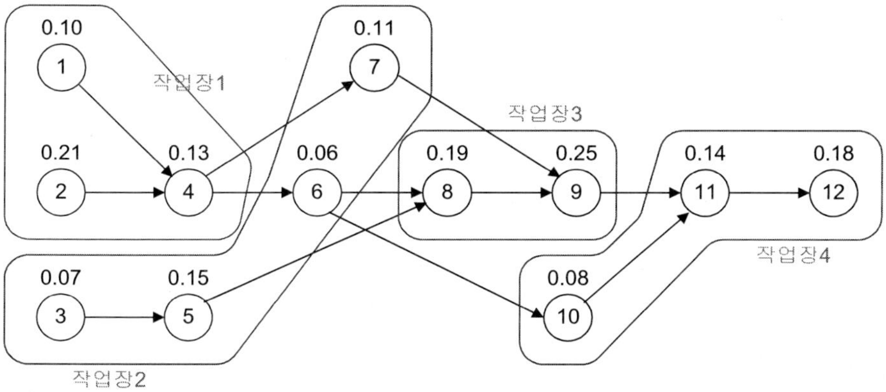

[그림 6-5] 작업장에 배정된 요소작업들

4개의 작업장으로 구성된 조립라인의 라인효율은 다음과 같이 결정된다.

$$\text{라인효율} = \frac{1.67}{0.45 \times 4} \times 100\% = 92.8\%$$

5. 혼류생산에서 라인밸런싱

앞에서는 단일제품을 생산하는 라인에 대하여 밸런싱문제를 다루었다. 여기서는 여러 제품을 한 라인에서 생산하는 혼류생산에 대한 라인밸런싱문제를 살펴보기로 하자.

5.1 혼류생산

라인밸런싱은 단일제품을 생산하는 라인에 적용되는 것이 보통이다. 하지만 최근에는 하나의 라인에서 2개 이상의 여러 제품을 동시에 생산하는 혼류생산도 종종 실시되고 있다. 예를 들어 한 라인에서 A모델을 생산하다가 몇 시간 후 B모델로 제품을 바꾸고 또 일정시간 뒤에는 C모델로 바꾸는 생산방식이 혼류생산이다. 혼류생산방식은 수요에 따라 라인을 탄력적으로 운영함으로 제품의 재고수준을 낮추고 제품의 수익을 높일 수 있으므로 자동차업종을 중심으로 확산되고 있다.

[그림 6-6]에서 보는 바와 같이 제품A와 제품B가 함께 생산되는 조립라인에 대하여 라인밸런싱의 문제를 순위가중배열법으로 해결하고자 한다(Bedworth, 1987). 제품의 생산주기

는 10분으로 가정한다.

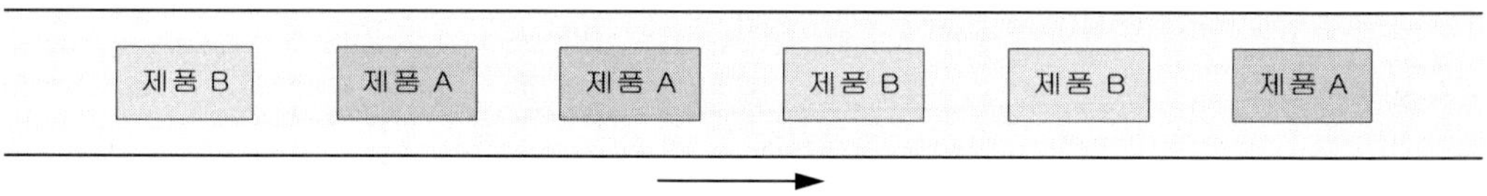

[그림 6-6] 혼류생산라인

5.2 선후관계도의 작성

먼저 두 제품 각각에 대한 선후관계도를 [그림 6-7]과 같이 작성한다. 제품A는 7개의 요소작업, 제품B는 9개의 요소작업으로 구성되어 있다. 요소작업들 가운데 작업1, 작업3, 작업7, 작업9, 작업11은 두 제품의 생산과정에서 모두 실시되고 있다.

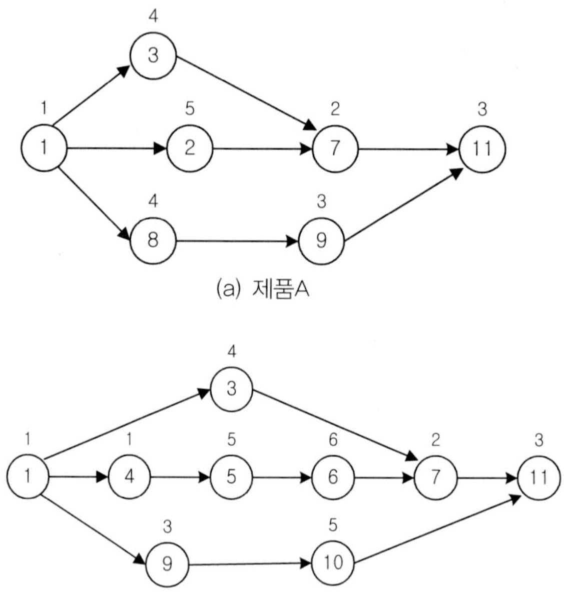

(a) 제품A

(b) 제품B

[그림 6-7] 두 제품의 선후관계도

두 제품의 선후관계도를 통합하면 [그림 6-8]과 같이 11개의 요소작업으로 이루어진 통합선후관계도를 얻게 된다.

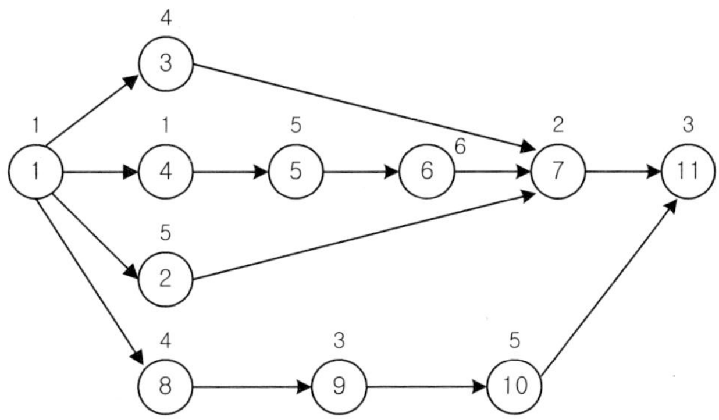

[그림 6-8] 통합선후관계도

5.3 순위가중치의 결정

통합선후관계도를 이용하여 요소작업의 순위가중치를 구한다. 앞서 설명한 바와 같이 요소작업의 순위가중치는 자신과 그 후에 수행될 요소작업들의 작업시간을 합한 값이다. [표 6-7]에는 요소작업에 대한 작업시간, 관련된 제품, 순위가중치가 나타나 있다.

[표 6-7] 요소작업들에 대한 순위가중치

요소작업	1	2	3	4	5	6	7	8	9	10	11
작업시간(분)	1	5	4	1	5	6	2	4	3	5	3
제품	A,B	A	A,B	B	B	B	A,B	A	A,B	B	A,B
순위가중치	39	10	9	17	16	11	5	15	11	8	3

5.4 요소작업의 작업장배정

앞서 결정된 순위가중치를 이용하여 요소작업을 작업장에 배정해 보자. 혼류생산의 경우에는 작업장에 요소작업을 배정할 때 작업의 선후관계, 생산주기, 순위가중치 외에 관련된 제품의 유형을 고려해야 한다. [표 6-8]은 요소작업들을 3개의 작업장으로 배정한 결과를 보여준다. 작업을 배정하는 과정을 살펴보기로 하자.

[표 6-8] 요소작업의 작업장배정

작업장	요소작업	제품	제품 A 작업시간	제품 A 누적시간	제품 A 남은시간	제품 B 작업시간	제품 B 누적시간	제품 B 남은시간	다음작업
1	1	AB	1	1	9	1	1	9	2,3,4,8
	4	B	0	1	9	1	2	8	2,3,5,8
	5	B	0	1	9	5	7	3	2,3,6,8
	8	A	4	5	5	0	7	3	2,3,6,9
	9	AB	3	8	2	3	10	0	2,3,6,10
2	6	B	0	0	10	6	6	4	2,3,10
	2	A	5	5	5	0	6	4	3,10
	3	AB	4	9	1	4	10	0	7,10
3	10	B	0	0	10	5	5	5	7
	7	AB	2	2	8	2	7	3	11
	11	AB	3	5	5	3	10	0	–

우선 순위가중치가 가장 큰 요소작업1을 작업장1에 배정한다. 요소작업1은 작업시간이 1분이며 제품A와 제품B에 모두 관계되므로, 작업장1에서 제품A와 제품B에 남은 시간은 9분으로 동일하다.

다음에 선택가능한 요소작업은 작업2, 작업3, 작업4, 작업8이다. 이들의 작업시간은 작업장1에 남은 시간보다 모두 작으므로 순위가중치가 가장 큰 작업4를 선택한다. 작업4는 1분이 소요되며 제품B에서만 필요하므로, 작업장에 남은 시간은 제품A에 대해서는 9분, 제품B에 대해서는 8분이다.

다음으로 선택할 수 있는 요소작업은 작업2, 작업3, 작업5, 작업8이다. 이들의 작업시간도 작업장의 남은 시간을 모두 초과하므로, 순위가중치가 가장 큰 작업5를 작업장1에 배정한다. 작업5의 작업시간은 제품 B에 대하여만 5분이 소요되므로, 작업장1에서 남은 시간은 제품A에 대하여는 9분, 제품B에 대하여는 3분이다.

계속해서 선택가능한 요소작업은 작업2, 작업3, 작업6, 작업8이다. 이들 가운데 작업장에 배정가능한 작업은 작업2와 작업8이다. 이 둘 가운데 순위가중치가 큰 작업8을 작업장1에 배정한다. 작업8은 제품A에 대하여 4분 소요되므로 작업장에 남은 시간은 제품A에 대해서는 5분, 제품B에 대해서는 3분이다.

다음으로 배정가능한 작업은 작업2, 작업3, 작업6, 작업9다. 이들 가운데 작업장1의 남은 시간에 배정이 가능한 작업은 제품A, 제품B에 모두 3분이 필요한 작업9뿐이다. 이를 작업장1에 추가배정하면 작업장에 남은 시간이 제품A에 대해서는 2분, 제품B에 대해서는 0분이다. 배정되지 않은 작업들 가운데 작업장1의 남은 시간에 가능한 작업은 없으므로 작업장 배정을 마친다. 작업장1과 유사한 방법으로 작업장2와 작업장3에 나머지 작업들을 배정하면 [그림 6-9]와 같은 결과를 얻는다.

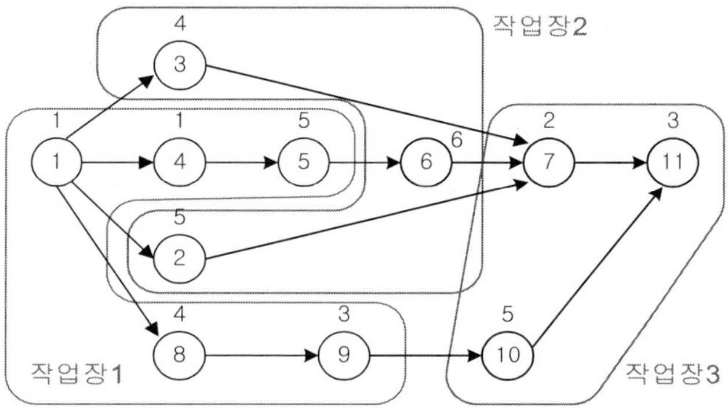

[그림 6-9] 통합선후관계도에서 요소작업의 작업장배정

[그림 6-9]에서 배정된 요소작업들은 통합선후관계도에 대한 것이다. 예를 들어 작업장1의 경우 5개의 요소작업이 배정되어 있지만 실제로 작업자는 이들 모두를 동시에 작업하는 것이 아니라 일부 작업을 선택하여 작업하게 된다. 즉, 제품A에 대해서는 작업1, 작업8, 작업9를, 제품B에 대해서는 작업1, 작업4, 작업5, 작업9를 각각 수행하게 된다. 제품별로 작업장에 배정된 요소작업과 작업시간은 [표 6-9]와 같다.

[표 6-9] 제품별로 작업장에 배정된 요소작업

	제품A		제품B	
	배정된 작업	작업시간	배정된 작업	작업시간
작업장1	작업1,8,9	8분	작업1,4,5,9	10분
작업장2	작업2,3	9분	작업3,6	10분
작업장3	작업7,11	5분	작업7,10,11	10분

각 제품의 선후관계도에서 작업장에 배정된 요소작업을 그림으로 나타내면 [그림 6-10]과 같다.

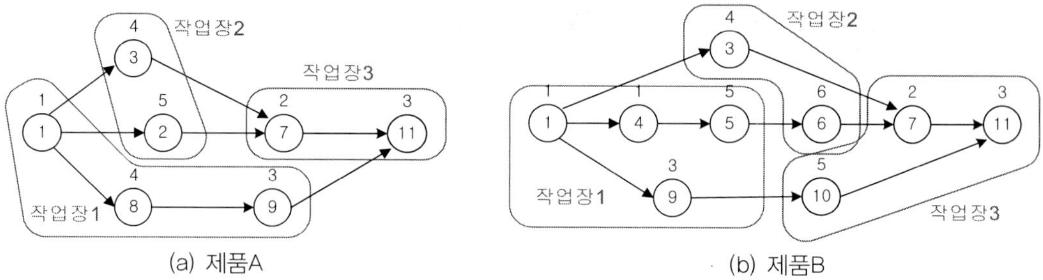

[그림 6-10] 제품별 선후관계도에서 요소작업의 작업장배정

3개의 작업장으로 구성된 조립라인에서 제품A와 제품B에 대한 라인효율은 각기 다음과 같이 결정된다.

$$\text{제품A에 대한 라인효율} = \frac{22}{3\times 10}\times 100\% = 73\%$$

$$\text{제품B에 대한 라인효율} = \frac{30}{3\times 10}\times 100\% = 100\%$$

6. U자형 라인밸런싱

이번에는 U자형라인에 대하여 라인밸런싱 문제를 살펴보기로 하자.

6.1 U자형라인

U자형라인은 수요변동에 유연하게 대응하기 위하여 생산라인을 U자형태로 배열한 제품별 설비배치이다. 이는 [그림 6-11]에서 보는 바와 같이 라인의 입구와 출구작업이 동일한 작업자에 의해 이루어지므로 라인내의 재공품 수량을 일정하게 유지할 수 있다. 또한 작업의 동선이 줄어들어 생산시간이 적게 소요되며, 사이클타임 및 생산률변화에 따라 작업자의 증감이 자유롭다.

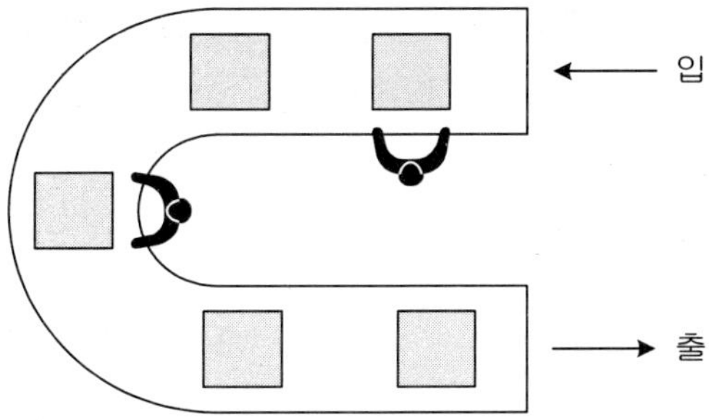

[그림 6-11] U자형 작업라인

6.2 U자형라인의 잇점

U자형라인을 도입할 때 얻을 수 있는 이점은 다음과 같다.

- 한 작업자가 여러 공정을 담당할 수 있으므로 적은 인원으로 작업이 가능하다.
- 작업장이 밀집되어 있어 공간을 적게 소요한다.
- 입구와 출구작업을 한 사람이 담당하므로 택트타임의 유지가 용이하다.
- 작업자의 이동이나 운반거리가 짧아 생산시간이 줄어든다.
- 작업자들 간에 협조가 용이하여 라인밸런스가 무너졌을 때 쉽게 복원할 수 있다.
- 대기, 운반, 재고의 낭비가 줄어든다.

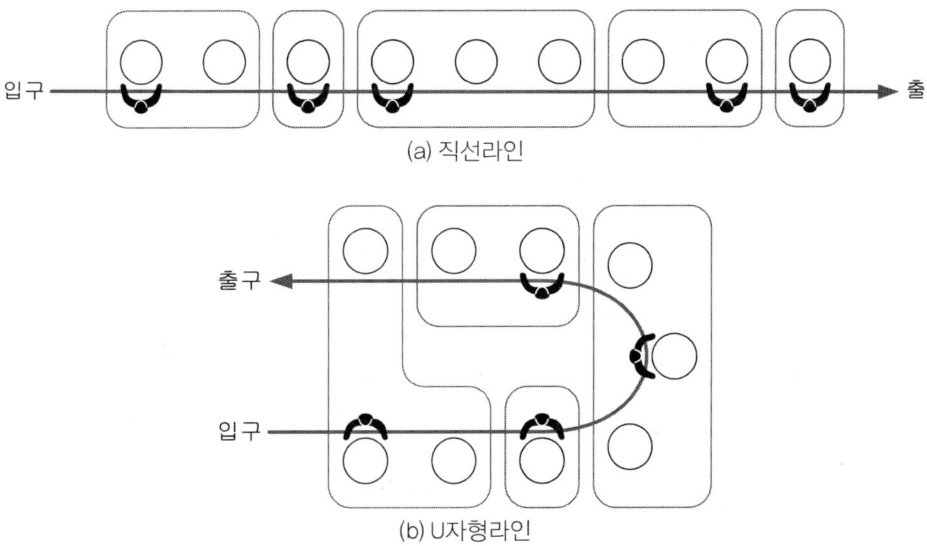

[그림 6-12] U자형라인의 장점

직선라인은 인접한 작업에 대하여만 작업자 간의 협조가 가능하므로 라인의 밸런스를 맞추기가 쉽지 않다. 하지만 U자형 작업라인에서는 [그림 6-12]에서 보는 바와 같이 멀리 떨어진 작업에도 작업자의 접근이 용이하다는 잇점이 있다. 이런 이유로 종종 U자형라인은 직선라인보다 적은 인원으로 밸런싱이 가능하다. 그림에서 동일한 작업을 직선라인은 5명이 작업하고 있으나 U자형라인에서는 4명이 작업하고 있다.

일본 도요타자동차가 신형 자동차공장에 기존의 I자형 대신 U자형 조립라인을 도입했다고 아사히신문이 2011년 1월 보도했다. 도요타는 이달 가동을 시작한 미야기현 오히라무라에 있는 수출용 소형차 '야리스세단' 조립공장에 옆으로 늘어놓은 차체를 U자형라인에 올려놓고 부품을 조립하는 새로운 생산방식을 도입했다. 새 공장은 도요타계열의 조립회사인 센트럴자동차에 속해 있다.

U자형 라인에서는 차체가 벨트 위에서 움직이는 게 아니라 차체를 올려놓은 대좌가 벨트에 실려 움직인다. 도요타는 새 라인을 엔진, 바퀴주변 부품, 내장품 조립에 사용하기 시작했다. U자형 조립라인의 바깥쪽에서는 엔진, 안쪽에서는 바퀴주변 부품을 조립하는 등 서로 다른 작업을 동시에 수행할 수 있어 작업시간을 대폭 줄일 수 있다. 도요타는 라인을 3분의 1정도로 줄였고, 새 공장의 설비투자액도 예정액의 60%로 감축했다.

도요타가 U자형 조립라인을 도입한 것은 획기적인 변화로 받아들여진다. 미국 포드사가 I자형 컨베이어방식을 도입한 것은 약 100년 전인 1913년이다. 이후 자동차회사들은 차를 컨베이어벨트 위에 올려놓는 방식으로 대량생산시대를 열었다. 하지만 세계적으로 저렴한 차의 수요가 늘어나자 도요타는 비용을 더 절감하기 위해 자동차업계의 상식을 뒤집었다고 아사히신문은 풀이했다.

[한국경제신문 2011]

6.3 U자형라인의 밸런싱을 위한 순위가중배열법

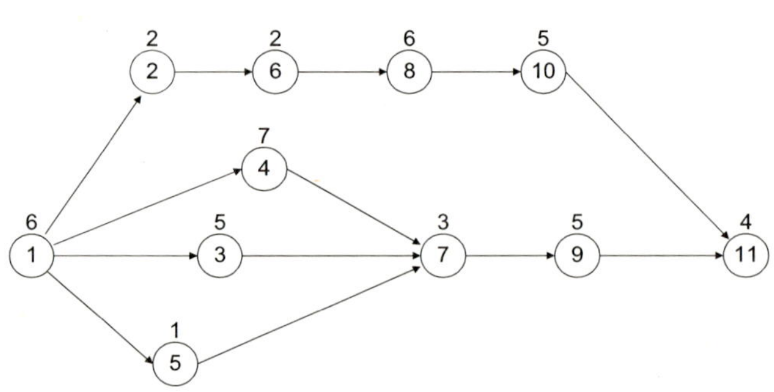

[그림 6-13] 선후관계도

[그림 6-13]은 11개의 요소작업으로 이루어진 조립작업의 선후관계도이다. 이를 이용하여 U자형라인의 밸런싱을 위한 순위가중배열법의 절차를 소개해 보자. 이 작업의 생산주

기는 10분이다.

6.3.1 순위가중치의 결정

U자형라인에서 요소작업에 대한 순위가중치는 현재 요소작업 이전에 해야 할 작업의 총시간과 이후에 해야 할 작업의 총시간 중에 최대값으로 정의된다. 요소작업 P_i의 순위가중치 W_i는 다음과 같이 계산된다.

$$W_i = \max(P_i \text{ 이전 작업시간의 합}, P_i \text{ 이후 작업시간의 합})$$

요소작업 P_i의 작업시간을 T_i라 할 때, 7번째 요소작업 P_7에 대한 순위가중치 W_7은 다음과 같이 결정된다.

$$W_7 = \max[(T_7 + T_1 + T_3 + T_4 + T_5), (T_7 + T_9 + T_{11})] = \max(22, 12) = 22$$

요소작업의 순위가중치를 구한 결과는 [표 6-10]에 주어져 있다.

[표 6-10] 요소작업의 순위가중치

요소작업	작업시간	이전작업		이후작업		순위가중치
		요소작업	시간합	요소작업	시간합	
1	6	1	6	1,2,3,4,5,6,7,8,9,10,11	46	46
2	2	1,2	8	2,6,8,10,11	19	19
3	5	1,3	11	3,7,9,11	17	17
4	7	1,4	13	4,7,9,11	19	19
5	1	1,5	7	5,7,9,11	13	13
6	2	1,2,6	10	6,8,10,11	17	17
7	3	1,3,4,5,7	22	7,9,11	12	22
8	6	1,2,6,8	16	8,10,11	15	16
9	5	1,3,4,5,7,9	27	9,11	9	27
10	5	1,2,6,8,10	21	10,11	9	21
11	4	1,2,3,4,5,6,7,8,9,10,11	46	11	4	46

6.3.2 요소작업의 작업장배정

순위가중치를 이용하여 요소작업을 작업장에 배정해 보자. 이때 요소작업의 배정가능성, 순위가중치, 생산주기가 고려되어야 한다. [표 6-11]은 11개의 요소작업을 5개 작업장에 배정한 결과를 보여준다. 요소작업을 작업장에 배정하는 과정을 살펴보자.

[표 6-11] 요소작업의 작업장배정

작업장	요소작업	가중치	작업시간	누적시간	남은시간	배정후보작업
1	1	46	6	6	4	2,3,4,5,11
	11	46	4	10	0	2,3,4,5,9,10
2	9	27	5	5	5	2,3,4,5,7,10
	7	22	3	8	2	2,3,4,5,10
	2	19	2	10	0	3,4,5,6,10
3	10	21	5	5	5	3,4,5,6,8
	3	17	5	10	0	4,5,6,8
4	4	19	7	7	3	5,6,8
	6	17	2	9	1	5,8
	5	13	1	10	0	8
5	8	16	6	6	4	–

순위가중치가 가장 큰 요소작업은 라인의 입구에 해당하는 작업1과 출구에 해당하는 작업11이다. 먼저 작업1을 작업장1에 배정한다. 작업시간이 6분이고 생산주기시간은 10분이므로 작업장에 남은 시간은 4분이다. 작업장에 배정할 후보작업은 작업2와 작업3, 작업4, 작업5, 작업11이다. 이들 가운데 순위가중치가 가장 큰 작업11의 작업시간은 작업자1의 남은 시간과 일치하므로 작업장에 배정한다. 작업장1에는 더 이상 남은 시간이 없으므로 배정을 마친다.

작업장2에 대한 배정가능한 후보작업은 작업2, 작업3, 작업4, 작업5, 작업9, 작업10이다. 이들 중에 순위가중치가 가장 큰 작업9를 선택한다. 작업9는 5분이 소요되므로 작업장에는 5분이 남는다. 다음 배정후보인 작업2, 작업3, 작업4, 작업5, 작업7, 작업10 가운데 순위가중치가 가장 큰 작업7은 작업시간이 3분이므로 작업장배정이 가능하다. 작업장2에 남은 시간은 2분이고, 배정후보로는 작업2, 작업3, 작업4, 작업5, 작업10가 있다. 이들 가운데 작업장에 배정가능한 작업은 작업2와 작업5이다. 이 둘 중에 순위가중치가 더 큰 작업2를 작업장에 추가한다. 작업2의 소요시간 2분은 작업장의 남은 시간과 일치하므로 작업장2의 배정을 마친다. 동일한 방법으로 배정되지 않은 나머지 요소작업들을 작업장3, 작업장 4, 작업장5에 배정한다.

5개 작업장에 배정된 요소작업과 작업시간을 정리하면 [표 6-12]와 같다.

[표 6-12] 작업장의 요소작업과 작업시간

작업장	1	2	3	4	5	합
요소작업	1,11	2,7,9	3,10	4,5,6	8	–
작업시간	10분	10분	10분	10분	6분	46분

작업장에 배정된 요소작업들을 함께 묶어서 도시하면 [그림 6-14]와 같다.

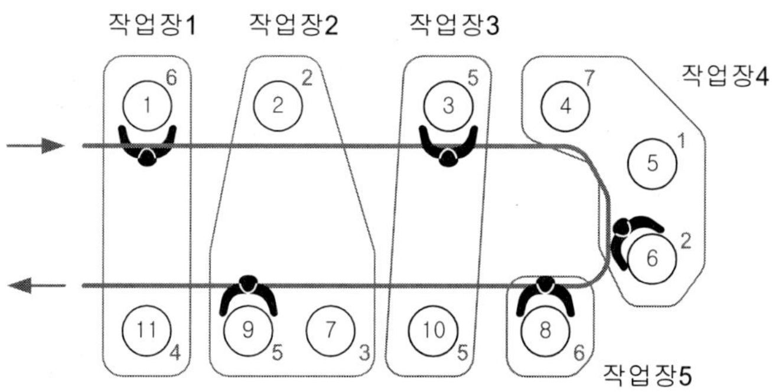

[그림 6-14] 작업장에 배정된 요소작업들

U자형 조립라인은 5개의 작업장으로 구성되어 있으며 라인효율은 다음과 같다.

$$\text{라인효율} = \frac{46}{10 \times 5} \times 100\% = 92\%$$

실습 5 라인밸런싱

[목적] 순위가중배열법에 의하여 주어진 요소작업들을 작업장에 배분한다.
[방법] 각자 실습을 수행한다.

아래 그림과 같은 조립순서를 가진 15개의 요소작업들을 작업장에 배분하려고 한다. 조립공정의 월생산량은 2,500대, 하루작업시간은 7시간, 월작업일수는 25일이다.

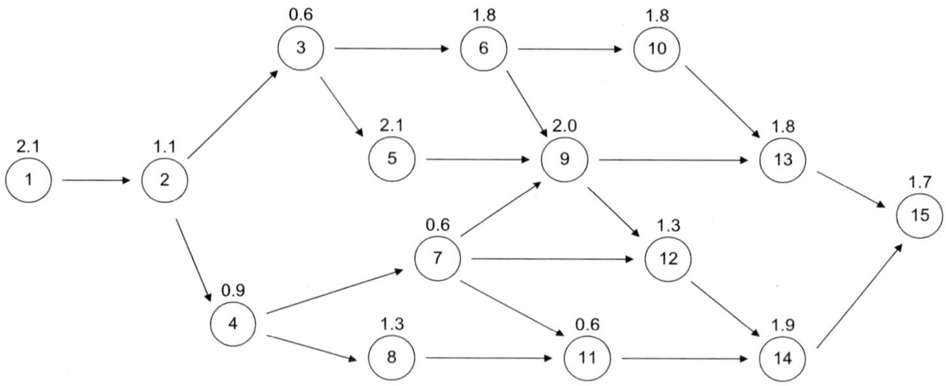

1. 불량률이 5%일 때 피치타임을 결정하라.

2. I자형라인으로 조립작업을 실시하고자 한다. 순위가중배열법에 의하여 요소작업들을 작업장에 할당하고 라인의 효율을 구하라.

3. U자형조립라인인 경우 순위가중배열법에 의하여 요소작업들을 작업장에 할당하고 작업장의 라인밸런싱 상황을 피치다이어그램으로 도시하라.

연습문제

1 라인밸런싱을 위하여 필요한 정보는 무엇인가?

2 6개의 요소작업으로 이루어진 작업의 표준시간은 다음과 같다.

요소작업	1	2	3	4	5	6	합
작업시간(분)	0.5	0.2	0.3	0.6	0.1	0.4	2.3

월작업시간이 200시간, 월생산량이 100,000개일 때 요소작업에 필요한 작업자수와 라인효율을 구하라.

3 다음은 컴퓨터조립작업에 대한 분석표이다. 각 공정의 작업시간과 작업인원은 다음과 같다. 사이클타임, 생산량, 라인효율을 구하라.

공정	1	2	3	4	5	6	합계
작업자수	1	2	1	1	2	1	8
작업시간(초)	20	42	22	25	40	21	170

4 아래의 그림과 같이 작업이 이루어지고 있다.

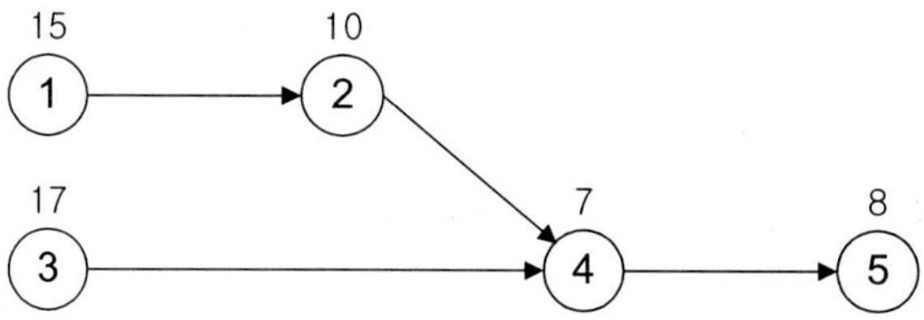

1) 라인의 효율을 계산하라.

2) 사이클타임을 15초로 조정하려고 한다. 가능한 방안을 열거하라.

3) 월 120,000개의 제품을 생산하려고 할 때 작업장에 투입해야 할 작업자수를 결정하라. 월평균작업시간은 200시간, 제품의 불량률은 10%라고 한다.

5 아래 그림과 같은 조립순서의 요소작업을 작업장에 배분하려고 한다(시간단위 : 분).

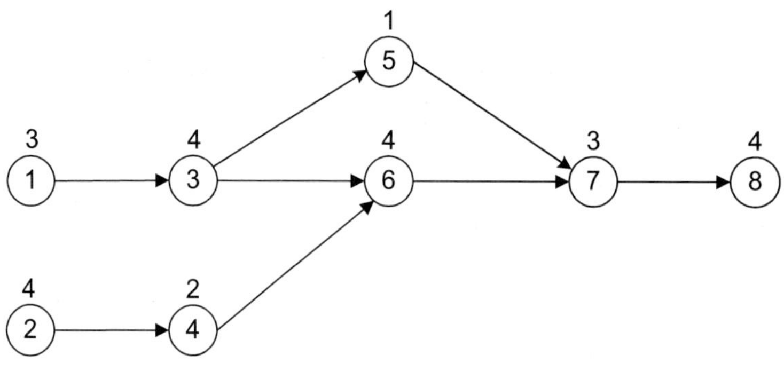

1) 요소작업들에 대한 순위가중치를 구하라.

요소작업	1	2	3	4	5	6	7	8
순위가중치								

2) 사이클타임이 7분일 때 순위가중배열법으로 작업장에 요소작업들을 배정하라.

3) 라인의 효율을 구하라.

6 제품A, 제품B가 동일한 라인에서 조립되고 있다. 제품들에 대한 선후관계도는 다음과 같다.

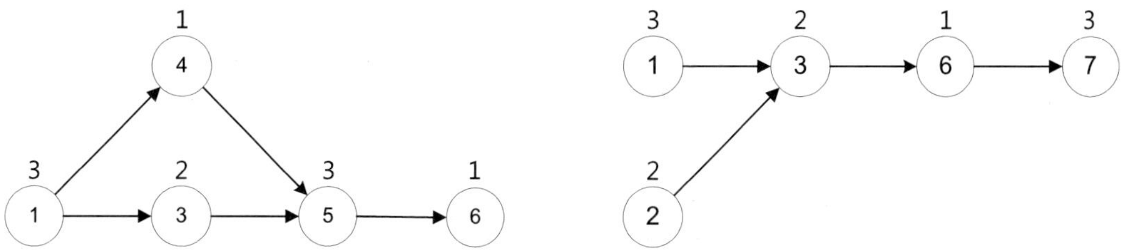

[제품A] [제품B]

1) 통합선후관계도를 작성하라.

2) 요소작업들의 순위가중치를 구하라.

요소작업	1	2	3	4	5	6	7	8
순위가중치								

3) 사이클타임이 7분일 때 순위가중배열법으로 요소작업들을 작업장에 배정하라.

작업장	요소 작업	제품	제품 A		제품 B	
			작업시간	누적시간	작업시간	누적시간

4) 제품A와 제품B에 대한 라인의 효율을 구하라.

7 아래 그림과 같이 주어진 8개의 요소작업이 주어졌을 때 U자형라인을 구성하려고 한다. 순위가중배열법을 이용하여 작업장에 요소작업들을 배분하라.

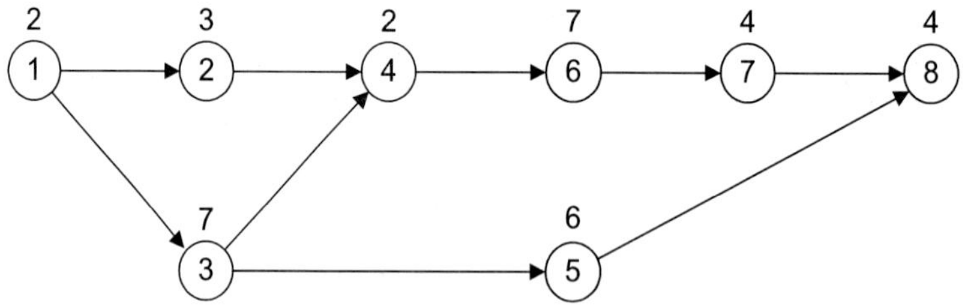

1) 요소작업들의 순위가중치를 구하라.

요소작업	1	2	3	4	5	6	7	8
순위가중치								

2) 사이클타임이 10분일 때 U자형 라인작업장에 요소작업들을 배정하라.

작업장	제1작업장	제2작업장	제3작업장	제4작업장	제5작업장
요소작업					

제 7 장
동작연구

1. 서블릭

서블릭(therblig)은 길브리스가 정의한 용어로, 인간이 행하는 작업을 구성하는 최소한의 기본동작을 가리킨다.

1.1 서블릭기호와 정의

서블릭은 동작연구에서 작업을 개선하는데 매우 유용하게 사용된다. [표 7-1]에서는 17개의 서블릭에 대하여 영자기호와 정의를 보여준다.

[표 7-1] 서블릭의 기호와 정의

서블릭 명칭	영자기호	정의
찾기(search)	Sh	목표물을 눈이나 손으로 찾는다.
선택하기(select)	St	여러 물품 중에서 하나를 선택한다.
잡기(grasp)	G	물품을 손으로 잡는다.

서블릭 명칭	영자기호	정의
빈손이동(transport empty)	TE	빈손을 이동한다.
운반(transport loaded)	TL	손에 들고 있는 물품을 옮긴다.
붙잡고 있기(hold)	H	손으로 물품을 붙잡고 움직이지 않게 한다.
내려놓기(release load)	RL	잡고 있던 물품을 내려놓는다.
바로 놓기(position)	P	물품의 방향이나 위치를 바로잡는다.
미리 놓기(preposition)	PP	다음 작업에 대비하여 물품을 미리 정해진 위치에 올바로 둔다.
조립(assemble)	A	두 개의 물품을 결합하거나 삽입하여 하나로 만든다.
분해(disassemble)	DA	하나의 물품을 분리하여 두 개로 만든다.
사용(use)	U	기계, 도구 등을 사용한다.
검사(inspect)	I	물품의 규격이 기준에 일치하는지 판정한다.
불가피한 지연(unavoidable delay)	UD	작업자가 어쩔 수 없이 겪는 지연이다.
피할 수 있는 지연(avoidable delay)	AD	작업자의 의지로 피할 수 있는 지연이다.
휴식(rest)	R	작업의 피로를 회복하기 위한 휴식이다.
생각하기(plan)	Pn	작업을 생각하기 위한 중단이다.

각각의 서블릭을 구체적으로 설명해보자.

1) 찾기(search; Sh)

찾기(Sh)는 여러 물품이 섞여 있는 가운데서 특정한 목적물을 눈이나 손으로 찾는 동작이다. 예를 들면 볼트, 와셔, 너트가 함께 있는 부품상자에서 손으로 더듬어 너트를 찾거나 작업할 망치를 찾기 위해 두리번거리는 동작을 가리킨다.

2) 선택하기(select; St)

선택하기(St)는 여러 물품 중에서 원하는 목적물을 골라내는 동작이다. 예를 들어 여러 종류의 못이 들어있는 상자에서 특정한 크기의 못을 한개 골라내는 경우가 이에 해당된다.

3) 잡기(grasp; G)

잡기(G)는 특정한 물품을 손으로 접촉하거나 잡는 동작을 가리키는 서블릭이다. 조립상자를 롤러컨베이어 상에서 밀어옮기기 위해 손을 접촉하거나, 공구대에 놓여있는 망치를 손으로 잡는 것이 잡기(G)다.

4) 빈손이동(transport empty; TE)

빈손이동(TE)은 특정한 물품을 잡기 위해 손을 뻗치거나, 뻗었던 손을 원래의 상태로 되돌리는 동작을 가리킨다. 예를 들어 컴퓨터를 켜기 위해 버튼 있는 곳으로 손을 이동하는 것은 빈손이동(TE)에 해당된다. 빈손이동(TE)은 찾기(Sh)나 고르기(St)와 동시에 발생하기도 한다. 이런 경우 빈손이동(TE)의 시간이 좀더 오래 걸리게 되므로 찾기(Sh)와 고르기(St)를 생략하는 것이 보통이다.

5) 운반(transport loaded; TL)

운반(TL)은 손에 들고 있는 물품을 다른 곳으로 옮기는 동작이다. 예를 들어 서류에 서명하기 위하여 펜을 가져오거나, 망치를 못질할 곳으로 가져가는 동작이 운반(TL)에 해당된다.

6) 붙잡고 있기(hold; H)

붙잡고 있기(H)는 손으로 물건을 붙잡고 그 위치를 계속 유지하는 동작이다. 톱질하는 동안 나무토막을 붙잡고 있거나, 볼트에 와셔를 조립할 때 왼손으로 볼트를 붙잡고 있는 동작이 붙잡고 있기(H)에 해당된다.

7) 내려놓기(release; RL)

내려놓기(RL)는 잡고 있던 물건을 손에서 놓아주는 동작으로, 서블릭 가운데 소요시간이 가장 짧다. 조립을 마친 부품을 조립품상자에 내려놓거나, 롤러컨베이어를 따라 상자를 밀고난 후 손을 떼는 동작이 내려놓기(RL)다.

8) 바로 놓기(position; P)

바로 놓기(P)는 전후, 좌우, 중심축을 바로 맞추기 위해 물품의 방향을 바꾸거나 위치를 바로잡는 동작을 가리킨다. 거꾸로 잡고 있는 볼트를 올바른 방향으로 돌려 잡거나, 열쇠구멍에 열쇠를 올바로 맞추기 위해 미세하게 방향을 조절하는 동작이 바로 놓기(P)에 해당된다.

9) 미리 놓기(preposition; PP)

미리 놓기(PP)는 다음 작업에 대비하여 물품을 정해진 위치에 올바르게 놓는 동작을 가리킨다. 이는 다음에 물품이 필요할 때 수정동작이 필요 없도록 물품을 놓는 동작이다. 예를 들어 다음 공정의 작업자가 작업하기 쉽도록 철판을 뒤집어서 컨베이어 위에 놓거나, 드라이버를 작업자가 잡기 쉽도록 공중에 걸어두는 동작이 미리 놓기(PP)다.

10) 조립(assemble; A)

조립(A)은 두개의 물품을 결합하거나 삽입하여 일체로 만드는 동작을 가리킨다. 병에 코르크마개를 끼우거나, 볼트에 너트를 체결하는 동작이 이에 해당된다.

11) 분해(disassemble; DA)

분해(DA)는 조립(A)의 반대동작으로 결합된 물품을 분리하는 동작이다. 사인펜의 뚜껑을 벗기거나, 볼트를 조인 후 스패너를 볼트에서 떼는 동작이 분해(DA)에 해당된다.

12) 사용(use; U)

사용(U)은 원하는 목적을 위해 기계나 도구를 사용하여 작업하는 동작을 가리킨다. 망치로 못을 박거나, 드릴을 사용하여 구멍을 뚫는 동작이 사용(U)이다.

13) 검사(inspect; I)

검사(I)는 대상물의 규격이 정해진 기준에 일치하는지 여부를 판정하는 동작이다. 예를 들어 마이크로미터를 사용하여 부품의 직경을 측정하거나, 부품의 조립된 상태를 확인하는 동작이 검사(I)에 해당된다.

14) 불가피한 지연(unavoidable delay; UD)

불가피한 지연(UD)은 작업자가 어쩔 수 없이 겪는 지연으로 작업이 끝나기를 기다리거나, 한손이 작업하는 동안 다른 손이 쉬고 있는 상태를 가리킨다. 예를 들어 물품이 자동반송되는 동안 대기하거나, 오른손이 작업물을 옮기는 동안 왼손이 기다리는 상태가 불가피한 지연(UD)이다.

15) 피할 수 있는 지연(avoidable delay; AD)

피할 수 있는 지연(AD)은 작업자가 의지만 가지면 제거할 수 있는 지연으로 부주의, 태만 등으로 발생하는 유휴상태를 가리킨다. 예를 들어 작업자가 잡담하거나, 특별한 사유 없이 작업 중에 동작을 멈추고 있는 경우가 이에 해당된다.

16) 휴식(rest; R)

휴식(R)은 작업 중 발생한 피로를 회복하기 위한 여유시간을 가리킨다. 몸이 피곤하여 두 팔을 위로 뻗쳐 스트레칭하거나, 눈의 피로로 인하여 잠시 눈을 감고 있는 동작이 휴식

(R)에 해당된다.

17) 생각하기(plan; Pn)

생각하기(Pn)는 작업을 어떻게 수행할 것인지 작업의 내용을 생각하는 정신적인 활동이다. 도면을 보면서 작업방법을 생각하거나, 복잡한 조립작업을 수행하면서 다음에 할 작업을 생각하는 것이 생각하기(Pn)에 해당된다.

1.2 서블릭분석

사무실 앞에 서있는 사람이 주머니에 들어있는 열쇄를 꺼내 사무실문을 열기까지 일련의 과정을 서블릭으로 분석하면 [표 7-2]와 같다.

[표 7-2] 서블릭동작의 분석

동작	서블릭
1. 주머니에 손을 넣는다.	TE
2. 열쇄를 잡는다.	G
3. 주머니에서 열쇄를 꺼낸다.	TL
4. 열쇄의 방향을 올바로 정한다.	P
5. 열쇄를 문의 열쇄구멍 앞으로 가져간다.	TL
6. 열쇄를 열쇄구멍에 정확히 일치시킨다.	P
7. 열쇄를 열쇄구멍에 끼운다.	A
8. 열쇄를 돌려 잠김상태를 해제한다.	U
9. 손잡이에서 열쇄를 뺀다.	DA
10. 열쇄를 주머니에 가져간다.	TL
11. 열쇄를 주머니에 넣는다.	RL
12. 주머니에서 손을 뺀다.	TE
13. 사무실문의 손잡이로 손을 뻗는다.	TE
14. 손잡이를 잡는다.	G
15. 손잡이를 회전한다.	U
16. 사무실문을 연다.	TL

1.3 효율적/비효율적 서블릭

서블릭은 효율적인 것과 비효율적인 것으로 구분된다. 효율적인 서블릭은 작업의 목적과 직접적인 연관성이 있는 동작으로, 소요시간을 어느 정도 줄일 수는 있으나 동작 자체를 제거할 수는 없다. 반면에 비효율적인 서블릭은 작업수행에 도움이 되지 않는 동작으로, 제거하거나 소요시간을 단축하는 것이 가능하다.

[표 7-3]에서 보는 바와 같이 효율적인 서블릭에는 빈손이동(TE), 운반(TL), 잡기(G), 내려놓기(RL), 미리 놓기(PP), 사용(U), 조립(A), 분해(DA)가 있고, 비효율적인 서블릭에는 찾기(Sh), 선택하기(St), 바로 놓기(P), 검사(I), 붙잡고 있기(H), 불가피한 지연(UD), 피할 수 있는 지연(AD), 휴식(R), 생각하기(Pn)가 있다.

[표 7-3] 효율적/비효율적 서블릭

효율적인 서블릭	TE, TL, G, RL, PP, U, A, DA
비효율적인 서블릭	Sh, St, P, I, H, UD, AD, R, Pn

2. 서블릭의 개선방법

서블릭은 개선이 가능하다. 앞서 언급했듯이 효율적인 서블릭은 소요시간의 단축을 목표로 개선을 시도하고, 비효율적인 서블릭은 동작제거를 목표로 개선을 추구한다. 비효율적인 서블릭에서 제거가 곤란한 경우에는 시간단축을 위한 개선방법을 찾는다.

2.1 찾기(Sh)의 개선

작업자가 물품을 찾는 이유는 존재하는 위치를 정확히 알지 못하기 때문이다. 이처럼 찾기(Sh)는 정돈되지 않은 작업장에서 주로 발생한다. 비효율적인 서블릭인 찾기(Sh)를 제거하거나 빨리 수행하려면 다음의 내용에 유의한다.

- 작업장을 정돈한다.
- 각종 도구나 장비들을 지정된 위치에 놓는다.
- 색상이나 라벨(label)을 이용하여 물품들을 구별한다.
- 투명한 용기를 사용한다.
- 충분한 조도를 유지하도록 조명한다.

2.2 선택하기(St)의 개선

비효율적 서블릭인 선택하기(St)를 제거하거나 빨리 수행하는 방법은 다음과 같다.

- 부품상자에는 한 종류의 부품만을 담는다.
- 부품과 공구를 표준화하여 호환성을 높인다.
- 조립순서에 따라 부품상자를 배열한다.
- 색상을 이용하여 물품들을 구분한다.
- 조명을 밝게 한다.

2.3 잡기(G)의 개선

잡기(G)는 효율적인 서블릭으로, 다음 내용에 유의하면 동작의 개선이 가능하다.

- 한꺼번에 많이 잡음으로 잡는 횟수를 줄인다.
- 잡아서 옮기는 대신 밀어서 옮기는 방법을 이용한다.
- 부품의 두께가 얇은 경우, [그림 7-1]과 같이 용기 앞부분에 돌출부를 만들어 잡기 쉽게 한다.
- 흡착기구, 자석, 고무를 사용한다.
- 컨베이어를 사용한다.
- 다음 작업자가 쉽게 잡을 수 있도록 미리 놓아둔다(PP).

(a) 부적당　　　　(b) 적당

[그림 7-1] 평면 위의 얇은 물품

2.4 빈손이동(TE)/운반(TL)의 개선

빈손이동(TE)과 운반(TL)은 효율적인 서블릭으로, 개선을 위한 방법은 다음과 같다.

- 손의 이동거리를 줄인다.
- 한 번에 부품을 많이 운반하여 이동횟수를 줄인다.

- 컨베이어나 중력슈트를 이용한다.
- 적합한 신체부위를 사용한다.
- 이동 중 급격한 방향전환을 피한다.

2.5 붙잡고 있기(H)의 개선

붙잡고 있기(H)는 비효율적인 서블릭으로 구분된다. 정교한 작업을 할 수 있는 손으로 부품을 붙잡기만 하는 것은 낭비이기 때문이다. 다음의 방법으로 붙잡고 있기(H)를 제거할 수 있다.

- 손 대신 치공구를 사용하여 부품을 고정시킨다.
- 마찰력이나 자석장치를 이용한다.
- 발을 사용한다.

2.6 내려놓기(RL)의 개선

내려놓기(RL)는 작업에서 꼭 필요한 효율적인 서블릭으로, 동작을 빨리 수행하려면 다음의 방법에 유의한다.

- 이동 중에 물품을 내려놓는다.
- 주의를 기울이지 않고 물품을 내려놓게 한다.
- 기계적인 배출장치를 사용한다.
- 부품을 담는 그릇의 크기를 적절히 정한다.
- 중력이나 미끄럼을 이용한다.
- 공구를 공중에 매달아 놓는다.

2.7 바로 놓기(P)의 개선

바로 놓기(P)는 비효율적인 서블릭으로, 다음의 방법으로 개선이 가능하다.

- 위치를 바로 잡아주는 인도장치(guide)나 유도장치를 고안한다.
- 부품의 공차를 크게 한다.
- 바로 놓기(P)를 운반(TL) 중에 행한다.
- 드라이버 끝에 자성을 갖게 하여 볼트나 나사가 달라붙게 한다.

- 템플릿(template)을 사용한다.

2.8 미리 놓기(PP)의 개선

미리 놓기(PP)는 고쳐잡지 않도록 부품이나 공구 놓는 방식을 바꾸는 것으로, 효율적인 서블릭으로 취급된다. 이를 좀더 효과적으로 수행하는 방법은 다음과 같다.

- 드라이버나 렌치 같은 공구는 공중에 매달아 둔다.
- 부품을 대칭으로 설계하여 고쳐잡을 필요가 없게 한다.
- 직전 공정에서 방향을 맞추어 부품을 용기에 넣어둔다.
- 자동부품공급기를 사용한다.
- 인도장치나 치공구를 사용한다.

2.9 검사(I)의 개선

비효율적인 서블릭인 검사(I)는 다음의 방법으로 개선이 가능하다.

- 다른 작업을 수행하면서 검사를 함께 실시한다.
- 자동센서를 이용한다.
- 측정기구의 눈금을 읽기 쉽게 한다.
- 한계게이지를 사용한다.
- 적절한 조명을 사용한다.
- 검사거리를 가깝게 한다.

2.10 조립(A)/분해(DA)의 개선

조립(A)과 분해(DA)는 효율적인 서블릭으로, 다음의 방법으로 개선을 시도한다.

- 삽입부를 테이퍼처리하여 조립을 쉽게 한다.
- [그림 7-2]와 같이 미끌어져 조립하도록 설계한다.
- 조립을 쉽게 하는 치공구나 인도장치를 고안한다.
- 볼트조립 대신 접착제나 원터치조립방식을 사용한다.
- 자동장치를 사용한다.

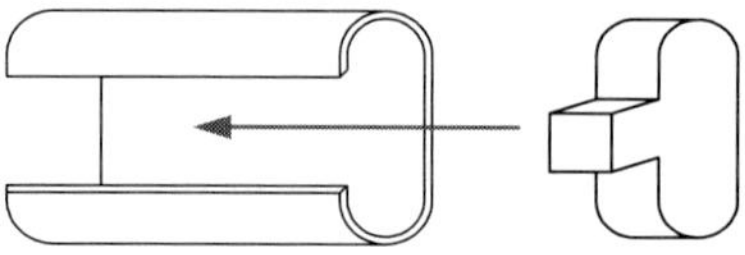

(a) 개선전

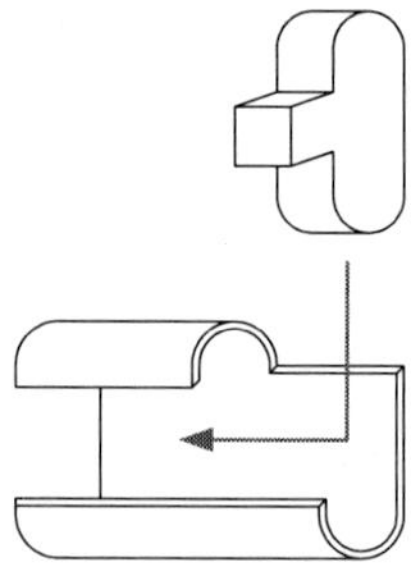

(b) 개선후

[그림 7-2] 쉬운 조립을 위한 부품설계

2.11 사용(U)의 개선

효율적인 서블릭인 사용(U)을 개선하려면 다음의 방법에 유의한다.

- 치공구를 이용한다.
- 외부동력으로 작동되는 공구를 이용한다.
- 여러 공구를 가지고 동시에 작업한다.
- 보다 우수한 공구를 사용한다.
- 적절한 속도로 공구를 사용한다.

2.12 불가피한 지연(UD)의 개선

불가피한 지연(UD)을 제거하거나 줄이기 위한 방법은 다음과 같다.

- 지연되는 작업을 찾고 그 원인을 제거한다.
- 훈련을 강화하여 작업자의 기능을 향상시킨다.
- 작업동작을 개선하여 양손을 함께 사용한다.

2.13 피할 수 있는 지연(AD)의 개선

피할 수 있는 지연(AD)을 제거하거나 줄이려면 다음의 방법에 유의한다.

- 작업준비를 철저히 하여 지연이 발생하지 않게 한다.
- 작업공정 간에 균형을 이루게 하여 유휴시간의 발생을 줄인다.
- 작업자의 사기를 높여 의욕적으로 작업하게 한다.

2.14 휴식(R)의 개선

휴식(R)을 줄이려면 다음에 유의한다.

- 작업자의 피로가 덜 발생하도록 작업을 설계한다.
- 의자는 편안하고 높이를 조절할 수 있게 한다.
- 양손을 교대로 사용하며 작업한다.
- 운반상자의 무게는 12kg 이내가 되도록 한다.
- 무거운 작업물은 운반설비를 이용한다.
- 힘든 작업은 기계화한다.
- 온도, 습도, 환기, 조도, 소음 등 작업환경을 개선한다.

2.15 생각하기(Pn)의 개선

생각하기(Pn)를 개선하려면 다음을 고려한다.

- 생각하지 않고도 작업할 수 있도록 철저히 훈련시킨다.
- 작업자가 쉽게 이해하도록 도면이나 작업표준을 작성한다.
- 작업방법을 단순하게 하고 구체적으로 작업을 지시한다.

3. 동작경제의 원칙

피로를 줄이고 작업능률을 높이기 위하여 동작을 효율적으로 수행하는 것은 매우 중요하다. 경제적인 동작에 관한 연구는 길브리스에 의하여 제안되었고 바안즈(R. Barnes)에 의하여 발전되었다. 동작경제원칙은 과학적인 이론이나 연구보다는 오랜 경험에 바탕을 두고 발전했으며, 작업장이나 작업방법을 개선하는데 유용하게 사용되고 있다.

동작경제의 원칙은 다음의 3가지 내용으로 이루어진다.

- 신체사용에 관한 원칙
- 작업장배치에 관한 원칙
- 설비 및 공구설계에 관한 원칙

3.1 신체사용에 관한 원칙

1) 양손의 동작은 동시에 시작하고 동시에 마친다.

작업자의 오른손은 몸의 오른쪽에서, 왼손은 몸의 왼쪽에서 작업을 동시에 수행할 때 균형잡힌 작업이 수행되고 생산성은 높아진다. 휴식시간을 제외하고는 양손이 동시에 쉬지 않도록 해야 한다.

2) 두 팔은 대칭으로 동시에 움직인다.

작업 중에는 양손을 사용하는 것이 효율적이다. 양손을 비대칭으로 사용하는 것보다 대칭으로 사용할 때 피로를 덜 느끼게 된다. 왼손으로 배를 두드리면서 오른손으로 배를 문질러보라. 쉽지 않을 것이다. 양팔은 비대칭으로 동작할 때 어려움을 느낀다.

3) 낮은 등급의 동작으로 작업을 수행한다.

손동작은 [표 7-4]와 같이 허리, 어깨, 팔꿈치, 손목, 손가락의 5가지 등급으로 구분된다. 등급의 번호가 작을수록 낮은 동작등급이며, 짧은 시간과 적은 노력이 소요된다.

[표 7-4] 손동작의 등급

동작등급	사용 축	신체의 동작부위
1	손가락관절	손가락
2	손목	손가락, 손
3	팔꿈치	손가락, 손, 앞팔
4	어깨	손가락, 손, 앞팔, 윗팔
5	허리	손가락, 손, 앞팔, 윗팔, 몸통

4) 관성을 이용하여 작업한다.

움직이는 물체는 동일한 속도로 계속 움직이려는 성질이 있다. 이를 관성이라고 한다. 관성을 이용하면 작업자의 노력을 줄이는데 크게 도움을 얻을 수 있다. 예를 들어 한 지점의 작업자가 다른 지점의 작업자에게 벽돌을 전달하는 경우, 속도를 줄이지 않고 관성을 이용하여 한 번에 운반하면 작업이 쉬워진다. 하지만 경우에 따라 관성이 작업에 방해가 될 경우도 있다. 이럴 때는 사용하는 도구를 가볍게 하고 동작거리를 짧게 하여 동작속도를 최소한으로 줄인다.

5) 방향을 바꿀 때는 부드러운 곡선동작을 사용한다.

손가락으로 공중에서 정사각형을 3차례 반복해서 그려보라. 또한 동일한 방식으로 비슷한 크기의 원을 3차례 그려보라. 어느 편이 쉬운가? 어느 쪽의 시간이 덜 걸리는가? 원을 그릴 때다. 동작의 방향을 바꿀 때 직선으로 예각을 이루는 것보다 곡선으로 부드럽게 움직이는 것이 훨씬 효율적이다.

6) 통제된 동작보다 충동적 동작을 사용한다.

통제된 동작에서는 서로 반대방향으로 작용하는 근육이 함께 사용되어 균형을 이루면서 원하는 일을 수행하게 된다. 글씨를 쓸 때 사용되는 엄지와 검지의 손가락 동작이 그런 경우다. 반면에 충동적 동작에서는 한 방향의 근육만을 사용하여 원하는 작업을 수행한다. 숙련된 목수가 연속적으로 망치질할 때의 동작이 그것이다. 충동적 동작은 통제된 동작보다 쉽고 정확하므로 작업할 때 가능하면 사용되어야 한다. 충동적 동작은 동작초기에만 근육이 수축하고 그 후에는 이완되므로 피로가 적게 생긴다.

7) 동작에 자연스런 리듬이 생기도록 작업을 배치한다.

작업자가 부드럽고 쉽게 작업을 연속적으로 수행하려면 리듬감을 느낄 수 있어야 한다. 작업의 리듬은 작업장에 있는 도구, 부품, 자재 등이 적절히 배치되었을 때 생겨난다. 이때 작업자는 리듬감을 느끼면서 작업하게 되므로 정신적인 노력이 크게 줄어든다.

8) 시선을 집중하는 작업은 피한다.

가능하면 시선집중을 적게 하는 것이 작업을 빨리 할 수 있고 눈의 피로를 감소시킨다. 또한 연속된 두 작업지점 간의 거리를 가깝게 하여 눈의 이동시간을 줄인다.

3.2 작업장배치와 설계에 관한 원칙

1) 공구나 자재는 지정된 장소에 놓는다.

공구나 자재가 제멋대로 놓여 있으면 작업자는 이들을 찾아야 하며, 심한 경우 여기저기 한참 돌아다녀야 한다. 공구와 자재가 항상 지정된 장소에 있을 때 작업자는 쉽고 빠르게 이들을 찾을 수 있으므로 작업시간이 단축된다.

2) 공구, 자재, 제어장치는 작업영역을 고려하여 배치한다.

작업대에서 공구나 부품상자, 제어장치 등은 종종 일직선으로 배치된다. 하지만 작업자의 작업영역을 고려할 때 이러한 배치는 피해야 한다. [그림 7-3]은 작업자의 정상작업영역(normal working area)과 최대작업영역(maximum working area)을 보여준다. 정상작업영역은 윗팔을 몸통에 자연스럽게 붙인 채 작업평면 위에서 양손이 쉽게 움직일 수 있는 영역이다. 최대작업영역은 양팔을 최대한으로 펼쳤을 때 양손이 도달할 수 있는 작업영역을 가리킨다. 작업자가 자주 사용하는 물품은 정상작업영역 내에 있도록 가까이 배치하고, 상대적으로 덜 사용하는 물품은 멀리 배치하도록 한다. 그러나 어떤 경우에도 최대작업영역을 벗어난 곳에 사용되는 물품을 두지 않도록 주의해야 한다.

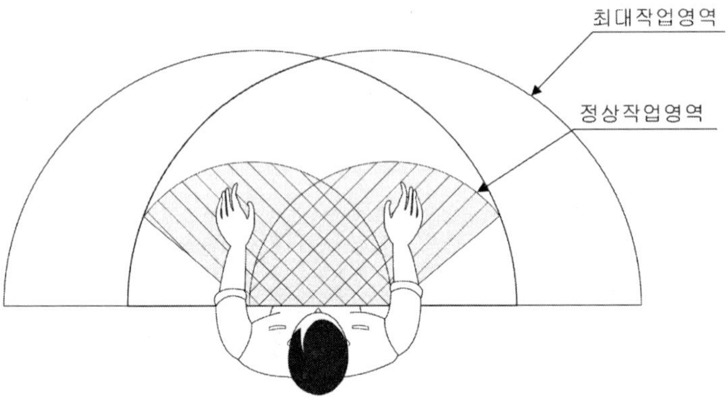

[그림 7-3] 정상 및 최대작업영역

3) 중력이송부품상자를 사용하여 부품을 공급한다.

바닥이 경사진 부품상자를 사용하면 중력에 의하여 부품이 미끄러져 내려오므로 부품을 쉽게 잡을 수 있어 작업시간이 단축된다. [그림 7-4]는 2종류의 부품상자를 비교하고 있다. [그림 7-4(a)]는 통상적인 부품상자로, 부품을 꺼낼 때마다 손목을 구부리고 상자 속에서 부품을 찾아야 한다. 반면에 [그림 7-4(b)]는 중력을 이용한 부품상자로, 부품을 꺼낼 때 손목을 구부릴 필요가 없을 뿐만 아니라 항상 일정한 지점에서 부품을 잡을 수 있다.

(a) 보통부품상자

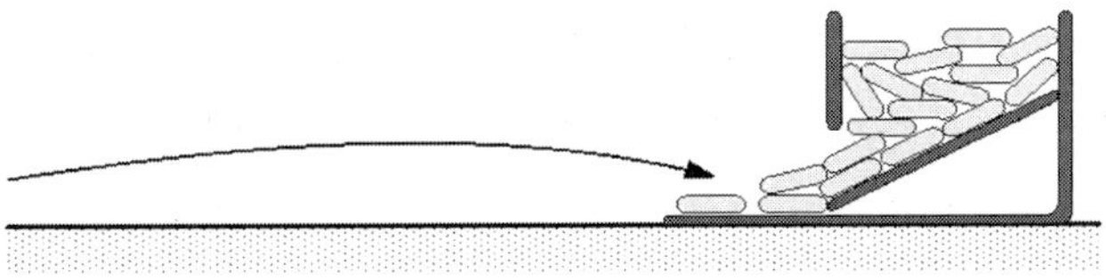

(b) 중력이송부품상자

[그림 7-4] 부품상자의 비교

4) 중력을 이용한 낙하식 운반방법을 사용한다.

작업이 끝나는 위치에서 완성된 부품을 놓으면 중력에 의하여 다음 목적지에 도달하도록 작업장을 설계한다. 이렇게 하면 시간이 절약되고 작업물을 손에서 놓기만 하면 작업이 완료되므로 다음 작업을 곧바로 시작할 수 있다.

5) 공구나 부품은 작업동작이 원활히 수행되도록 배치한다.

같은 동작을 수행하더라도 다음 동작에 따라 소요시간이 달라진다. 예를 들어 운반(TL) 다음의 동작이 바로 놓기(P)라면 당연히 운반에 소요되는 시간이 길어진다. 공구와 자재는 원활한 작업동작이 수행되도록 미리 준비하여 배치되어야 한다.

6) 작업자가 잘 보면서 작업할 수 있도록 적절히 조명을 비춘다.

작업자에게 적절히 조명을 비추는 것은 시각적 감지를 쉽게 하기 위하여 매우 중요하다. 적절한 조명이 제공되려면 충분한 조도, 눈부심방지, 올바른 빛의 방향이 유지되어야 한다.

7) 작업대와 의자는 앉거나 서서 작업하기에 편하도록 설계되어야 한다.

작업할 때 수시로 자세를 바꾸게 되면 혈액순환이 원활해지고 사용되지 않는 근육에 휴식을 준다. 따라서 한 가지 자세로 오래 일하는 것보다 수시로 앉았다 일어섰다 하면서 자세를 바꾸어 작업하는 것이 피로를 감소시킨다. 작업대와 의자는 작업자가 원할 때 앉거나 서서 작업하도록 높낮이를 조절할 수 있어야 한다.

8) 작업자가 좋은 자세를 취할 수 있는 의자를 제공한다.

앉아서 일하는 작업자는 필요한 모든 지점에 자연스럽게 팔이 닿을 수 있어야 한다. 또한 발을 편하게 올려놓을 수 있도록 각도와 높이가 조절가능한 발받침대가 제공되어야 한다. 특히 키가 작은 사람들에게 발받침대는 필수적이다. 아울러 어깨를 편하게 해주는 팔걸이, 손목 주위의 압력을 완화시키는 손목지지대도 필요하다.

의자의 좌석높이는 신중히 선택되어야 하는데 안쪽무릎의 넓적다리높이가 적당한 것으로 알려져 있다. 의자의 좌석이 높으면 넓적다리의 아랫부분에 압력이 집중되고, 반대로 좌석의 높이가 너무 낮으면 무릎이 올라가 상체와의 각도를 감소시켜 디스크압력을 가중시킨다. 의자의 좌석높이는 작업대높이와의 조화를 위해 조절식이 바람직하다.

의자의 쿠션도 신중하게 선택되어야 한다. 쿠션이 너무 크면 오히려 자세가 불편해지고 다리의 혈액순환을 방해한다. 작업자의 이동을 쉽게 하기 위해 의자는 바퀴가 필요하고 회전이 가능해야 한다.

3.3 설비 및 공구설계에 관한 원칙

1) 가능하면 발을 사용하여 설비를 작동한다.

공구와 장치는 대부분 손을 사용하도록 설계되어 있다. 하지만 발을 사용하여 이들을 조작할 수 있다면 양손을 다른 작업에 사용할 수 있다. 발을 사용하는 경우, 작업자는 앉아서 일해야 한다. 선 자세로 발을 사용하게 되면 사용하지 않는 다른 발에 많은 체중이 실리기 때문이다. 또한 손을 사용하고 있는 동안에는 발이 움직이지 않아야 한다.

2) 여러 기능을 결합한 공구를 사용한다.

한 공구를 사용하고 나서 다른 공구를 잡는 것보다 두 기능을 함께 가진 공구를 사용하는 것이 훨씬 효율적이다. 두 가지 공구를 결합한 예로는 장도리, 양측렌치 등이 있고 송수화기가 하나로 결합한 현대식전화기도 동일한 발상이다.

3) 공구나 부품은 다음 작업이 간편하도록 미리 위치를 잡아준다.

미리 놓기(PP)는 물건이 놓인 상태에서 쉽게 잡을 수 있고, 고쳐잡기나 방향전환없이 잡은 상태 그대로 사용할 수 있도록 지정된 장소에 미리 놓아두는 것을 의미한다. 미리 놓기(PP)가 필요한 공구를 위하여 소켓형태의 홀더나 혹은 공중에 매달린 고리와 같은 장치를 준비해야 한다. 이런 장치를 설계할 때는 사용이 끝난 공구가 원위치로 쉽게 돌아가고, 또한 공구를 잡은 그대로 사용할 수 있도록 해야 한다.

4) 손이나 손가락의 능력에 맞게 작업을 분배한다.

오른손잡이인 경우 오른손이 왼손보다 더 빠르며, 힘이 있고, 정확하다. 작업동작에서 잡기(G)가 내려놓기(RL)보다 어렵다는 사실을 고려할 때 오른손방향으로 자재를 투입하여 왼손방향으로 방출되도록 작업대를 설계하는 것이 바람직하다.

손가락에도 능력에 차이가 있다. 오른손의 손가락이 왼손의 손가락보다 약간 더 능력이 우세하며, 둘째와 가운데손가락이 다른 손가락보다 힘이 더 큰 것으로 알려져 있다. 컴퓨터의 자판을 설계할 때는 이런 점들이 고려되어야 한다.

5) 제어장치는 작업자가 조작하기 쉽게 배열한다.

완전자동으로 작동되는 기계가 아닌 한 작업자의 능력에 따라 기계의 효율은 결정된다. 작업자가 기계를 쉽게 조작할 때 생산성은 높아진다. 작업자가 자세를 크게 바꾸지 않고도 기계를 조종할 수 있도록 레버나 핸들 같은 제어장치의 위치를 정한다.

4. 작업자공정도와 작업개선사례

앞서 설명한 서블릭의 개선방법과 동작경제원칙을 적용하여 작업을 개선한 사례를 소개한다.

4.1 작업자공정도

작업자공정도(operator process chart)는 양손의 동작을 관찰하여 작업자의 활동을 분석하므로 양손동작분석표(left and right hand process chart)라고도 부른다. 작업자공정도의 목적은 작업자가 양손으로 수행하는 작업내용을 눈으로 파악하여 작업장배치나 작업방법을 개선하는 것이다. 작업자공정도를 분석하는 과정에서 동작경제원칙이 이용된다.

작업자공정도의 사용목적은 다음과 같다.

- 양손동작의 균형을 유지하여 피로를 줄인다.
- 비효율적인 동작을 제거하거나 감소시킨다.

- 효율적인 동작의 경우 소요시간을 줄인다.
- 신입작업자의 훈련에 사용된다.
- 작업방법에서 개선 전과 개선 후의 차이를 보여준다.

17개의 서블릭 중에서 8개인 빈손이동(TE), 잡기(G), 운반(TL), 바로 놓기(P), 사용(U), 내려놓기(RL), 지연(D), 붙잡고 있기(H)만을 사용하여 작업자공정도를 작성하는 것이 편리하다. 불가피한 지연(UD), 피할 수 있는 지연(AD), 휴식(R)은 함께 묶어 지연(D)으로 표기한다. 하지만 이러한 표기방법은 선택적이며 의무적인 것은 아니다. 작업자공정도가 완성되면 지연(D)과 붙잡고 있기(H)를 제거할 수 있는 방법을 숙고해 본다.

4.2 작업개선의 사례

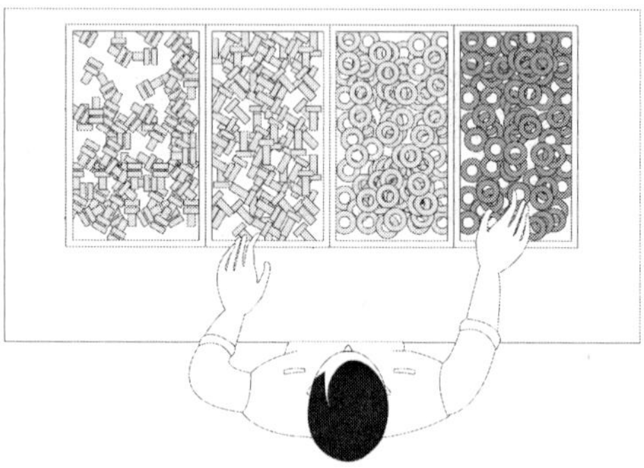

[그림 7-5] 개선 전의 조립작업대

작업자가 볼트에 강철와셔와 고무와셔를 조립하는 작업을 수행하고 있다. 작업대 위에는 [그림 7-5]와 같이 볼트, 강철와셔, 고무와셔가 부품상자에 담겨져 있다. 작업자는 부품상자에 왼손을 뻗어 볼트를 집어와 똑바로 잡는다. 그 다음 오른손을 뻗어 부품상자에 들어 있는 강철와셔를 집어와 볼트에 끼운다. 동일한 방법으로 오른손으로 고무와셔를 집어와 볼트에 끼운다. 조립이 끝난 완성품은 조립품상자에 보관된다.

[그림 7-6]은 볼트와 와셔의 조립작업에 대하여 개선 전의 작업자공정도를 보여주고 있다. 작업자는 경제동작원칙을 따르고 있지 않고 있으며, 왼손은 오른손이 작업하는 동안 대부분 붙잡고있기(H)를 수행하고 있다. 또한 양손의 동작은 대칭이 아니며 중력이송부품상자도 사용되지 않고 있다.

왼손	기호		오른손
조립품을 상자로 가져간다.	TL	TE	강철와셔상자로 손을 뻗는다.
조립품을 상자에 넣는다.	RL	G	강철와셔를 잡는다.
볼트상자로 손을 가져간다.	TE	TL	강철와셔를 가져온다.
볼트를 잡는다.	G		
볼트를 가져온다.	TL	P	강철와셔를 볼트에 바로 놓는다.
볼트를 붙잡고 있다.	H	U	강철와셔를 볼트에 조립한다.
		TE	고무와셔상자로 손을 뻗는다.
		G	고무와셔를 잡는다.
		TL	고무와셔를 가져온다.
		P	고무와셔를 볼트에 바로 놓는다.
		U	고무와셔를 볼트에 조립한다.
		RL	조립품에서 손을 뗀다.

[그림 7-6] 개선 전의 작업자공정도

작업을 개선하려면 양손을 동시에 사용하는 방법을 찾아야 한다. 다시 말하여 왼손의 붙잡고 있기(H)를 없애고 한 손만으로 조립하는 방법을 찾아야 한다. 이는 [그림 7-7]에서 보는 바와 같이 작업대 앞에 작은 조립용구멍을 만들어 해결하였다.

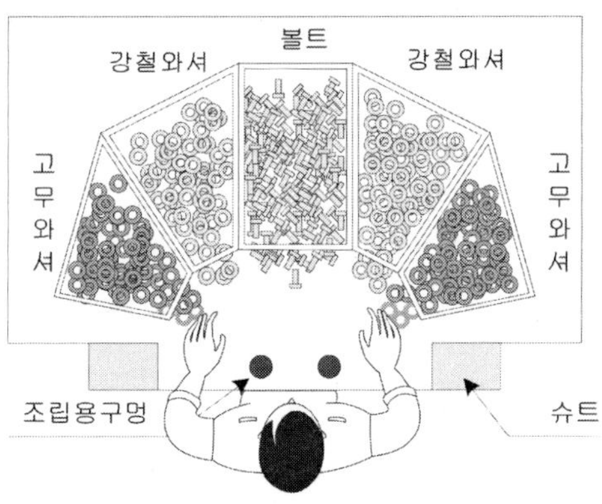

[그림 7-7] 개선 후의 조립작업대

조립용구멍에 대하여 좀 더 설명해 보자. 이는 [그림 7-8]에서 보는 바와 같이 단이 있는 구멍으로 이루어져 있다. 작업자는 먼저 고무와셔와 강철와셔를 구멍상단에 넣고 한 손으로 잡은 볼트로 두 와셔의 구멍이 통과될 때까지 깊이 밀어 넣는다. 고무와셔의 구멍은 볼트의 외경보다 약간 작으므로 조립된 볼트를 들어올릴 때 와셔가 빠져 나오지 않는다. 조립용구멍이 지지대의 역할을 하므로 한 손만으로도 조립작업이 가능하게 된다.

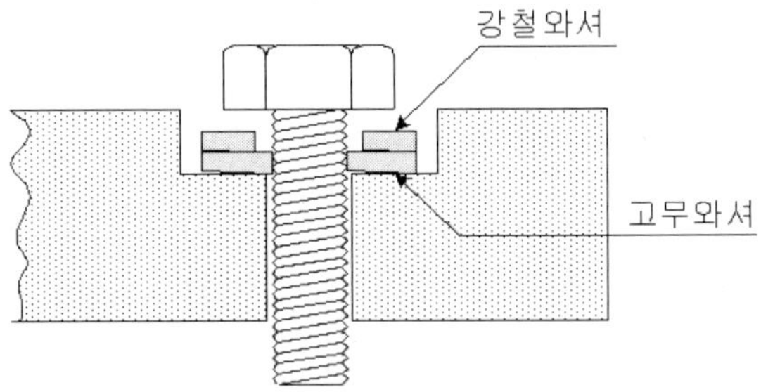

[그림 7-8] 조립용구멍의 단면도

이제 양손작업이 가능해졌으므로 부품상자의 배치를 바꾸어야 한다. [그림 7-7]에서 보는 바와 같이 부품상자는 가운데 있는 볼트상자를 중심으로 강철와셔상자와 고무와셔상자가 좌우대칭으로 각각 배치되었다. 개선 후의 부품상자는 바닥면이 경사진 중력이송상자를 사용하였으므로, 작업자는 전보다 쉽고 빠르게 부품을 가져올 수 있게 되었다. 특히 고무와셔와 강철와셔는 집어올리는 대신 접촉하여 끌어와 조립용구멍에 넣을 수 있게 되어 작업시간이 단축되었다.

개선 전의 작업대 위에 있던 조립품상자는 [그림 7-9]에서 보는 바와 같이 작업대 밑으로 옮겨졌으며, 작업자의 양옆에 슈트를 준비하여 중력에 의하여 미끄러져 들어가게 하였다. 따라서 조립을 마친 작업자는 슈트구멍에 조립품을 놓는 것으로 작업이 끝나게 된다.

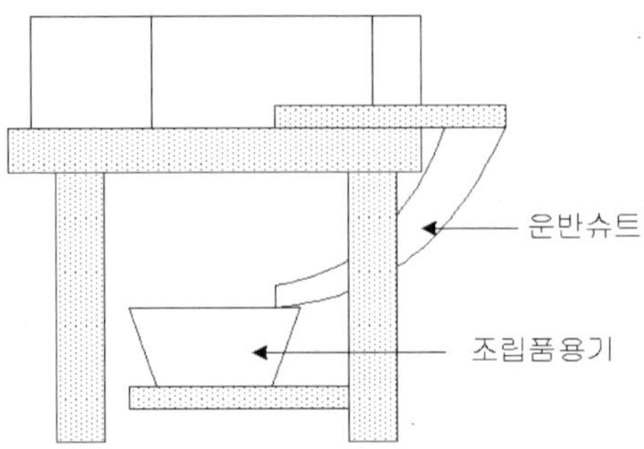

[그림 7-9] 낙하식운반의 작업대단면도

[그림 7-10]은 조립작업에 대한 개선 후의 작업자공정도를 보여준다. 여기서 작업은 양손 동작이 동시에 대칭으로 이루어지고 있다.

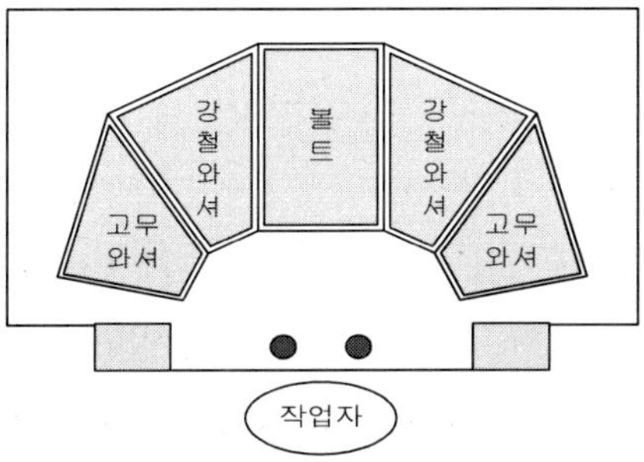

왼손	기호		오른손
강철와셔로 손을 뻗는다.	TE	TE	강철와셔로 손을 뻗는다.
강철와셔를 접촉한다.	G	G	강철와셔를 접촉한다.
구멍으로 강철와셔를 끌어온다.	TL	TL	구멍으로 강철와셔를 끌어온다.
구멍속에 강철와셔를 넣는다.	P	P	구멍속에 강철와셔를 넣는다.
고무와셔로 손을 뻗는다.	TE	TE	고무와셔로 손을 뻗는다.
고무와셔를 접촉한다.	G	G	고무와셔를 접촉한다.
구멍으로 고무와셔를 끌어온다.	TL	TL	구멍으로 고무와셔를 끌어온다.
구멍속에 고무와셔를 넣는다.	P	P	구멍속에 고무와셔를 넣는다.
볼트로 손을 뻗는다.	TL	TL	볼트로 손을 뻗는다.
볼트를 잡는다.	G	G	볼트를 잡는다.
구멍으로 볼트를 가져온다.	TL	TL	구멍으로 볼트를 가져온다.
구멍에 볼트의 방향을 맞춘다.	P	P	구멍에 볼트의 방향을 맞춘다.
볼트와 와셔를 조립한다.	A	A	볼트와 와셔를 조립한다.
조립품을 슈트로 가져온다.	TL	TL	조립품을 슈트로 가져온다.
조립품을 슈트로 놓는다.	RL	RL	조립품을 슈트로 놓는다.

[그림 7-10] 개선 후의 작업자공정도

5. 비디오분석

비디오분석은 작업자의 작업동작을 캠코더로 촬영하고 분석하여 작업개선과 작업자훈련에 도움을 주기 위한 동작연구기법이다. 길브리스는 영화촬영의 원리를 작업자의 동작분석에 적용하여 미세동작연구를 발전시켰다. 이는 재현성과 실증성이 풍부하여 상세하고 정확하므로, 고도의 반복작업이나 장기간 수행되는 작업을 분석하는데 매우 효과적이다. 비디오분석에서는 미세동작연구, 메모모션연구, 사이클그래프분석, 크로노사이클그래프분석이 대표적이다.

5.1 미세동작연구

미세동작연구(micro motion study)는 주기가 짧고 반복적인 작업을 대상으로, 동작의 최소단위까지 자세히 촬영하여 작업내용과 작업자세, 작업시간 등을 상세하고 정확하게 분석하는 기법이다. 일반 캠코더를 이용하여 초당 16프레임(frame) 속도로 촬영한 후 컴퓨터에서 프레임 별로 동작을 분석한다. 이렇게 분석한 동작과 소요시간을 함께 표시한 도표를 동시동작사이클차트(simultaneous motion cycle chart) 혹은 SIMO차트라고 부른다.

5.2 메모모션연구

메모모션연구(memo-motion study)는 1분에 60프레임 혹은 100프레임의 느린 속도로 작업을 촬영한 후 정상속도로 재생하는 기법으로, 1946년에 먼델(M. Mundel)이 개발하였다. 정상속도보다 16배 이상 빨리 작업을 분석할 수 있으므로 작업주기가 긴 작업, 불규칙적인 작업, 집단으로 수행되는 작업자활동, 작업자와 설비의 가동상태 및 운반유통경로 등을 분석하는데 주로 이용된다.

5.3 사이클그래프/크로노사이클그래프 분석

사이클그래프(cyclegraph) 분석은 작업자의 신체부위에 꼬마전구와 같은 광원을 부착한 후 카메라로 작업자의 작업경로를 사진으로 촬영한 것이다. 주위를 어둡게 한 후 카메라의 셔터를 열어놓기 때문에 광원에 의한 빛의 궤적이 촬영된 사진에 나타난다.

크로노사이클그래프(chronocyclegraph) 분석은 광원을 일정한 시간간격으로 켰다 껐다 하면서 촬영한 것이다. 전구의 빛을 1/10~1/20초 간격으로 점멸시키면 동작경로가 일련의 밝은 점들로 나타나게 된다. 크로노사이클그래프는 연속된 점들로부터 동작경로를 파악할 수 있을 뿐만 아니라 동작의 가감속, 속도, 소요시간 등도 파악할 수 있다. 따라서 장애물에 의한 동작의 지연이나 급격한 방향전환 등을 쉽게 살필 수 있다.

실습 6 작업자공정도 작성

[목적] 서블릭분석의 방법을 익히고 작업자공정도를 작성한다.
[방법] 1~2인이 실습을 수행한다.

볼트에 와셔와 너트를 조립하는 작업을 서블릭으로 분석하고자 한다. 작업은 다음의 내용으로 이루어진다.

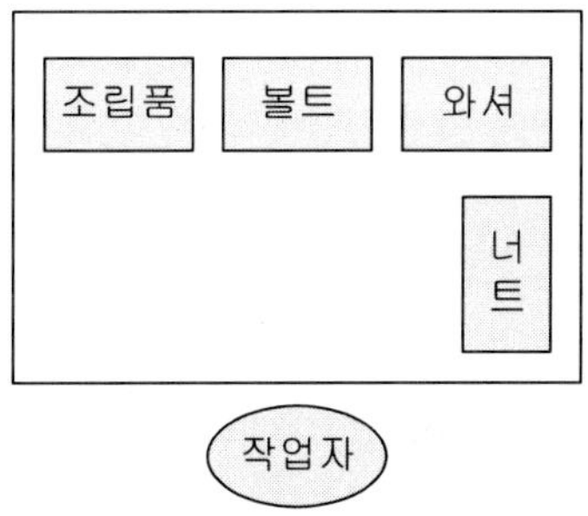

① 왼손으로 1개의 볼트를 가져온다.
② 오른손으로 2개의 와셔를 가져와 조립한다.
③ 오른손으로 1개의 너트를 가져와 볼트에 6차례 회전하여 조립한다.
④ 완제품을 조립품상자에 넣는다.

1. 조립작업에 대하여 왼손과 오른손을 서블릭으로 분석하라.

번호	작업내용	왼손 요소동작	서블릭			오른손 요소동작
			왼손	그외	오른손	
①	왼손으로...					
②	오른손으로...					
③	오른손으로...					
④	완제품을...					

2. 동작경제원칙에 의하여 작업을 개선하고 작업자공정도를 작성하라.

번호	작업내용	왼손 요소동작	서블릭			오른손 요소동작
			왼손	그외	오른손	
①	왼손으로...					
②	오른손으로...					
③	오른손으로...					
④	완제품을...					

연습문제

1 효율적 서블릭의 영자기호를 적고 간단히 설명하라.

2 미세동작연구에 비하여 메모모션연구의 장점은 무엇인가?

3 비효율적인 서블릭 Sh를 제거하기 위한 방안을 기술하라.

4 효율적 서블릭 가운데 손과 관련된 서블릭들의 영자기호와 이름을 열거하라.

5 붙잡고 있기(H)가 비효율적 서블릭인 이유를 설명하라.

6 오른쪽 바지주머니에서 열쇠꾸러미를 꺼내어 창고열쇠를 찾은 후 문을 열고 창고에 들어가는 동작을 서블릭으로 분석하라.

7 작업자가 여러 색깔의 볼펜이 놓인 오른쪽용기에서 파란색볼펜을 꺼내 책상 한가운데 놓인 서류에 사인한 후 원위치시키는 동작을 서블릭으로 분석하라.

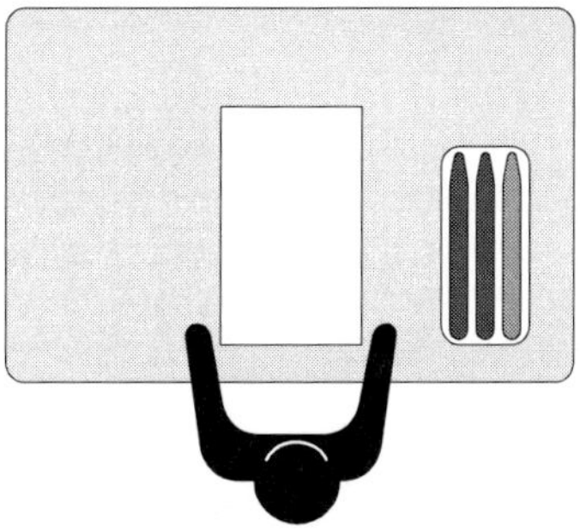

제 8 장
작업설계

1. 작업설계의 원칙

작업설계는 작업방법, 작업장, 작업환경을 작업자에게 더 적합하게 설계하기 위한 학문으로 통상적으로 인간공학영역에서 다루고 있다. 길브리스에 의하여 경험적으로 발전해왔던 동작연구는 인간신체의 해부학적, 신체역학적, 생리학적 능력을 바탕으로 작업설계에까지 폭넓게 활용되고 있다. 동작연구가 작업자의 동작을 효율적으로 수행하는 방법에 초점을 맞추고 경험적으로 연구된 내용이라면, 작업설계는 인간공학적 학문의 바탕 위에서 작업자가 효율적으로 작업할 수 있도록 작업방법이나 작업장 혹은 작업설비 등을 설계하기 위한 연구다.

앞서 동작경제원칙에서 소개된 내용 중 상당부분은 작업설계원칙과 중복되므로, 본 장에서는 인간공학연구를 기반으로 새롭게 추가된 내용만을 설명하기로 한다.

인체의 특성을 고려한 작업설계의 원칙은 다음의 4가지 내용으로 구분될 수 있다.

- 작업방법의 설계
- 작업장의 설계
- 설비 및 공구의 설계
- 작업환경의 설계

작업설계의 원칙을 설명하기에 앞서, 작업설계에 크게 영향을 미치는 인체측정치에 관하여 잠시 언급하자.

2. 인체측정치와 설계

인체측정치는 키, 몸무게 등 인체의 외형적 특성을 평균, 표준편차와 같은 계량적인 값으로 나타낸 것으로 제품설계에 자주 이용되고 있다.

2.1 퍼센타일

인체측정치를 나타내는 데에는 퍼센타일(percentile; 백분위수)이 자주 이용된다. 퍼센타일이란 측정한 특성치들을 작은 값에서 큰 값의 순서로 나열했을 때 백분율로 나타낸 순서값이다. 예를 들어 [그림 8-1]에서 95퍼센타일은 측정한 신장데이터를 오름차순으로 나열했을 때 100명 중 95번째의 크기다.

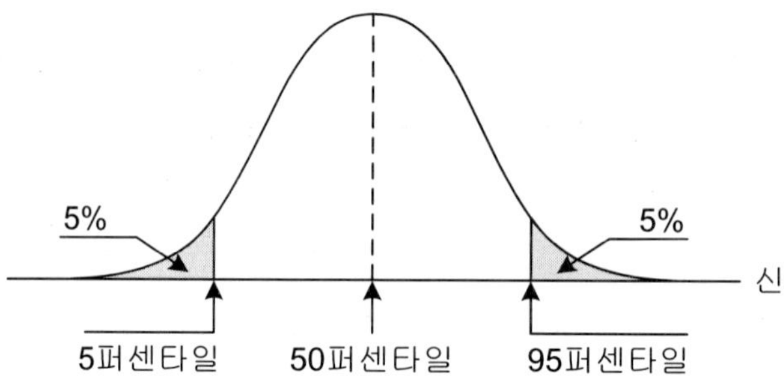

[그림 8-1] 퍼센타일의 개념

2.2 인체측정치를 이용한 설계

인체측정치를 설계에 이용하는 방법으로는 극단치설계, 조절식설계, 평균치설계가 있다.

1) 극단치설계

극단치설계는 대상집단의 최대치수나 최소치수를 이용하는 설계다. 최대치수설계에서는 주로 95퍼센타일을 이용하고, 최소치수설계에서는 5퍼센타일을 주로 이용한다. 최대치수를 이용한 설계로는 출입구의 높이와 너비, 의자의 좌석폭 등이 있다. 또한 최소치수를 이용한 설계로는 공구손잡이의 두께나 버스손잡이의 높이 등이 있다.

2) 조절식설계

조절식설계는 신체특성에 맞게 대상물의 규격을 사용자가 조절하는 것으로, 작업장을 설계할 때 가장 바람직한 방식이다. 예를 들어 높낮이조절의자나 자동차의 앞좌석은 여성의 5퍼센타일부터 남성의 95퍼센타일까지 사용이 가능하도록 조절이 가능하다. 하지만 조절식설계의 경우, 제품의 원가가 높아지거나 쉽게 고장나는 문제점이 있다.

3) 평균치설계

조절식이나 극단치설계가 곤란한 경우에는 50퍼센타일을 기준한 평균치설계를 이용한다. 평균치설계는 가장 저렴하고 손쉬운 방법이지만 대부분의 사용자를 만족시키지 못하므로 가능하면 채택하지 않는 것이 바람직하다. 이런 설계방식은 식당의자나 세면대의 높이처럼 짧은 시간 동안 사람들이 공동으로 이용하는 설비에서 주로 적용된다.

3. 작업방법설계의 원칙

작업방법을 설계할 때는 작업자의 근력이나 동작의 특성을 충분히 고려하여 적은 노력으로 큰 효과가 나타나도록 해야 한다.

1) 근육이 최대의 힘을 발휘하도록 작업방법을 설계한다.

인간의 근육은 최대로 수축되었거나 혹은 이완된 상태에서는 힘을 거의 쓸 수 없다. 근육은 중간정도 수축되었을 때 가장 큰 힘을 발휘하므로, 근력이 필요한 작업에서는 큰 힘을 쓸 수 있도록 적절한 자세를 취해야 한다. 근력은 근육의 수축이나 이완속도에 반비례한다. 다시 말하여 근육을 빨리 움직이면 근력이 약해지고, 천천히 움직이면 근력이 강해진다. 큰 힘이 필요한 작업일수록 몸을 천천히 움직이도록 작업방법을 설계해야 한다.

2) 큰 힘을 내는 자세를 취하도록 작업방법을 설계한다.

인간의 힘은 사용되는 근육과 자세에 따라 영향을 받으므로, 작업자가 최대의 힘을 발휘할 수 있는 자세로 일하도록 작업방법을 설계해야 한다. 예를 들어 무거운 물건을 두 팔로 들어올리는 작업을 생각해 보자. 이는 3가지 자세가 가능하다. 똑바로 서서 두 팔의 힘만으로 들어올리는 두팔들기자세, 두 팔을 편 채 무릎을 구부렸다가 펴면서 들어올리는 다리들기자세, 두 팔과 무릎을 편 채 허리를 아래로 구부렸다가 세워서 들어올리는 몸통들기자세가 그것이다.

이 3가지 자세에서 발휘하는 평균 힘을 비교한 결과, 가장 큰 힘을 발휘하는 작업방법의 자세는 다리들기자세로 나타났다. 반면에 두팔들기자세는 가장 힘을 적게 내는 것으로 조사되었고, 몸통들기자세는 중간 정도였다.

미는 힘과 당기는 힘을 발휘하는 정도는 앉아서 일하는 작업과 서서 일하는 작업에 따라 달리 나타났다. 앉은 자세에서는 당기는 힘이 미는 힘보다 더 큰 것으로 나타났지만, 서있는 자세에서는 미는 힘이 당기는 힘보다 더 큰 것으로 나타났다. 따라서 큰 힘이 요구되는 작업을 수행할 때 앉은 자세에서는 잡아당기고, 선 자세에서는 밀어내도록 작업방법을 설계하는 것이 바람직하다.

3) 큰 힘이 필요할 때는 큰 근육을 사용하도록 작업방법을 설계한다.

사람의 다리와 몸통은 팔보다 더 큰 힘을 낼 수 있다. 또한 팔은 손가락보다 더 힘이 크다. 큰 힘이 필요한 경우에는 가능하면 작은 근육보다는 다리나 몸통근육같이 큰 근육을 사용해야 한다.

4) 최대근력의 15% 이하로 힘을 사용하도록 작업방법을 설계한다.

무산소운동은 유산소운동에 비해 짧은 시간에 많은 에너지를 사용하므로 혈액을 통해 산소를 신속히 공급해야 한다. 산소의 공급이 충분하지 않으면 사용되는 근육은 빨리 피로해져 계속하여 힘을 내지 못하게 된다. 연구에 의하면 최대근력은 6초 정도 발휘될 수 있으며 그 이후에는 급격히 낮아진다. 그에 비하여 최대근력의 15% 이하로 사용되는 힘은 오래 지속하더라도 거의 피로를 느끼지 못한다. 최대근력의 15% 이하로 힘을 사용하도록 작업을 설계하는 것이 바람직하다.

5) 작업과 휴식은 짧은 주기로 자주 시행한다.

작업과 휴식은 짧은 주기로 자주 제공하는 것이 효과적이다. 여기에는 2가지 이유가 있다. 하나는 작업에 따른 피로가 휴식초기에 빨리 회복되기 때문이다. 다른 이유로는 오랜 작업으로 인하여 근육이 완전히 피로해질 경우, 완전히 회복되기까지는 오랜 시간이 소요되기 때문이다.

6) 대부분의 작업자들이 수행할 수 있도록 작업방법을 설계한다.

건강한 성인이라도 근력은 사람에 따라 5~8배까지 차이가 있다. 여성의 경우 평균근력은 남성의 66% 정도인 것으로 알려져 있다. 근력은 20대 중반에 최고치에 이르며 이후 서서히 감소한다. 사람의 근력은 운동하여 단련시키는 경우 단 몇 주만으로도 30%가량 높일 수 있다고 한다. 공구와 기계를 설계할 때는 왼손잡이들이 불편하지 않도록 유의한다.

7) 눈의 움직임을 최소화하도록 작업방법을 설계한다.

사람의 정상적인 시선은 수평면에서 약 15도 아래이며, 시각영역은 시선을 중심으로 15도 원뿔모양이다. 이 범위 내에서 머리의 움직임이 없을 때 눈의 피로는 최소가 된다.

4. 작업장설계의 원칙

작업장은 작업대와 의자, 발판 등으로 이루어진다. 작업자는 서있거나 의자에 앉은 채 작업대 앞에서 오랜 시간 작업을 수행하게 된다. 작업자의 신체특성에 맞게 작업장을 설계하는 것은 작업효율을 높이는데 있어 필수적이다.

1) 작업면의 높이는 팔꿈치의 높이에 따라 결정한다.

작업면의 높이는 팔꿈치의 높이에 맞추어 편안하게 작업하도록 설계되어야 한다. 위팔은 자연스럽게 내리고 아래팔이 작업면과 평행이 되도록 90도 각도로 구부린 팔꿈치높이에 작업면의 높이를 맞춘다. 이 때 작업면이 너무 높으면 윗팔이 올라가 어깨가 불편해지고, 작업면이 너무 낮으면 목이나 등이 앞으로 숙여진다. 작업자의 체격에 따라 팔꿈치높이를 기준으로 작업대높이는 조절이 가능해야 한다.

2) 작업내용에 따라 작업면의 높이는 조정되어야 한다.

원칙적으로 작업면의 높이는 팔꿈치의 높이에 따라 결정되지만 작업의 내용에 따라 약간의 조정이 필요하다. 미세한 정밀작업의 경우 작업면의 높이는 다소 높아야 하며, 동작이 큰 작업에서는 다소 낮아야 한다. 무거운 부품을 들어올리는 힘든 작업에서는 몸통의 힘을 이용하기 위하여 작업면을 팔꿈치보다 20cm가량 아래에 두는 것이 좋다. 반대로 미세한 정밀작업의 경우에는 최적시야범위에 가깝게 하기 위하여 작업면을 팔꿈치보다 20cm정도까지 높이는 것이 유리하다. 하지만 정밀작업의 경우 이보다 더 바람직한 대안은 작업면을 15도 정도 기울이는 것이다. 하지만 이 경우에는 작업면의 경사로 인하여 원형부품이 굴러내리기도 한다. 작업자의 정상적인 시선은 수평면으로부터 약 15도 아래이므로 컴퓨터모니터는 눈높이보다 조금 낮게 설치하는 것이 좋다.

3) 중량물을 취급할 때는 몸을 가까이하여 작업한다.

안정된 자세로 작업할 수 있는 범위는 팔꿈치를 몸의 측면에 붙이고 손이 어깨높이에서 허벅지까지 놓이는 영역이다. 특히 무거운 물체를 다룰 때에는 몸을 가깝게 해야 힘을 발휘하기에 유리하고 작업의 위험도 낮아진다. 이 때 작업자는 허리를 곧게 유지하고 무릎을 구부려서 물건을 들어올려야 한다.

4) 입식작업은 좌식작업이 불가능할 때에 이용한다.

서서 작업하는 입식작업의 경우 작업대의 높이는 윗팔을 수직으로 늘어뜨린 상태에서 아랫팔이 약간 아래로 비스듬하게 유지하게 하여 허리높이에서 작업하도록 한다. 좌식작업에 비해 입식작업이 유리한 경우는 여유공간이 충분하지 않을 때, 큰 힘이 요구될 때, 공구나 부품이 최대작업영역을 벗어나 위치할 때, 작업내용이 많아 작업 중에 이동이 필요할 때 등이다. 컨베이어작업은 서서 작업해야 하며 작업면의 높낮이가 임의로 조절될 수 없다. 이런 경우에는 키가 큰 사람을 기준으로 컨베이어높이를 설계하고 키가 작은 사람에게는 발판을 제공한다.

5) 앉아서 일할 때는 척추의 부담을 줄이도록 의자를 설계한다.

사람은 똑바로 서면 엉덩이 바로 위의 척추가 자연스럽게 휘어져 S자형을 유지하지만, 의자에 앉으면 허리부위의 척추가 둥글게 휘어져 C자형이 되기 쉽다. 따라서 앉아서 일하는 작업자의 허리디스크에는 상당한 압력이 가해지므로 이를 완화하기 위해 의자에 허리받침대를 두는 것이 필요하다. 허리척추가 C자형으로 구부러지는 현상을 방지하는 다른 방법으로는 경사진 좌석을 사용하는 것이다. 이런 의자를 사용하면 상체와 허벅지 사이의 각도가 넓어져 자연스럽게 허리를 펴주게 된다. 등받침을 사용하여 몸을 뒤로 기댈 수 있다면 허리디스크에 미치는 압력을 효과적으로 줄일 수 있다. 그러나 이 경우에는 작업자가 아래를 내려다보기 불편하여 작업능률이 크게 떨어지는 문제점이 있다.

5. 설비 및 공구설계의 원칙

작업자는 작업장에서 기계설비와 공구를 사용하여 작업하게 된다. 기계설비와 공구를 작업자의 신체특성을 고려하여 설계하는 것은 효율적인 작업을 위하여 반드시 필요하다.

5.1 설비설계의 원칙

여기서는 설비설계에 관한 몇 가지 원칙을 소개한다.

1) 작업자가 힘을 최대로 발휘할 수 있도록 제어장치를 설계한다.

사용빈도가 높은 제어장치는 작업자의 팔꿈치와 어깨높이 사이에 있어야 한다. 앉아있는 작업자는 팔꿈치위치에 있는 레버에 가장 큰 힘을 줄 수 있다. 서있는 작업자는 어깨높이에 있는 레버에 힘을 최대로 가할 수 있다.

2) 제어장치는 모양, 촉감, 크기로 구분한다.

제어장치의 모양이나 촉감, 크기를 다르게 설계하면 시각과 촉각의 중복확인을 통하여 작업자의 실수가 줄어든다. 시각의 경우 색깔, 모양 등으로 구별할 수 있고, 촉각의 경우 매끄러움, 홈이 파임, 오돌토돌함 등으로 구분이 가능하다.

3) 제어장치와 표시장치 간에는 적합한 양립성이 있어야 한다.

양립성이란 제어장치와 표시장치 간의 연관성이 사람들의 기대와 일치하는 정도를 가리킨다. 양립성에는 운동양립성, 공간양립성, 개념양립성의 3종류가 있다. [그림 8-2]는 이들 양립성의 예를 보여준다. [그림 8-2(a)]에서 보는 바와 같이 제어장치를 시계방향으로 돌릴 때 일직선 상의 표시장치는 오른쪽방향으로 움직이는 것이 자연스럽다. 이것이 운동양립성이다. [그림 8-2(b)]는 공간양립성의 예를 보여준다. 가스레인지에서 왼쪽스위치는 왼쪽의 조리대를, 오른쪽스위치는 오른쪽의 조리대를 각각 조절하도록 설계되야 한다. 마지막으로 [그림 8-2(c)]에서 왼편의 파란색표시는 차가운 상태를, 오른편의 빨간색표시는 뜨거운 상태를 나타내는데 이것이 개념양립성이다.

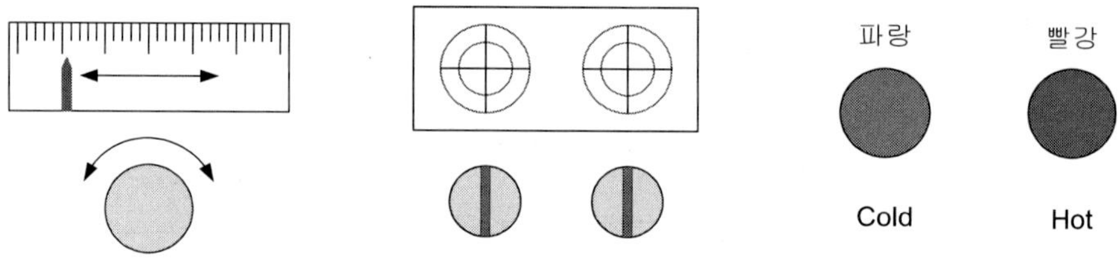

(a) 운동양립성 (b) 공간양립성 (c) 개념양립성

[그림 8-2] 양립성의 예

4) 설비의 작동상태를 쉽게 알 수 있도록 설계한다.

기계설비는 정상적으로 작동되고 있음을 알리는 신호가 불빛이나 소리로 작업자에게 피드백되어야 한다. 전화기의 경우 수화기를 들면 "삐"소리와 함께 입력대기상태가 된다. 또한 번호단추를 누를 때마다 그 소리가 사용자에게 피드백된다. 번호를 다 누른 후에는 상대방이 통화 중인지 혹은 연결되고 있는 중인지 알려주는 소리가 들린다. 이런 피드백이 주어지지 않는다면 사용자는 혼란스럽고 불편하며 자칫 안전사고로 연결될 수도 있다.

5.2 공구설계의 원칙

여기서는 공구설계에 관한 원칙 몇 가지를 소개한다.

1) 힘이 필요하면 감싸잡기를, 정밀성이 필요하면 집어잡기를 사용한다.

큰 힘이 필요한 작업을 수행할 때는 공구를 손바닥으로 감싸잡도록 설계한다. 반면에 정밀성이 요구되는 작업을 수행할 때는 공구를 엄지와 검지로 집어잡도록 설계한다.

2) 팔꿈치는 구부리고 작업한다.

팔꿈치를 똑바로 편 채 오래 작업하게 되면 어깨, 팔, 손에 무리를 준다. 또한 팔꿈치를 펴고 앞팔을 회전하는 경우에는 큰 힘을 주기가 어렵다. 작업자가 팔꿈치를 90도 이하로 유지하고 작업하도록 작업장과 공구를 설계한다.

3) 손목은 똑바로 펴고 작업한다.

손목이 구부러지면 쥐는 힘이 줄어들어 손목에 부담을 준다. 부적합한 손목의 자세는 공구를 놓칠 수 있고 손목에 통증을 유발한다. 특히 장시간 손목을 구부리며 작업하게 되면 손목에 수근관증후군이 생기기 쉽다. 손목을 똑바로 펴고 작업할 수 있도록 작업자를 훈련시키거나 사용하는 공구를 재설계한다. [그림 8-3]은 손목을 구부리는 작업을 개선한 방법을 보여준다. [그림 8-3(a)]는 일직선 모양의 칼을 사용하여 작업하고 있으며 손목이 구부리기 쉽다. 그에 반해 [그림 8-3(b)]에서는 공구를 재설계하여 작업자가 손목을 구부리지 않고 작업할 수 있도록 개선하였다.

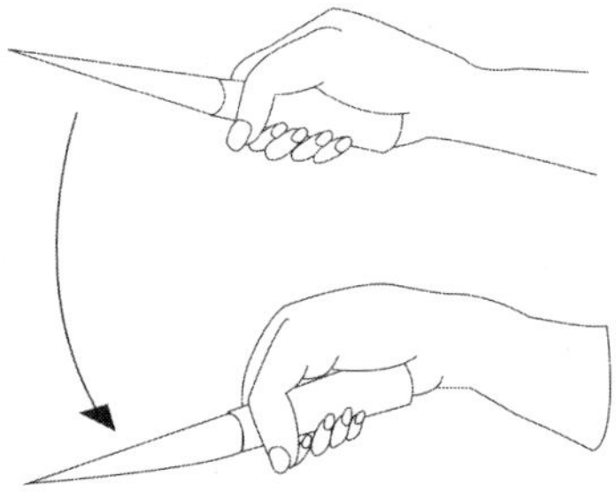

(a) 개선전

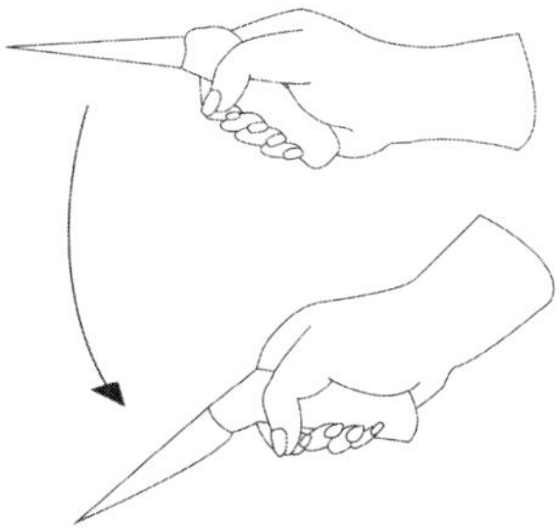

(b) 개선후

[그림 8-3] 손목을 구부리는 작업의 개선(Niebel, 2003)

4) 많은 사람이 사용할 수 있도록 공구를 설계한다.

공구를 설계할 때 양손사용이 가능하게 하면 오른손잡이는 물론 왼손잡이도 사용할 수 있다. 특히 양손을 번갈아가며 공구를 사용할 경우에는 근육의 피로가 줄어드는 잇점이 있다. 여자는 남자보다 힘이 약하고 손의 크기도 작다. 여자들도 쉽게 사용할 수 있도록 공구를 설계하면 보다 많은 사람이 사용할 수 있다.

5) 수동공구 대신 전동공구를 사용한다.

전동공구는 수동공구보다 작업을 빨리 수행하며 힘이 적게 소요된다. 또한 작업의 일관성도 유지할 수 있다. 동력공구를 사용할 때 작업자는 손목을 구부리지 않으면서 적절한 방향을 유지하며 사용해야 한다.

수근관증후군(carpal tunnel syndrome)은 손목터널증후군이라고도 부르는 대표적인 근골격계 질환 중에 하나다. 수근관은 손목 앞쪽의 피부밑에 뼈와 인대로 구성된 작은 통로로, 9개의 힘줄과 하나의 신경이 이곳을 지나간다. 이 통로가 좁아지거나 내부압력이 증가하면 이곳을 지나는 신경이 눌려 손상되므로 손바닥과 손가락에 수근관증후군 증상이 나타난다. 이 질병이 있을 때 엄지, 검지, 중지, 손바닥 부위에서 저리고 타는 듯한 통증과 손 저림, 이상감각 등을 자각하게 된다. 1~2분 동안 손목을 굽히고 있을 때 해당부위에 저리는 느낌이 있기도 하며 손목을 두드릴 때 동일한 증상이 나타나기도 한다. 질병이 더 진행되면, 엄지의 감각이 떨어져 엄지근육이 쇠약해지거나, 손의 힘이 약해져 운동마비증세가 발생하기도 한다.

6. 작업환경의 설계

작업자에게는 안전하고 쾌적한 작업환경이 제공되어야 한다. 좋은 작업환경에서의 생산실적이 그렇지 못한 곳에서보다 우수한 것으로 알려져 있다. 좋은 작업환경은 생산성향상뿐만 아니라 안전성의 증진, 근로손실일수의 감소, 작업에 대한 저항감소 등으로 나타난다. 작업환경과 관련된 요인으로는 온도, 습도, 조명, 소음, 진동, 환기, 분진 등이 있다.

6.1 온도

작업장의 온도는 정신노동의 경우에는 섭씨 17~22도, 육체노동의 경우에는 섭씨 15~17도가 적합하다. 사람의 몸은 항상 주위의 공기와 열교환을 하게 되므로 주위의 온도에 의하여 체온은 영향을 받는다. 높은 온도에서 오래 작업을 하게 되면 체온상승, 혈압강하, 맥박수 증가, 체내의 수분 및 염분부족 등으로 인하여 열실신, 탈수증, 열피로, 땀띠와 같은 장해가 나타나게 된다. 이런 장해들은 단열, 환기, 복사열 차단, 보호구 착용, 근로시간 단축, 휴식시간 연장, 물과 소금의 공급 등으로 완화시킬 수 있다.

겨울철 실외작업이나 냉동창고와 같이 낮은 온도에서 일하는 작업자들도 상당히 있다. 이런 경우 피부온도 저하, 산소소모량 증대, 호흡수 증가와 더불어 혈액, 간장, 위에 나쁜 영향을 미친다. 저온환경에서 생기는 가장 일반적인 상해는 동상이다. 이는 신체조직이 저온으로 인하여 얼고 조직세포가 파괴되어 괴저증상이 발생하는 상해로 작업시간의 단축, 보온대책, 방한복 착용, 열량이 풍부한 음식의 제공 등으로 상당부분 해결할 수 있다.

요즈음에는 냉방시설의 보급으로 인하여 한 여름에도 저온으로 인한 장해를 입는 사람들이 생겨나고 있다. 특히 낮은 온도에서 일하는 실내사무작업은 냉방병을 유발하며 피로, 감기, 두통, 심장병, 생리장애 등의 원인이 된다.

6.2 습도

사람에게 영향을 주는 습도는 상대습도이며, 이는 대기 중의 수증기의 양과 최대로 함유할 수 있는 수증기량의 비율로 정의된다. 습도는 근로자의 육체노동에 커다란 영향을 미친다. 근로자가 일을 하면 땀이 나오게 되는데 땀이 잘 증발되느냐의 여부가 습도에 달려 있기 때문이다. 습도가 높으면 땀이 잘 증발되지 않으므로 체온을 유지하기 힘들고 불쾌하다.

반면에 습도가 낮으면 온도가 높더라도 땀이 잘 증발되므로 상쾌함을 느끼게 된다.

사람에게 불편하지 않은 상대습도는 40~70%이며, 상대습도가 70%를 넘으면 불쾌감을 느끼게 된다. 습도가 지나치게 낮으면 땀의 증발에 의한 열손실이 발생하므로 몸의 온도가 떨어진다. 또한 코와 목의 점막을 건조하게 하여 불쾌감을 주고 감기에 걸리기 쉽다.

6.3 조명

조명은 작업장의 밝기정도를 가리킨다. 불량한 조명상태에서 시각작업을 하게 되는 경우 근로자는 쉽게 피로해지고, 불량이 생기기 쉬우며, 사고의 가능성도 높아진다. 따라서 작업장에 적절한 조명을 유지하는 것은 필수적이다.

1) 조명의 측정

조명의 측정에 사용되는 단위로는 광도, 조도, 휘도, 반사율, 대비 등이 있다.

- 광도 : 단위입체각 당 광원으로부터 방출되는 광속의 크기로 광원의 밝기를 나타낸다.
- 조도 : 물체표면에 도달하는 빛의 양을 가리킨다.
- 휘도 : 단위 면적당 표면에서 반사 혹은 방출되는 빛의 양을 가리킨다.
- 반사율 : 조도와 휘도간의 비를 말하며, 완전히 빛을 반사하는 표면의 반사율은 100%다.
- 대비 : 목표지점의 휘도와 배경의 휘도간의 차이를 가리킨다.

2) 조명의 방법

조명의 종류로는 직접조명, 간접조명, 전체조명, 국소조명이 있다. 직접조명은 조명효율이 높고 설치비용이 저렴하지만, 눈부심이 발생할 수 있고 균일한 조도를 얻기 어렵다. 그에 비하여 간접조명은 눈부심이 없고 조도가 균일하지만, 조명효율이 낮고 설치가 복잡하다. 전체조명은 균일한 조도를 얻기 위하여 광원을 일정한 간격과 높이로 배치한 조명방식이다. 반면에 국소조명은 작업장의 일부만 밝게 하므로 명암의 차이가 많아 눈부심과 눈의 피로를 유발한다.

3) 눈부심

눈부심은 눈에 들어온 빛의 양이 눈이 순응할 수 있는 정도 이상일 때 생기며, 불쾌감이나 시력저하를 유발한다. 눈부심의 불쾌감은 광원의 크기가 커질수록, 광원과 시선의 각도가 작을수록 증가하게 된다.

눈부심은 다음의 방법으로 줄일 수 있다.

- 광원의 광도를 줄이고 여러 개를 설치한다.
- 광원을 시선에서 멀리한다.
- 가리개나 갓으로 광원을 덮는다.
- 창문을 높이 위치시킨다.
- 창문에 차양이나 발을 설치한다.
- 작업장 내에는 무광택도료를 칠한다.

6.4 소음

소음은 듣는 사람이 원하지 않는 소리를 말한다. 소음이 인체에 미치는 영향으로는 청력손실, 대화방해, 작업방해, 생리적 장해, 불쾌감 등이 있다.

- 청력손실 : 강렬한 소음에 잠시 노출될 때 생기는 일시적 청력손실과, 오래 노출될 때 생기는 영구적 청력손실이 있다.
- 대화방해 : 주위가 시끄러우면 대화에 방해를 받아 의사소통에 지장을 초래한다.
- 작업방해 : 소음은 작업능률을 떨어뜨리고 피로를 가중시켜 사고의 위험을 높인다.
- 생리적 장해 : 소음은 혈압을 상승시키며 각종 급만성질환의 발병률을 높인다.

소음의 허용한계는 80~90dB이며, 그 이상의 소음이 발생할 경우에는 소음에 대한 대책을 마련해야 한다. 소음에 대한 대책으로는 소음원의 격리와 흡음장치의 사용이 가능하다. 그 밖에 흡음기 부착, 귀마개 사용, 배경음악 등으로 소음문제를 완화시킬 수 있다.

6.5 진동

진동은 외부의 힘에 의하여 신체의 전부 혹은 일부가 떨리는 현상을 가리킨다. 신체의 전부가 떨리는 전신진동은 트랙터, 트럭, 버스 등에 탑승할 때 발생한다. 전신진동에 단기간 노출되었을 때 미치는 생리적 영향은 미미하며, 약간의 호흡증가나 노출초기에 심박수 증가가 나타나는 정도다.

반면에 신체의 일부가 떨리는 국소진동은 착암기, 자동식 톱, 스케일링, 그라인더와 같은 진동공구를 사용할 때 발생한다. 국소진동으로 인한 대표적인 직업병으로는 레이노증후군이 있다. 레이노증후군(Raynaud's syndrome)이란 손가락에 있는 말초혈관운동의 장애로 손가락이 창백해지고 통증을 느끼는 증상을 가리킨다. 심한 국소진동을 받으면 감각마비, 혈관 및 신경장애, 관절연골의 괴저, 골편분리, 건초염, 근육위축 등의 증상들이 나타나기도 한다.

진동장해에 대한 대책으로는 진동원인제거, 방진수공구의 사용, 완충물 이용, 방진장갑 착용, 사용시간 제한, 적절한 휴식시간의 배정, 정기적인 진단 등이 있다.

6.6 분진

분진은 공기 중에 떠다니는 미립자를 가리킨다. 분진이 인체에 접촉되거나 흡입되면 여러 장해를 일으키게 된다. 납, 망간 등의 중독성 분진은 흡수되어 중독을 일으키고, 크롬, 비소 등의 분진은 인체의 피부와 점막에 장해를 일으키는 동시에 폐암의 원인이 된다. 식물성 분진이 흡수되면 천식 등의 알레르기 반응을 일으킨다. 일반적으로 혈액이나 체액에 녹기 어려운 분진은 기도나 폐포벽에 침착되어 진폐증을 일으킨다.

분진발생에 대한 대책으로는 사용재료를 바꾸거나 습식작업을 실시하여 분진의 발생량을 감소시킨다. 또한 분진발생공정을 밀폐시켜 분진의 확산을 방지하고, 적절한 배기장치를 설치한다. 근로자에 대한 대책으로는 호흡보호구를 지급하거나 작업시간을 조정하여 근로자의 방진대책을 수립한다. 공정의 자동화와 무인화를 실시하여 근로자가 분진에 노출되는 것을 근원적으로 방지할 수도 있다.

7. 위험작업의 개선

작업의 위험요인은 작업을 분석하는 과정에서 찾아내 개선되어야 한다. 위험요인은 체크리스트를 이용하여 사전에 점검하거나 작업활동을 비디오로 촬영하여 분석함으로 발견해 낼 수 있다.

7.1 작업위험요인의 분석

작업자의 건강을 해칠 수 있는 대표적인 작업위험요인으로는 부적절한 작업자세, 장시간의 정적 자세, 같은 동작의 지나친 반복, 과도한 힘의 사용 등이 있다.

1) 부적절한 작업자세

작업자세가 부적절하면 큰 근육 대신 작고 약한 근육들이 많이 사용되어 작업효율이 떨어지고 쉬 피로해진다. 작업 중에 근육에 부담을 적게 주려면 손목이 구부러지지 않아야 하고, 팔꿈치는 90도를 유지하며, 어깨에 힘이 들어가지 않아야 한다. 등을 구부리거나 비틀면서 작업하면 허리에 부담을 주므로, 물건을 들거나 앉아있을 때 등뼈는 자연스럽게 S자곡선을 유지해야 한다. 어깨, 엉덩이, 무릎, 팔, 손목, 팔꿈치 등을 반복해서 구부리는 작업은 관절에 부담을 준다. 특히 어깨 위로 팔을 빈번하게 들어 올리는 작업은 부담이 크므로 가능하면 피해야 한다.

이들 외에도 부적절한 작업자세들을 열거하면 다음과 같다.

- 작업지점이 너무 낮아 신체에서 굽힘, 뻗힘, 비틀림이 존재한다.
- 작업지점이 멀리 떨어져 있거나 너무 높아 지나치게 팔을 뻗치게 된다.
- 좁은 작업공간으로 인하여 작업자세가 제한적이다.
- 정밀작업으로 인하여 목을 굽혀 작업하게 된다.

이처럼 부적절한 자세를 취하게 되는 경우에는 작업을 재설계하여 작업자가 안정된 자세를 취할 수 있도록 해야 한다.

2) 장시간의 정적 자세

특정한 자세를 계속해서 유지하는 정적인 자세는 근육과 관절, 혈액순환에 여러 문제를 일으키며 신체의 효율을 떨어뜨린다. 또한 이러한 정적 동작은 동적 동작에 비하여 더 많은 에너지와 더 긴 휴식시간을 필요로 한다. 정적인 작업동작은 가능한 피하는 것이 좋다.

3) 동일한 동작의 지나친 반복

동일한 동작을 반복하는 경우 특정한 근육과 관절을 지나치게 사용하게 된다. 반복의 정도가 심할수록 근육은 쉬 피로해지고 회복에 더 긴 시간이 필요하다. 일반적으로 작업의 주기시간이 30초 미만이거나, 하루 20,000번 이상 유사한 동작을 수행하는 경우를 단순반복작업으로 분류한다. 반복이 심한 작업은 작업을 순환하거나 공정을 자동화할 필요가 있다.

4) 과도한 힘의 사용

과도한 힘을 사용하는 작업은 근육이나 관절 등에 부담을 준다. 무거운 물체를 들고 있을 때 몸에서 멀리 떨어질수록 허리에는 더 큰 하중이 걸리게 된다. 미국산업안전보건청인

OSHA에서는 들어올린 물체가 몸에서 25cm를 벗어나지 않아야 한다고 권장하고 있다.

[표 8-1]은 작업분석과정에서 위험요인을 사전에 점검하기 위한 체크리스트다.

[표 8-1] 작업위험요소의 체크리스트

작업자	① 작업자의 자세가 불안정하지 않는가? ② 지나치게 멀리 작업물을 운반하고 있지 않는가? ③ 같은 동작을 자주 반복하지 않는가? ④ 특정한 자세를 오래 유지하지 않는가? ⑤ 휴식시간이 충분히 주어지고 있는가?
작업물	① 작업물이 지나치게 무겁거나 크지 않는가? ② 작업물을 손으로 잡는데 불편함은 없는가? ③ 작업물의 무게중심이 불안정하지 않는가? ④ 날카롭거나 뜨거운 등의 위험요소는 없는가?
작업환경	① 충분한 여유공간이 있는가? ② 작업장 바닥에 높낮이 차이가 있지 않는가? ③ 작업장 바닥이 미끄럽지 않는가? ④ 작업대의 높이가 너무 높거나 낮지 않는가? ⑤ 작업장의 온도, 조명 등이 적정한가?
작업특성	① 작업자에게 특별히 요구되는 체격이 있는가? ② 안전을 위하여 특별한 지식/훈련이 필요한가?

7.2 위험작업의 관리적 개선

관리를 통하여 작업의 위험을 개선하는 방법으로는 작업자훈련, 작업자선발, 작업속도조정 등이 있다. 작업관리부서에서는 지속적으로 작업위험을 감소시키는 작업방법을 찾아내고, 개선된 작업방법을 작업자에게 훈련시키며, 작업장과 작업설비 및 도구를 유지보수한다. 개선이 어려운 위험작업은 순환근무나 교대근무를 시킨다. 이러한 작업순환이나 작업확대는 사용되는 신체부위를 다양화하여 반복된 위험을 줄이는 효과가 있다. 특히 위험작업에 종사하는 작업자에게는 위험을 주지시키고, 안전보호구를 착용시킨다.

실습 7 작업장분석 및 설계

[목적] 작업장의 제반설비들을 분석하고 재설계한다.
[방법] 2인 1조로 팀을 구성하여 실습을 수행한다.

1. 작업장, 식당, 강의실 등에서 인체측정치를 고려해야 할 대상물을 찾아 아래의 설계방식으로 구분하라. 각 설계방식마다 최소한 3개 이상을 찾으라.

   - 최소치수설계

   - 최대치수설계

   - 평균치설계

   - 조절식설계

2. 조사한 대상물들이 인체측정치를 고려하여 적합하게 설계되었는지 검토하라.

3. 조사한 대상물들이 잘못 설계되었다면 어떤 설계방식이 적합한지 검토해 보라.

연습문제

1 생활용품을 선정하여 고려할 인체측정치와 설계방법을 조사하라.

2 자신의 인체측정치를 측정하여 사용하는 의자와 책상의 규격이 적절한지 확인하라.

3 서서 작업하는 것보다 앉아서 작업하는 것이 더 효율적이다. 그럼에도 불구하고 어떤 경우에 서서 작업해야 하는가?

4 운동양립성을 따라 설계된 기계설비의 예를 찾아보라.

5 작업자들에게서 자주 발생하는 질병들을 조사해 보라.

6 수근관증후군은 왜 발생하며 그 증상은 어떠한가?

제 9 장
워크샘플링

1. 워크샘플링의 정의와 적용

1.1 워크샘플링의 정의

워크샘플링(work sampling)은 사람이나 기계의 활동을 반복관측하여 특정한 작업요소의 발생비율을 추정하는 기법이다. 작업요소의 발생비율은 다음의 공식으로 추정한다.

$$발생비율(\%) = \frac{작업요소의\ 발생횟수}{총\ 관측횟수} \times 100$$

작업자의 작업비율을 추정하는 예를 이용하여 워크샘플링을 설명해 보자. [표 9-1]은 하루에 8시간 동안 일하는 작업자를 40회 관측한 조사자료를 보여준다. 관측내용은 작업 혹은 휴무 둘 중에 하나다. 총 관측한 횟수 가운데 작업횟수가 32회이므로 추정하고자 하는 작업비율은 32/40 = 80%가 된다. 물론 얻어진 이 값이 실제의 정확한 작업비율이라고는 말할 수 없다. 좀더 정확한 작업비율을 얻고 싶다면 관측횟수를 증가시켜야 한다.

[표 9-1] 워크샘플링의 조사자료

관측시점	작업	휴무	관측시점	작업	휴무	관측시점	작업	휴무
8:11	V		10:58	V		14:44		V
8:21	V		11:09	V		14:55	V	
8:32	V		11:19	V		15:06	V	
8:43	V		11:32	V		15:15	V	
8:57	V		11:44	V		15:30	V	
9:09	V		11:57	V		15:49	V	
9:24	V		13:03		V	15:55	V	
9:35		V	13:09	V		16:06		V
9:42	V		13:21	V		16:16	V	
9:54	V		13:38	V		16:24	V	
10:10		V	13:56		V	16:47	V	
10:21	V		14:13	V		16:57		V
10:31	V		14:21	V				
10:51		V	14:31	V				
관측횟수	40		작업횟수	32		휴무횟수	8	

1.2 워크샘플링의 적용

워크샘플링은 1934년 영국인 티펫(L. Tippet)에 의하여 순간관측법(snap reading technique)이란 이름으로 산업계에 처음 적용되었다. 또한 1940년경 미국에서는 작업을 지연시키는 여러 원인의 비율을 추정하는데 사용되었다. 워크샘플링의 응용범위는 매우 넓으며, 특히 다음의 분야에서 유용하게 적용되고 있다.

- 기계가동률의 산정 : 기계설비의 가동률을 조사하여 개선의 실마리를 찾는다.
- 업무개선 : 작업자의 능률로스를 구하여 업무를 개선한다.
- 라인밸런스 파악 : 흐름작업에서 라인밸런싱의 상황을 살핀다.
- 정원조정 : 작업자의 작업비율을 구하여 부서의 정원을 조정한다.
- 여유율의 산정 : 개인여유나 지연여유 등 불가피한 지연의 비율을 구한다.
- 표준시간의 설정 : 작업자가 수행하는 업무의 표준시간을 설정한다.

2. 워크샘플링의 절차

워크샘플링은 다음의 절차에 따라 실시된다.

2.1 연구의 목적을 정한다.

먼저 워크샘플링을 실시하는 목적을 분명히 한다. 기계의 가동률을 개선하거나, 부서의 정원을 조정하거나, 작업의 여유율을 결정하는 것 등이 연구의 목적이 될 수 있다.

2.2 관측횟수를 결정한다.

특정사건의 발생비율을 p라고 할 때, 관측횟수 N의 샘플로부터 얻은 추정비율 $\bar{p}$의 분포는 관측횟수가 증가함에 따라 평균 p, 표준편차 $\sigma = \sqrt{\frac{p(1-p)}{N}}$ 를 갖는 정규분포함수에 가까워진다. 발생비율 p의 신뢰구간을 추정하려면 신뢰수준 C, 허용오차 e를 먼저 결정해야 한다.

워크샘플링에서 신뢰도 C는 95%로 정하는 것이 일반적이므로 [그림 9-1]에서 보는 바와 같이 허용오차 e는 $1.96\sigma = 1.96\sqrt{\frac{p(1-p)}{N}}$ 가 된다. 여기서 추정비율 $\bar{p}$로 발생비율 p를 대신하면 허용오차 e는 다음과 같이 얻어진다.

$$e = 1.96\sqrt{\frac{\bar{p}(1-\bar{p})}{N}}$$

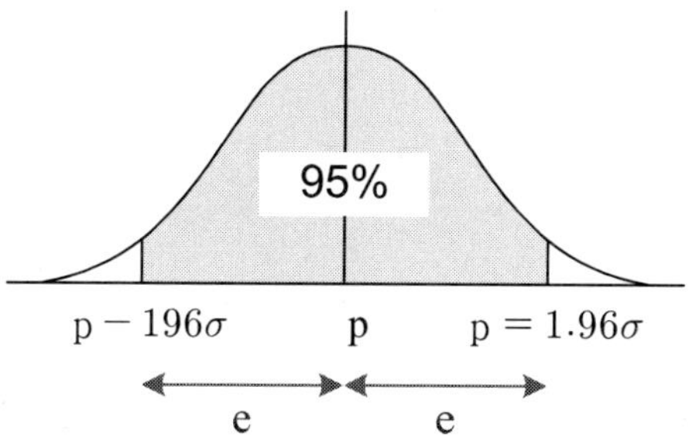

[그림 9-1] 정규분포에서 95%의 신뢰구간

윗 식으로부터 관측횟수 N은 다음과 같이 결정된다.

$$N = \frac{3.84\bar{p}(1-\bar{p})}{e^2} \fallingdotseq \frac{4\bar{p}(1-\bar{p})}{e^2}$$

관측횟수 N은 허용오차 e와 발생비율의 추정치 $\bar{p}$에 의하여 결정된다. 추정치 $\bar{p}$는 과거 자료나 경험 혹은 100번 가량의 예비관측에 의하여 대략 정한다. 허용오차 e와 관측회수 N은 서로 반비례하므로 허용오차 e가 작을수록 관측횟수 N은 커지게 된다.

허용오차 e는 절대오차나 상대오차의 값으로 나타낼 수 있다. 절대오차는 발생비율 p와 상관없이 오차의 크기를 절대적인 값으로 나타낸 것이며, 상대오차는 오차의 크기를 발생비율 p에 대한 상대적인 비율로 표시한 것이다. 따라서 절대오차를 A, 상대오차를 R이라 할 때 A = Rp의 관계를 가진다. 예를 들어 지게차의 가동률이 p = 75%, 허용오차가 e = 3%일 때 절대오차는 A = ±3%, 상대오차는 R = ±3/75 = ±0.04, 즉 ±4%가 된다.

예비관측의 데이터나 본 관측의 초기데이터는 부정확하기 쉬우므로 발생비율 p를 계산할 때는 포함시키지 않는 것이 좋다.

예제 9-1 예비관측한 결과, 설비가동률은 대략 80%였다. 절대오차 ±5%와 ±1%를 만족시키는 설비가동률을 각각 구하려면 몇 차례의 관측이 필요한가? 또한 상대오차가 ±5%로 주어졌을 때 관측횟수를 구하라.

절대오차가 ±5%일 때

$$\text{관측횟수}: N = \frac{4(0.8)(1-0.8)}{(0.05)^2} = 256\text{회}$$

절대오차가 ±1%일 때

$$\text{관측횟수}: N = \frac{4(0.8)(1-0.8)}{(0.01)^2} = 6{,}400\text{회}$$

상대오차가 ±5%일 때 절대오차는 A = 0.05×0.8 = 0.04 이므로

$$관측횟수 : N = \frac{4(0.8)(1-0.8)}{(0.04)^2} = 400회$$

2.3 순회횟수를 정한다.

관측횟수를 결정했으면 관측대상과 관측일수를 고려하여 하루에 순회할 횟수를 정한다. 하루순회횟수는 다음과 같이 결정된다.

$$하루순회횟수 = \frac{총 관측횟수}{관측대상의 수 \times 관측일수}$$

순회횟수는 관측대상의 수에 따라 달라진다. 예를 들어 동일한 4대의 기계로부터 가동률을 구한다고 가정해 보자. 관측자가 한번 순회할 때마다 기계로부터 4개의 관측데이터를 얻게 된다. 따라서 5일간 관측을 실시하는 경우에 1,000개의 데이터를 얻기 위하여 관측자가 매일 순회할 횟수는 1000/(4×5) = 50회가 된다.

2.4 순회시점을 정한다.

관측은 독립적으로, 무작위로, 순간적으로 실시되어야 올바른 결과를 얻을 수 있다. 관측시점을 정하는 방법으로는 무작위샘플링법, 등간격샘플링법, 층별샘플링법이 있다.

1) 무작위샘플링법

통계적 처리가 올바로 적용되도록 워크샘플링을 실시하려면 관측시점이 독립적이고 균등하게 배분되어야 한다. 무작위샘플링법(random sampling method)에서는 관측시점을 무작위로 정하기 위하여 난수표를 자주 이용한다. 이 때 순회의 출발시점은 물론 경로까지도 무작위로 정해야 한다.

2) 등간격샘플링법

등간격샘플링법(systematic sampling method)은 관측시점을 균등한 시간간격으로 정하여 워크샘플링을 실시하는 방법이다. 이는 작업에 주기성이 없을 때 바람직한 방법이며, 주기성이 있더라도 작업주기와 관측간격이 정수배의 관계가 아니라면 사용이 가능하다.

3) 계층별샘플링법

워크샘플링의 기본가정은 어떤 항목의 관찰확률이 조사기간 중에 동일하다는 것이다. 하지만 이 가정이 만족되지 않는 경우에는 계층별로 구분하여 워크샘플링을 실시하게 되는데 이를 계층별샘플링법(stratified sampling method)이라고 한다. 이 방법은 작업활동이 현저히 다른 시간대를 구분하여 계층별로 각기 워크샘플링을 실시한 후 가중평균하여 활동비율을 결정한다. 조사대상에 계층이 존재하는데도 이를 무시하고 일반적인 워크샘플링법을 적용하면 정확도가 크게 떨어진다.

2.5 관측을 실시하여 데이터를 얻는다.

관측을 실시하기 전에 관련된 현장사람들에게 연구목적과 조사기간 등을 설명하여 승인과 협조를 구한다. 관측자는 관측의 정확도를 높이기 위해 관측대상으로부터 2~3m 떨어진 위치에 왔을 때 잠시 똑바로 쳐다보고 그 순간의 작업상태를 기록한다. 작업자가 정해진 위치에 없는 경우에는 그를 찾아서 현재 하고 있는 작업내용을 기록한다. 작업자가 아무 일도 하지 않고 있었다면 그 사유를 기록한다.

2.6 이상데이터를 제거한다.

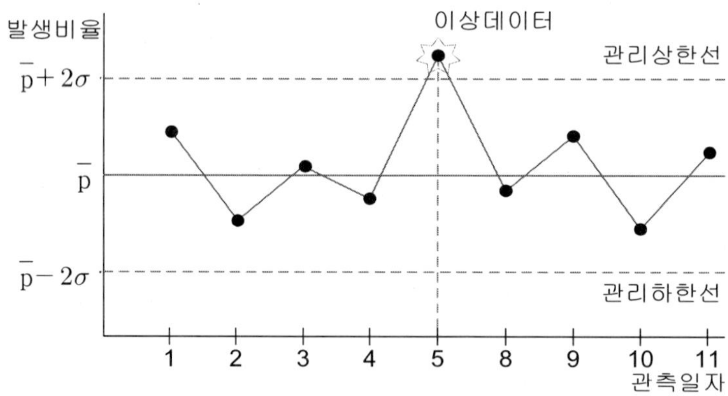

[그림 9-2] 관리도와 관리한계선

수집한 관측데이터에서 부정확한 이상데이터가 존재한다면 제거되어야 한다. 워크샘플링에서는 평균 $\bar{p}$로부터 ±2σ 혹은 ±3σ 이상 벗어난 값을 이상데이터로 간주한다. 여기서 표준편차 σ는 $\sqrt{\frac{\bar{p}(1-\bar{p})}{n}}$ 에 의하여 얻어지며, n은 하루에 실시된 관측횟수다. [그림 9-2]에서 5일에 관측된 데이터는 관리한계선을 벗어났으므로 이상데이터로 간주하여 제거한다.

2.7 발생비율과 정밀도를 구한다.

이상데이터가 존재하지 않을 때 얻어진 관측데이터의 평균값을 발생비율의 추정치 $\bar{p}$로 정한다. 아울러 허용오차 $e = 1.96\sqrt{\frac{\bar{p}(1-\bar{p})}{N}}$ 로부터 절대오차 A = ±100e 혹은 상대오차 $R = \pm A/\bar{p}$를 구한다.

예제 9-2 1,000회 관측하여 80%의 설비가동률을 얻었다고 하자. 95% 신뢰수준에서 정밀도를 구하라.

$$\text{가동률}: \bar{p} = 0.8, \quad \text{관측횟수}: N = 1{,}000$$

$$\text{허용오차}: e = 1.96\sqrt{\frac{0.8(1-0.8)}{1{,}000}} = 0.025$$

$$\text{절대오차}: A = \pm 2.5\%$$

$$\text{상대오차}: R = \pm 2.5/0.8 = \pm 3.1\%$$

다음의 예를 이용하여 워크샘플링 절차를 설명해 보자. [표 9-2]는 작업자의 휴무비율을 구하기 위하여 하루 100회씩 12일 간에 걸쳐 작업자를 관측한 데이터다.

[표 9-2] 휴무비율에 대한 관측데이터

관측일자	3/6	7	8	9	10	13	14	15	16	17	20	21	합
관측횟수	100	100	100	100	100	100	100	100	100	100	100	100	1,200
휴무횟수	9	11	12	8	6	9	21	9	8	9	10	8	120

관측데이터로부터 평균휴무비율 $\bar{p}$, 관리한계값 $\bar{p} \pm 2\sigma$를 구하면 다음과 같다.

$$평균휴무비율 : \bar{p} = 120/1,200 = 0.1$$

$$관리한계값 : \bar{p} \pm 2\sqrt{\frac{\bar{p}(1-\bar{p})}{n}} = 0.1 \pm 2\sqrt{\frac{0.1(1-0.1)}{100}} = 0.1 \pm 0.06$$

[그림 9-3]에서 보는 바와 같이 14일의 관측데이터가 관리상한값을 벗어났으므로 이상데이터로 간주한다.

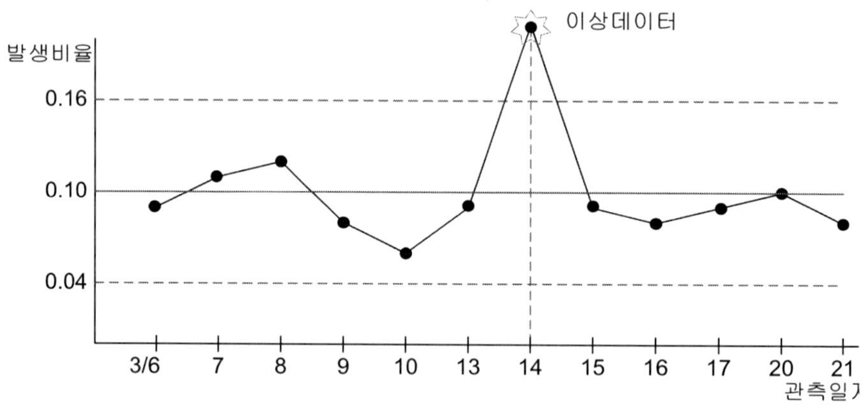

[그림 9-3] 관리도와 이상데이터

관측데이터에서 의심스러운 이상데이터를 제거하고 새로운 데이터를 추가하면 [표 9-3]과 같다.

[표 9-3] 수정된 관측데이터

관측일자	3/6	7	8	9	10	13	15	16	17	20	21	25	합계
관측횟수	100	100	100	100	100	100	100	100	100	100	100	100	1200
휴무횟수	9	11	12	8	6	9	9	8	9	10	8	4	103

관측데이터로부터 다시 평균휴무비율과 관리한계값을 구하면 다음과 같다.

평균휴무비율 : $\bar{p}$ = 103/1,200 = 0.086

$$관리한계값 : \bar{p} \pm 2\sqrt{\frac{\bar{p}(1-\bar{p})}{n}} = 0.086 \pm 2\sqrt{\frac{0.086(1-0.086)}{100}}$$
$$= 0.086 \pm 0.056$$

관리도에 타점된 관측데이터는 [그림 9-4]에서 보는 바와 같이 관리한계값 내에 모두 존재하므로 이상데이터가 존재하지 않는다. 따라서 작업자의 휴무비율은 $\bar{p}$ = 0.086 혹은 8.6%로 추정된다.

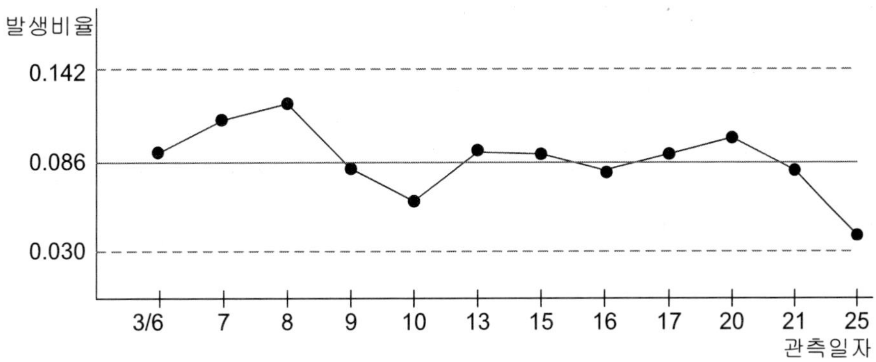

[그림 9-4] 수정된 관리도

실시한 워크샘플링에 대하여 허용오차를 결정해보자. 95%의 신뢰수준에서 허용오차 e는 다음과 같이 계산된다.

$$e = 1.96\sqrt{\frac{0.086(1-0.086)}{1,200}} = 0.016 \text{ 혹은 } 1.6\%$$

따라서 95%의 신뢰수준 하에서 작업자휴무비율의 신뢰범위는 8.6 ± 1.6%다.

3. 워크샘플링의 장단점

워크샘플링의 장단점을 정리하면 [표 9-4]와 같다.

[표 9-4] 워크샘플링의 장단점

장점	단점
• 작업을 방해하지 않는다. • 조사기간을 길게 하면 평상시의 작업상황을 올바로 반영할 수 있다. • 여러 대상을 동시에 관측할 수 있다. • 비전문가도 실시할 수 있다. • 자료수집이나 분석에 소요되는 시간이 상대적으로 적다. • 조사결과의 정확도를 통계적으로 평가할 수 있다. • 특별한 시간측정설비가 필요없다.	• 작업을 세밀히 관측할 수 없다. • 작업자나 관측자에 의하여 오류가 개입될 여지가 있다.

실습 8 워크샘플링을 이용한 기계가동률 계산

[목적] 워크샘플링으로 기계가동률을 구하는 방법을 익힌다.
[방법] 각자 실습을 수행한다.

1. 기계의 가동률을 구하기 위하여 워크샘플링을 실시하고자 한다. 과거의 경험으로 기계의 대략적인 가동률을 85%라고 가정하자. 절대오차를 ±3%로 정할 때 필요한 관측횟수를 구하라.

2. 하루 60회씩 10일간 순회하여 다음과 같은 결과를 얻었다고 하자.

일자	1	2	3	4	5	6	7	8	9	10
가동	50	45	31	55	42	52	54	51	37	49
비가동	10	15	29	5	18	8	6	9	23	11

2σ-관리한계선을 사용한 관리도를 작성하고 이상데이터를 제거하라. 관측데이터가 추가로 필요한 경우에는 다음의 데이터를 사용한다.

일자	11	12	13	14	15	16	17
가동	45	56	51	48	54	49	51
비가동	15	4	9	12	6	11	9

3. 평균가동률과 95%의 신뢰도를 갖는 가동률의 범위를 구하라.

연습문제

1 워크샘플링의 적용분야를 열거하라.

2 워크샘플링에서 관측횟수를 크게 정할 때 장점과 단점은 각각 무엇인가?

3 기계의 가동률을 결정하기 위하여 100회의 예비관측을 실시한 결과 가동횟수는 72회였다. 상대오차 ±10%에 해당하는 결과를 얻고자 한다면 몇 차례 관측을 실시해야 하는가?

4 설비가동률을 구하기 위하여 워크샘플링을 사용하였다. 예비로 100회 관측한 결과 설비가동률은 80%였다.

1) 절대오차 ±5%를 만족시키려면 몇 차례 관측해야 하는가?

2) 동일한 기계설비가 5대 있다면 몇 차례 순회해야 하는가?

5 하루에 100회씩 10일 동안 관측하여 90%의 기계가동률을 얻었다. 이상데이터가 없다고 가정할 때 신뢰도 95%에서 기계가동률의 오차범위를 정하라.

3부 작업시간측정

제 10 장
표준시간

1. 표준시간의 결정

1.1 표준시간의 정의

작업측정은 테일러가 스톱워치를 이용하여 작업시간을 측정했던 시간연구로부터 시작되었으며, 작업을 수행하는데 소요되는 시간을 측정하여 표준시간을 결정하기 위한 연구를 가리킨다. 여기서 표준시간(standard time)이란 숙련된 작업자가 정해진 작업방법으로 여유를 포함한 정상적인 작업속도를 유지하면서 한 단위의 작업을 수행하는데 필요한 시간으로 정의된다. 다시 말하여 표준시간은 작업자가 정상적인 작업속도로 작업할 때 소요되는 정미시간(normal time)과 여유시간의 합이다.

$$표준시간 = 정미시간 + 여유시간$$

1.2 정미시간의 결정

정미시간은 숙련된 작업자가 표준작업방법으로 정상속도를 유지하면서 작업을 수행할 때 소요되는 작업시간이다. 하지만 작업자들마다 작업속도에 차이가 있으므로 이를 정상적인 작업속도로 평준화시켜야 한다. 작업자로부터 측정된 작업시간은 다음과 같은 레이팅(rating) 과정을 통하여 정미시간으로 변환된다.

$$정미시간 = 작업시간 \times 레이팅계수$$

여기서 레이팅계수는 작업자의 실제작업속도를 정상작업속도와 비교한 비율로서, 1의 값보다 크면 작업자의 실제작업속도는 정상속도보다 빠르고, 1의 값보다 작으면 정상속도보다 느리다.

1.3 표준시간의 결정

여유시간은 작업수행에 있어서 불가피한 지연을 보상하기 위한 시간이다. 표준시간은 작업수행에 필요한 정미시간에 지연을 보상하는 여유시간을 추가하여 결정된다. 여유시간은 정미시간에 대한 비율인 여유율로 주어지는 것이 일반적이다.

$$표준시간 = 정미시간 \times (1 + 여유율)$$

예제 10-1 작업자의 평균작업시간이 0.9분, 레이팅계수가 1.1, 여유율이 12%일 때 정미시간과 표준시간을 구하라.

$$정미시간 = 0.90분 \times 1.1 = 0.99분$$

$$표준시간 = 0.99분 \times (1 + 0.12) = 1.11분$$

2. 표준시간의 용도

생산 전반을 올바로 관리하려면 표준시간이 필요하다. 표준시간은 생산계획, 작업계획, 원가산정, 작업관리 등의 용도로 폭넓게 이용되고 있다.

2.1 생산계획

개인이나 집단의 생산량은 표준시간을 기초로 결정된다. 회사는 제품의 수요에 근거하여 생산계획을 세우게 되는 바, 현재의 생산능력과 미래의 생산요구를 비교하여 작업자충원과 설비확충을 실시하게 된다. 생산계획과 관련하여 표준시간이 활용되는 분야는 다음과 같다.

- 개인 또는 집단의 생산량설정
- 필요한 작업자의 인원예측 및 충원계획
- 요구되는 설비대수의 예측
- 자체 생산 혹은 외주의 결정

2.2 작업계획

제품의 납기를 제대로 준수하려면 일정계획을 세워야 한다. 또한 설비부하의 조정을 위한 공정관리에도 관심을 기울여야 한다. 이들을 제대로 수행하려면 표준시간이 반드시 필요하다. 표준시간이 있어야 제품에 대한 작업공수를 결정할 수 있기 때문이다. 작업계획과 관련하여 표준시간은 다음의 분야에서 활용된다.

- 납기준수를 위한 작업일정계획
- 설비부하조정을 위한 공정관리
- 라인균형을 위한 작업편성
- 작업자가 담당할 적정기계대수의 결정

2.3 원가산정

제품의 원가는 표준시간에 근거한 소요공수와 공수당 임률을 근거로 결정된다. 표준시간이 정확해야 올바른 원가를 계산할 수 있다. 또한 입찰가나 판매가를 산정할 때도 표준시간이 필요하다. 원가산정과 관련하여 표준시간은 다음의 경우에 이용된다.

- 표준원가의 산정
- 입찰가의 산정
- 판매가격의 결정
- 외주단가의 결정

2.4 작업관리

작업을 개선했을 때 개선전의 작업방법과 비교할 수 있는 좋은 방법은 표준시간을 비교하는 것이다. 또한 표준시간을 근거로 작업표준량이 결정되므로 인력을 효과적으로 관리할 수 있다. 그 외에도 성과급도입을 위한 작업표준과 생산성측정 및 관리를 위하여 표준시간이 이용된다. 작업관리분야에서 표준시간은 다음과 같이 활용된다.

- 작업방법의 비교
- 인력의 효과적 관리
- 성과급제도의 도입
- 생산성측정 및 관리

3. 표준시간의 측정방법

표준시간을 측정하는 방법으로는 실적자료법, 스톱워치법, 워크샘플링법, 표준자료법, PTS법 등이 있다. 표준시간을 올바로 설정하려면 먼저 표준시간의 사용목적을 분명히 정해야 한다. 그리고 상황에 따라 적절한 표준시간의 설정기법을 선택해야 한다.

3.1 실적자료법

실적자료법은 과거의 경험이나 자료로부터 표준시간을 구하는 방법으로, 작업시간을 생산량으로 나눈 값으로 표준시간을 정한다. 이 방법은 표준시간을 신속하게 결정할 수 있고, 작업자와 마찰이 적은 것이 장점이다. 하지만 작업자가 작업시간을 조작할 수 있으며, 순수한 작업시간과 외부에서 부가된 시간을 구별하기 어렵다는 문제점이 있다. 그럼에도 불구하고 실적자료법은 비용이 적게 들고 신속하게 적용할 수 있으므로, 단기적인 작업이나 소량생산의 계획에서 자주 사용된다.

3.2 스톱워치법

스톱워치법은 작업에 소요되는 시간을 작업현장에서 스톱워치를 사용하여 직접 측정하는 방법이다. 누구나 간단히 시행할 수 있다는 장점이 있으나, 작업자에게 심리적으로 영향을 줄 수 있다는 것이 단점이다. 사이클타임이 긴 작업, 처음 표준시간을 설정하는 작업, 관리수준이 낮은 작업에서 자주 이용된다.

3.3 워크샘플링법

워크샘플링법은 관측자가 작업장을 방문하거나 카메라로 촬영하여 추정된 작업비율을 이용하여 표준시간을 구한다. 이 방법은 작업자를 방해하지 않으며 여러 대상을 동시에 관측할 수 있는 장점이 있으나 정확도가 떨어진다는 단점이 있다. 2인 이상의 작업, 표준화되지 않은 작업에서 주로 이용된다.

3.4 표준자료법

표준자료법은 작업조건과 작업시간의 관계를 공식화하여 표준시간을 결정하는 방법이다. 이 방법은 작업자에 대한 레이팅이 필요없고, 신속하게 표준시간을 결정할 수 있다는 것이 장점이다. 하지만 공식을 얻을 때까지 초기비용이 많이 소요되며, 작업조건이 불안정한 경우에 적용이 곤란하다는 단점이 있다.

3.5 PTS법

PTS법은 작업을 기본동작으로 분해하고 각각의 기본동작들에 소요되는 시간을 이미 작성된 표에서 찾아 합산하여 표준시간을 정하는 방법이다. 레이팅이 필요없고, 작업에 지장을 주지 않으며, 생산시작 전에도 표준시간을 결정할 수 있는 장점이 있다. 하지만 이 방법을 실제로 적용하려면 상당한 교육이 요구된다. PTS법은 짧은 주기를 가진 반복작업에 적합하다. 또한 스톱워치법으로 표준시간을 정한 작업을 더욱 정밀하게 측정할 경우에도 사용된다.

[표 10-1]에서는 앞서 열거한 5가지 작업측정기법의 특성들을 서로 비교하고 있다.

[표 10-1] 작업측정기법의 비교

	실적자료법	스톱워치법	워크샘플링	표준자료법	PTS법
정확도	낮다	보통	낮다	보통	높다
소요시간	짧다	보통	보통	짧다	길다
분석자 훈련	쉽다	보통	쉽다	쉽다	어렵다
레이팅 필요	없다	있다	있다	없다	없다
여유율 필요	없다	있다	있다	있다	있다
심리적 영향	없다	있다	없다	없다	없다

연습문제

1 표준시간을 결정하는 방법들 가운데 PTS법이 가장 정확한 이유를 열거하라.

2 표준시간을 결정하는 기법들을 나열하라.

3 표준시간의 용도를 열거하라.

4 스톱워치법과 비교할 때 PTS법의 장점은 무엇인가?

5 PTS법은 스톱워치법에 비하여 일관성과 정밀성을 보장할 수 있다. 그 이유를 설명하라.

6 표준시간의 측정기법들 가운데 레이팅이 필요한 것은 무엇인가?

제 11 장
스톱워치법

1. 준비사항

스톱워치를 사용하여 작업시간을 측정하기에 앞서 준비되어야 할 일들을 살펴보자.

1.1 표준시간 설정의 절차

스톱워치로 표준시간을 결정하는 과정은 다음의 절차를 따라 이루어진다.

① 대상자를 선정하여 시간연구에 관하여 설명한다.

② 대상작업의 개선을 실시한다.

③ 대상작업을 요소작업으로 분할한다.

④ 요소작업별로 시간을 측정한다.

⑤ 부정확한 관측시간치를 제거한다.

⑥ 요소작업별로 평균관측시간을 결정한다.

⑦ 요소작업별로 레이팅을 고려하여 정미시간을 결정한다.

⑧ 요소작업별로 여유율을 고려하여 표준시간을 결정한다.

⑨ 요소작업의 표준시간들을 합산하여 대상작업의 표준시간을 구한다.

⑩ 얻어진 표준시간을 과거의 실적자료와 비교검토한다.

⑪ 현장의 작업자들과 협의하여 도입여부를 결정한다.

⑫ 작업지시서를 발송한다.

1.2 요소작업의 분할

표준시간을 설정할 때 대상작업을 한꺼번에 측정하는 것은 바람직하지 않다. 그 대신 대상작업을 여러 요소작업으로 분할하여 각각의 소요시간을 측정하는 것이 바람직하다. [표 11-1]은 NC선반작업을 6개의 요소작업으로 분할한 내용이다.

[표 11-1] NC선반작업의 분할

요소작업
1. 미가공된 작업물을 가져온다. 2. 작업물을 척에 고정시킨다. 3. NC선반으로 작업물을 가공한다. 4. 작업물을 척에서 풀어낸다. 5. 작업물의 가공상태를 확인한다. 6. 작업물을 보관장소에 옮겨놓는다.

1.2.1 작업분할의 이유

표준시간을 측정하기에 앞서 작업을 요소작업들로 분할하는 이유는 다음과 같다.

- 요소작업마다 레이팅계수와 여유율이 각기 다를 수 있다.
- 작업내용을 명확히 파악할 수 있으므로 개선이 가능하다.
- 작업이 변경될 경우 부분적인 표준시간의 조정이 용이하다.

1.2.2 작업분할의 원칙

요소작업으로 분할할 때는 다음의 원칙에 유의해야 한다.

- 측정가능한 시간범위 내에서 가능한 한 잘게 분할한다.
- 정기적으로 발생하는 규칙적인 요소작업과 불규칙적인 요소작업을 구분한다.
- 작업자에 의한 요소작업과 기계에 의한 요소작업을 구분한다.
- 작업시간이 변하는 가변요소작업과 고정요소작업을 구분한다.
- 측정시점인 요소작업의 종점은 분명해야 한다.

1.3 관측방법의 결정

관측방법을 결정하기에 앞서 시간측정자는 작업자의 뒤편에서 관측하며 작업을 방해하지 않도록 주의해야 한다. 작업이 시작되면 관측자는 작업자의 동작과 시계를 함께 보면서 요소작업이 끝날 때마다 소요된 시간을 관측용지에 기입한다. 측정시간은 분 단위가 일반적이지만 작업현장에서는 초 단위도 종종 사용되고 있다. 관측방법으로는 요소작업의 종점에서 시계를 원점으로 복귀시키는 반복법과, 시계를 중단시키지 않은 채 계속해서 관측하는 계속법이 있다.

1) 반복법

반복법(snapback method)은 관측시점에서 시간을 읽은 후 스톱워치를 원점으로 되돌리는 시간측정법으로, 요소작업마다 시간측정은 원점에서 다시 시작된다. 반복법은 실제 작업에 소요된 시간을 바로 측정할 수 있으므로, 요소작업의 순서가 바뀌거나 정체나 외래요소가 개입되었을 때에도 쉽게 처리할 수 있다.

이 방법의 문제점은 시간을 관측하고 스톱워치를 원점으로 되돌릴 때 측정오차가 발생한다는 점이다. 하지만 전자시계를 사용하면 이런 시간손실은 무시될 수 있다. 반복법은 상대적으로 긴 요소작업으로 이루어진 작업을 측정하는데 적합하다.

2) 계속법

계속법(continuous method)은 처음 작업을 시작하여 관측을 마칠 때까지 시계를 멈추지 않는 시간측정법이다. 관측자는 요소작업이 끝날 때마다 시계를 재빨리 읽어 관측용지에 기록한다. 기록된 시간치는 누적된 값이므로 직전 요소작업의 시간치를 빼면 현재 요소작업에 소요된 시간을 얻을 수 있다.

계속법은 반복법과 달리 요소작업의 종점에서 시계를 원점으로 되돌릴 필요가 없으므로 측정오차가 발생하지 않는다. 따라서 이 방법은 시간이 짧은 요소작업으로 이루어진 작업 측정에 적합하다. 계속법은 작업을 측정하는 동안 발생된 지연요소와 외래요소를 모두 기록하므로 작업자나 노동조합 측에서 선호하는 방법이다. 계속법의 단점으로는 요소작업의 소요시간을 구하기 위하여 차후에 뺄셈계산이 필요한 것이다.

2. 관측횟수의 결정

작업자가 동일한 요소작업을 반복해서 수행할 때 소요시간은 변하게 된다. 그 이유는 작업자의 동작이 동일하지 않고, 공구나 부품의 위치가 조금씩 바뀌며, 관측자의 오차도 존재하기 때문이다. 따라서 각 요소작업의 소요시간은 반복해서 작업을 측정한 시간치의 평균값으로 결정한다.

관측횟수를 정하는 방법으로는 작업시간의 평균과 표준편차를 이용하는 방법, 작업주기에 기초한 방법, 작업주기와 생산량에 근거한 방법 등이 있다.

2.1 작업시간의 평균과 표준편차를 이용하는 방법

요소작업을 n번 관측하여 얻은 평균과 표준편차를 각각 $\overline{X}$와 S라고 하자. 이 때 관측횟수 N은 다음의 공식으로 계산될 수 있다.

$$N = t^2 (S/I)^2$$

여기서 t : 신뢰도 C에서 자유도 n－1을 가진 t분포의 임계치

I : 허용오차의 크기(요소작업시간의 평균×상대허용오차)

S : 요소작업시간의 표준편차

예제 11-1 요소작업을 25회 관측하였을 때 평균 $\overline{X}$ = 0.30, 표준편차 S = 0.09를 얻었다. 신뢰도 95%일 때 상대허용오차 ±5%를 만족시키는 관측횟수를 구하라.

n = 25일 때 자유도는 24가 된다. 또한 신뢰도 95%, 자유도 24를 갖는 t분포의 임계치는 $t_{0.025,24}$ = 2.06이고, 허용오차는 I = 0.30×0.05 = 0.015이다. 관측횟수 N은 다음과 같이 결정된다.

$$N = (2.06)^2 \times (0.09/0.015)^2 \fallingdotseq 153\text{회}$$

예제 11-2 5개의 요소작업으로 이루어진 작업을 10회 관찰한 데이터로부터 얻은 평균과 표준편차는 아래와 같다. 신뢰도 90%, 상대허용오차 ±5%일 때 관측횟수가 충분한지 검토하라.

요소작업	1	2	3	4	5
평균($\bar{X}$) 표준편차(S)	12.6 1.1	4.8 0.4	1.7 0.2	12.4 1.25	7.6 0.8

신뢰도 90%, 자유도 9를 가진 t분포의 임계치는 $t_{0.05,9}$ = 1.833이다. 작업에 필요한 관측횟수를 구하면 다음과 같다.

요소작업	1	2	3	4	5
허용오차(l) S/l	0.63 1.75	0.24 1.67	0.085 2.35	0.62 2.02	0.38 2.11
N	11	10	19	14	15

3번째 요소작업에서 비율 S/I의 값 2.35은 최대이므로, 필요한 관측횟수 역시 최대가 된다. 작업의 표준시간결정을 위하여 필요한 관측횟수는 N = 19회다.

2.2 작업주기에 기초한 수치표 사용

GE(General Electric)사에서는 표준시간을 얻기 위한 관측횟수를 결정하기 위하여 작업주기를 근거로 작성된 [표 11-2]의 수치표를 사용하고 있다.

[표 11-2] GE사의 관측횟수 수치표

작업주기(분)	~0.1	~0.25	~0.5	~0.75	~1.0	~2.0
관측횟수	200	100	60	40	30	20

작업주기(분)	~5.0	~10.0	~20.0	~40.0	40.0초과
관측횟수	15	10	8	5	3

2.3 작업주기와 생산량에 기초한 수치표 사용

웨스팅하우스(Westinghouse)전기회사에서는 표준시간을 위한 관측횟수를 결정하기 위하여 작업주기와 연간생산량에 기초한 수치표를 사용하고 있다. [표 11-3]은 관측횟수의 수치표를 보여주고 있다.

[표 11-3] 웨스팅하우스사의 관측횟수 수치표

작업주기(시간)		~0.002	~0.003	~0.005	~0.008	~0.012
최소 관측 횟수	연생산량 10,000개 초과	140	120	100	80	60
	연생산량 1,000~10,000개	80	60	50	40	30
	연생산량 1,000개 미만	60	50	40	30	25

작업주기(시간)		~0.020	~0.035	~0.050	~0.080	~0.120
최소 관측 횟수	연생산량 10,000개 초과	50	40	30	25	20
	연생산량 1,000~10,000개	25	20	15	12	10
	연생산량 1,000개 미만	20	15	12	10	8

작업주기(시간)		~0.200	~0.300	~0.500	~0.800	~1.000
최소 관측 횟수	연생산량 10,000개 초과	15	12	10	8	6
	연생산량 1,000~10,000개	8	6	5	4	3
	연생산량 1,000개 미만	6	5	4	3	2

작업주기(시간)		~2.000	~3.000	~8.000	8.000초과	
최소 관측 횟수	연생산량 10,000개 초과	5	4	3	2	
	연생산량 1,000~10,000개	3	2	2	1	
	연생산량 1,000개 미만	2	1	1	1	

3. 이상데이터의 제거

각각의 요소작업시간을 측정한 데이터를 이용하여 관리도를 작성하자. 관리도에서 관리한계선은 평균 $\overline{X}$ 로부터 ±2S 혹은 ±3S 떨어진 값으로 결정된다. 여기서 S는 요소작업으로부터 측정된 데이터의 표준편차다.

[표 11-4]는 [표 11-1]에서 소개된 6개의 요소작업을 12차례 반복측정하여 작업시간을 구한 것이다. 여기서 측정시간은 초 단위가 사용되고 있다.

[표 11-4] 관측한 요소작업시간

작업번호		W_1	W_2	W_3	W_4	W_5	W_6
사이클번호	1	5.1	9.3	45.1	8.1	3.1	8.2
	2	5.8	11.5	47.3	6.8	4.2	7.2
	3	6.1	12.2	42.8	7.8	3.0	7.5
	4	7.3	8.8	44.7	7.3	3.4	6.4
	5	5.7	11.2	44.1	6.7	4.5	8.4
	6	7.0	9.6	46.0	6.1	3.1	7.7
	7	5.2	11.7	45.5	8.9	4.8	8.5
	8	4.9	8.8	43.7	8.1	3.7	7.2
	9	6.0	9.3	45.9	16.4	5.1	6.8
	10	5.6	9.2	46.2	7.0	3.3	7.5
	11	7.4	11.4	43.0	7.9	4.2	8.1
	12	6.1	10.3	45.3	9.2	3.8	6.3
평균		6.02	10.28	44.97	8.36	3.85	7.48
표준편차		0.832	1.251	1.359	2.690	0.708	0.739

요소작업 W_4를 대상으로 이상데이터의 존재여부를 살펴보자. 이상데이터의 판정은 평균으로부터 2배의 표준편차를 벗어나는 데이터로 정한다. 측정데이터로부터 평균과 관리한계값을 구하면 다음과 같다.

$$\text{평균} : \overline{X} = 8.36$$

$$\text{관리한계값} : \overline{X} \pm 2S = 8.36 \pm 2\times2.69 = 8.36 \pm 5.38$$

얻어진 평균값과 관리한계값을 이용하여 관리도를 작성하고 요소작업 W4의 측정데이터들을 모두 타점하면 [그림 11-1]과 같다. 관리도에서 13.74와 3.98은 관리상한값과 관리하한값을 가리키며 관리한계값으로부터 얻어진다. 관리도에서 보는 바와 같이 9번째 작업사이클에서 측정된 데이터값 16.4는 관리상한값을 벗어나 있으므로 문제가 있는 이상데이터로 간주하고 제거한다.

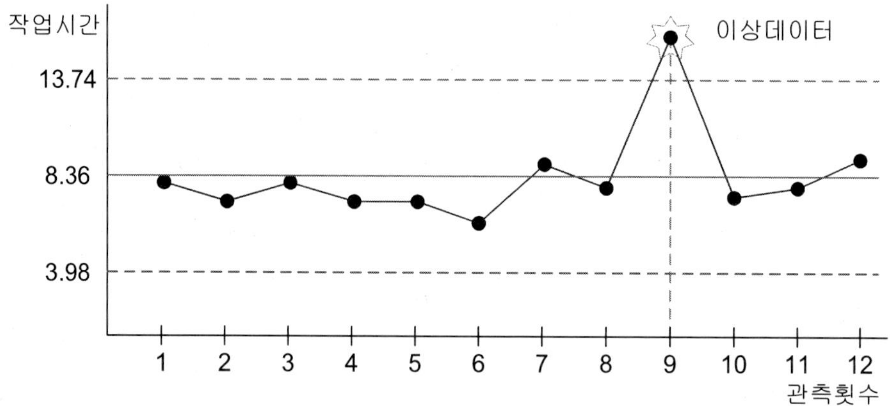

[그림 11-1] 관리도와 이상데이터

4. 표준시간의 결정

앞서 발견된 이상데이터를 제거하고 남은 측정데이터들을 사용하여 NC선반작업의 표준시간을 결정하는 과정이 [표 11-5]에 나타나 있다. NC작업의 표준시간을 결정하려면 먼저 요소작업의 표준시간을 모두 구해야 한다.

요소작업 W_4에서 1개의 측정데이터는 제거되었으므로 해당 요소작업의 평균치는 11개의 측정데이터로부터 구해진다. 따라서 평균값은 8.36에서 7.63으로 변경되었다.

[표 11-1]에 의하면 요소작업 W_3는 기계작업이고 나머지 요소작업들은 모두 수작업이므로 이들 간의 레이팅이나 여유율은 일반적으로 일치하지 않는다. 여기서 기계작업에 대한 레이팅은 1.0, 수작업에 대한 레이팅은 1.1로 결정되었다. 따라서 요소작업의 평균시간에 레이팅을 곱하면 요소작업의 정미시간이 쉽게 얻어진다. 아울러 기계작업과 수작업의 여유율은 각각 10%, 20%로 주어졌으므로 요소작업에 대한 표준시간은 공식에 의하여 구해진다. 마지막으로 얻어진 6개의 요소작업의 표준시간을 모두 합하면 NC선반작업의 표준시간은 96.62초로 결정된다.

[표 11-5] NC선반작업에 대한 표준시간 결정

작업번호		W_1	W_2	W_3	W_4	W_5	W_6
사이클번호	1	5.1	9.3	45.1	8.1	3.1	8.2
	2	5.8	11.5	47.3	6.8	4.2	7.2
	3	6.1	12.2	42.8	7.8	3.0	7.5
	4	7.3	8.8	44.7	7.3	3.4	6.4
	5	5.7	11.2	44.1	6.7	4.5	8.4
	6	7.0	9.6	46.0	6.1	3.1	7.7
	7	5.2	11.7	45.5	8.9	4.8	8.5
	8	4.9	8.8	43.7	8.1	3.7	7.2
	9	6.0	9.3	45.9	16.4*	5.1	6.8
	10	5.6	9.2	46.2	7.0	3.3	7.5
	11	7.4	11.4	43.0	7.9	4.2	8.1
	12	6.1	10.3	45.3	9.2	3.8	6.3
관측횟수		12	12	12	11	12	12
평균		6.02	10.28	44.97	7.63	3.85	7.48
레이팅		1.1	1.1	1.0	1.1	1.1	1.1
정미시간		7.12	11.31	44.97	8.39	4.24	8.23
여유율		20%	20%	10%	20%	20%	20%
표준시간		8.54	13.57	49.47	10.07	5.09	9.88
합계		96.62					

5. 작업수행도의 평가

정미시간은 숙련된 작업자가 표준작업방법으로 정상적인 작업속도를 유지하면서 한 단위의 작업을 수행하는데 필요한 시간이다. 하지만 작업자들로부터 측정된 작업속도는 개인마다 차이가 있으므로 보통 사람의 정상적인 작업속도로 보정되어야 한다. 이를 수행도평가(performance rating), 레이팅(rating), 혹은 평준화(leveling)라고 부른다. 국제노동기구(ILO)에서는 레이팅을 관측자가 마음속에 지니고 있는 표준속도와 작업자의 실제 작업속도를 비교하는 것으로 정의하고 있다.

5.1 레이팅계수

레이팅계수(rating scale)는 레이팅에 의하여 추정된 비율을 가리키며 수행도평가계수라고도 부른다.

$$레이팅계수 = \frac{정상작업속도}{실제작업속도}$$

레이팅계수가 1의 값 이상인 경우는 작업자가 정상속도보다 빨리 작업하는 것이고, 1의 값 이하인 경우는 정상속도보다 느리게 작업하는 것을 의미한다. 예를 들어 정상적인 작업자가 10분 걸리는 일을 9분 만에 수행했다면 그의 레이팅계수는 10/9 = 1.1이 된다. 실제작업시간에 레이팅계수를 곱하면 정상속도로 작업할 때 소요되는 정미시간으로 변환된다.

$$정미시간 = 실제작업시간 \times 레이팅계수$$

5.2 레이팅방법

레이팅계수를 구하는 방법으로는 속도평가법, 평준화법, 객관적평가법, 합성평가법 등이 있다.

5.2.1 속도평가법

속도평가법(speed rating)은 작업성취도에만 관심을 두어 작업의 유효속도만으로 작업수행도를 평가하는 레이팅방법이다. 이는 작업속도만을 고려하므로 적용하기가 용이하여 널리 사용되고 있다. 하지만 작업마다 난이도에 차이가 있으므로 관측자는 레이팅을 실시하기에 앞서 기준작업속도를 마음속에 미리 설정하고 있어야 한다.

$$레이팅계수 = \frac{기준작업속도}{실제작업속도}$$

5.2.2 평준화법

평준화법(leveling)은 웨스팅하우스전기회사(Westinghouse Electric Co.)에서 연구된 레이팅방법으로, 일명 웨스팅하우스시스템이라고도 부른다. 이 방법은 메이나드(H. Maynard)에 의하여 고안되었으며, [표 11-6]에서 보는 바와 같이 작업수행도를 숙련도, 노력, 작업환경, 일관성의 4가지 항목으로 각기 평가한 후 합산하여 레이팅계수를 구한다.

$$\text{레이팅계수} = 1 + \text{평준화계수의 합}$$

[표 11-6] 웨스팅하우스시스템의 평준화계수표

숙련도			노력		
최우수(super)	A1	+0.15	초과(excessive)	A1	+0.13
	A2	+0.13		A2	+0.12
우수(excellent)	B1	+0.11	우수(excellent)	B1	+0.10
	B2	+0.08		B2	+0.08
양호(good)	C1	+0.06	양호(good)	C1	+0.05
	C2	+0.03		C2	+0.02
보통(average)	D	0.00	보통(average)	D	0.00
가함(fair)	E1	−0.05	가함(fair)	E1	−0.04
	E2	−0.10		E2	−0.08
부족(poor)	F1	−0.16	부족(poor)	F1	−0.12
	F2	−0.22		F2	−0.17

작업조건			일관성		
이상적(ideal)	A	+0.06	완전(perfect)	A	+0.04
우수(excellent)	B	+0.04	우수(excellent)	B	+0.03
양호(good)	C	+0.02	양호(good)	C	+0.01
보통(average)	D	0.00	보통(average)	D	0.00
가함(fair)	E	−0.03	가함(fair)	E	−0.02
부족(poor)	F	−0.07	부족(poor)	F	−0.04

예제 11-3 평준화법으로 작업수행도를 조사한 결과 숙련도 B2, 노력 E1, 환경 D, 일관성 C로 평가되었다. 작업자의 레이팅계수를 구하라.

$$\text{레이팅계수} = 1 + 0.08(B2) - 0.04(E1) + 0.00(D) + 0.01(C) = 1.05$$

평준화법은 상당히 오래된 레이팅방법으로 한 때 많은 기업들이 이 방법을 사용하였다. 레이팅의 항목들 가운데 일관성은 숙련도와 밀접한 관련이 있고, 작업환경은 여유시간에서 고려되므로, 이들을 제외시키고 숙련도와 노력의 두 항목만으로 레이팅을 평가하기도 한다.

5.2.3 객관적평가법

객관적평가법(objective rating)은 먼델(M. Mundel)에 의하여 개발된 레이팅방법으로, 기존의 레이팅방법들이 관측자에 의하여 주관적으로 평가되는 문제점을 보완하기 위하여 고안되었다. 그는 관측자의 주관적인 판단이 개입하지 못하도록 객관적으로 실시되는 2차례의 평가과정으로 레이팅계수를 결정하였다.

여기서 1차평가는 작업속도를 평가하는 것으로, 작업특성을 고려하지 않은 채 단지 작업속도만으로 속도평가계수를 구한다. 또한 2차평가에서는 레이팅에 작업의 상대적인 난이도나 특성을 반영하는 것으로, 요소작업별로 작업의 난이도와 특성을 고려하여 이차조정계수 혹은 작업난이도계수를 구한다. 이차조정계수를 구하기 위해 평가되는 항목으로는 사용되는 신체부위, 족답페달의 사용, 양손의 사용정도, 눈과 손의 조화, 취급 상의 주의, 중량/저항의 6가지다.

레이팅계수는 속도평가계수와 이차조정계수를 함께 고려하여 결정된다.

$$\text{레이팅계수} = \text{속도평가계수} \times (1 + \text{이차조정계수})$$

5.2.4 합성평가법

레이팅에 있어 관측자의 주관적인 판단을 보완하기 위하여 모로우(R. Morrow)는 합성평가법(synthetic rating)을 제안하였다. 이는 요소작업의 기준속도로 PTS시간치를 이용하는 방법이다. 즉 요소작업에 대한 PTS시간치와 실제 작업시간의 평균비율을 레이팅계수로 정한다. 합성평가법은 다음의 순서에 따라 레이팅계수를 결정한다.

① 작업을 요소작업으로 분할하여 스톱워치로 시간을 측정한다.

② 요소작업 중 임의로 몇 개의 작업자요소를 선정한다.

③ 선정된 요소작업에 대하여 PTS시간치를 구한다.

④ 요소작업에 대한 PTS시간치와 측정된 작업시간의 비율을 구한다.

$$요소작업의\ 비율 = \frac{PTS시간치}{측정된\ 작업시간}$$

⑤ 요소작업비율들의 평균을 레이팅계수로 정한다.

$$레이팅계수 = \frac{\sum 요소작업의\ 비율}{선정된\ 요소작업의\ 수}$$

합성평가법에서 유의할 점은 다음과 같다.

- 작업자요소작업만을 선정하여 비율을 계산한다.
- 샘플링오차를 줄이기 위해 여러 요소작업을 선정한다.
- 너무 많은 요소작업을 택하면 PTS법과 차이가 없다.
- 다른 레이팅방법보다 시간이 오래 소요된다.
- 샘플링오차를 피할 수 없다.

6. 워크샘플링에 의한 표준시간결정

작업주기가 긴 작업이나 집단으로 이루어지는 작업은 스톱워치법을 적용하기가 곤란하다. 이런 경우 워크샘플링으로 표준시간을 구할 수 있으며, 이를 퍼포먼스 워크샘플링(performance work sampling)이라고 말한다.

워크샘플링에서 얻어진 대상작업의 관측비율을 p라고 하자. 또한 작업자의 작업시간을 T, 이 작업시간 동안 생산된 제품의 수를 N이라고 할 때, 작업자의 실작업시간과 제품당 평균작업시간은 다음과 같이 얻어진다.

$$실작업시간 = 작업시간(T) \times 작업비율(p) = Tp$$

$$제품당\ 평균작업시간 = \frac{실작업시간}{생산된\ 제품수(N)} = \frac{Tp}{N}$$

작업자의 레이팅계수를 r이라 할 때 작업의 정미시간은 다음과 같이 결정된다.

$$\text{정미시간} = \text{제품당 평균작업시간} \times \text{레이팅계수}(r) = \frac{Tpr}{N}$$

예제 11-4 워크샘플링을 실시한 결과 작업비율은 80%로 밝혀졌다. 하루 8시간 작업으로 240개의 제품을 생산할 때 정미시간을 구하라. 작업자의 수행도계수는 0.98이다.

$$\text{실작업시간} = 8\text{시간} \times 60\text{분} \times 0.8 = 384\text{분}$$

$$\text{제품당 평균작업시간} = \frac{384\text{분}}{240\text{개}} = 1.6\text{분/개}$$

$$\text{정미시간} = 1.6\text{분} \times 0.98 = 1.57\text{분}$$

실습 9 스톱워치에 의한 표준시간결정

[목적] 스톱워치를 사용하여 표준시간을 결정하는 방법을 연습한다.
[방법] 2인 1조로 팀을 구성하여 실습을 수행한다.

작업자가 볼트에 와셔와 너트를 조립하는 작업에 대하여 스톱워치로 표준시간을 설정하고자 한다. 작업은 다음의 순서에 따라 이루어진다.

① 왼손으로 1개의 볼트를 가져온다.
② 오른손으로 2개의 와셔를 가져와 조립한다.
③ 오른손으로 1개의 너트를 가져와 볼트에 6차례 회전하여 조립한다.
④ 조립품 통에 넣는다.

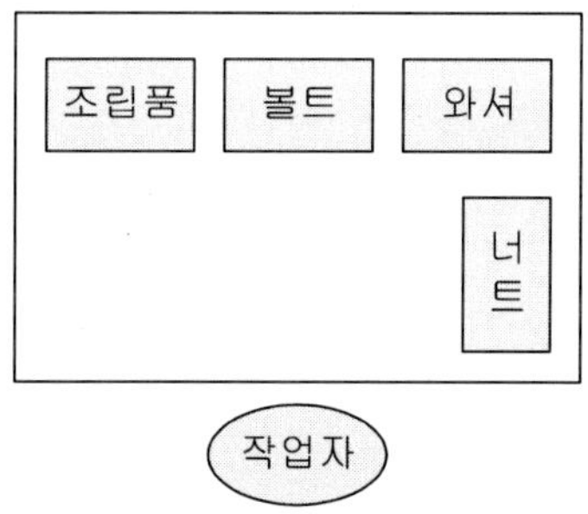

1. 조립작업을 요소작업으로 분석하라.

2. 작업을 20회 측정하여 요소작업별로 소요시간의 평균과 표준편차를 구하라.

3. 2배의 표준편차를 사용하여 요소작업별로 비정상적인 데이터가 있는지 확인하라.

4. 여유율이 15%로 주어졌을 때 표준시간을 정하라. 단 레이팅은 적절히 정한다.

연습문제

1 평준화법에서 레이팅계수를 결정하기 위하여 이용하는 4가지 항목은 무엇인가?

2 객관적평가법이 속도평가법보다 우수한 이유는 무엇인가?

3 표준시간을 측정할 때 레이팅이 필요한 기법을 모두 열거하라.

4 2개의 요소작업으로 이루어진 작업을 12번 관찰한 자료는 아래와 같다. 작업자의 레이팅값이 0.9, 여유율이 10%일 때 표준시간을 구하라. 평균으로부터 ±2배의 표준편차를 벗어난 데이터는 이상데이터로 간주한다.

	1	2	3	4	5	6	7	8	9	10	11	12	평 균	표준편차
요소작업 1	14	12	13	12	11	12	14	15	31	14	9	12	14.1	5.3
요소작업 2	19	16	21	18	34	18	15	20	18	22	25	30	21.3	5.5

5 작업자가 A, B 업무를 동시에 수행하고 있다. 표준시간을 조사하기 위하여 하루에 50회씩 10일 간에 걸쳐 관측한 결과는 아래 표와 같다. 하루의 작업시간은 480분이며 매일 150개의 제품을 생산하고 있을 때 표준작업시간을 결정하라.

작업요소	A	B	비작업
관측빈도	310	80	110
레이팅	1.2	1.0	
여유율	10%	5%	

제 12 장
여유시간

1. 여유시간의 정의와 종류

1.1 여유시간의 정의

여유시간(allowance time)이란 작업수행에 있어서 필요불가결한 지연을 보상하기 위한 시간을 가리킨다. 따라서 표준시간은 작업수행에 필요한 정미시간에 지연을 보상하는 여유시간을 추가하여 결정된다. 여유는 정미시간이나 혹은 표준시간에 대한 비율인 여유율로 나타내는 것이 보통이다. 여유율을 정미시간에 대한 비율로 정하는 것을 외경법, 표준시간에 대한 비율로 정하는 것을 내경법이라고 한다.

먼저 외경법으로 표준시간을 결정하면 다음과 같다.

$$\text{표준시간} = \text{정미시간} \times (1 + \text{여유율})$$

또한 내경법으로 표준시간을 결정하는 공식은 다음과 같다.

$$표준시간 = \frac{정미시간}{1-여유율}$$

예제 12-1 어느 작업의 정미시간이 1.34분, 여유율이 16%일 때 외경법과 내경법에 의하여 표준시간을 각각 구해보라.

$$표준시간(외경법) = 1.34분 \times (1 + 0.16) = 1.554분$$

$$표준시간(내경법) = \frac{1.34분}{1-0.16} = 1.595분$$

일반적으로 내경법이 외경법보다 더 큰 값의 표준시간을 제공한다. 작업자의 입장에서는 표준시간을 결정할 때 내경법이 외경법보다 더 유리하다.

1.2 여유시간의 종류

여유는 크게 일반여유와 특수여유로 구분된다. 일반여유는 어느 작업에서나 공통적으로 발생하는 여유를 가리킨다. 반면에 특수여유는 작업에 따라 선택적으로 고려해 주는 여유를 말한다.

2. 일반여유

일반여유는 모든 작업에서 고려해주는 여유이며 인적여유, 피로여유, 불가피한 지연으로 이루어진다.

1) 인적여유

인적여유(personal allowance)는 용변, 물마시기, 땀닦기 등 생리적 필요에 의해 작업이 지연되는 것을 보상해주는 시간으로, 작업의 내용과 환경에 따라 상당한 차이가 있다. 예를 들어 열악한 환경에서 육체노동을 하는 사람은 쾌적한 환경에서 사무작업을 하는 사람보다 더 많은 인적여유를 필요로 한다.

2.2 피로여유

피로여유(fatigue allowance)는 작업을 수행하면서 발생하는 작업자의 육체적, 정신적 피로로 인한 작업능률저하를 보상하는 여유다. 국제노동기구(ILO)에서는 인적여유와 피로여유에 대한 여유율을 제정하였으며 그 내용은 [표 12-1]과 같다. 이 표에 따르면 일정한 값을 부여한 인적여유와 기본피로여유 외에 작업자세, 중량물취급, 조명, 공기상태, 시각 및 청각긴장, 정신적 긴장, 정신적 신체적 단조로움 같은 작업의 특성에 따라 여유율이 추가된다. 단 ILO여유율은 요소작업 별로 적용된다는 점을 유의해야 한다.

[표 12-1] ILO 여유율

1.	고정여유	남	여
	인적여유	5	7
	기본피로여유	4	4
	합	9	11
2.	변동피로여유		
	A. 자세		
	서 있는 자세	2	4
	부자연한 자세	2	5
	불편한 자세 (구부려)	4	7
	매우 불편한 자세 (누워서, 뻗어서)	9	11
	B. 중량물 취급(kg)		
	2.5	0	1
	5	1	2
	7.5	2	3
	10	3	4
	12.5	4	6
	15	6	9
	17.5	8	12
	20	10	15
	22.5	12	18
	25	14	−
	30	19	−
	40	33	−
	50	58	−
	C. 조명		
	정상보다 약간 어두움	0	0
	어두움	2	2
	상당히 어두움	5	5
	D. 공기 상태	남	여
	통풍이 잘되고 신선한 공기	0	0
	통풍은 나쁘지만 유해가스 없음	5	5
	노 주위 작업	5~15	5~15
	E. 눈의 긴장		
	어느 정도 정밀	0	0
	정밀(마이크로미터 사용)	2	2
	상당히 정밀	5	5
	F. 청각 긴장도		
	연속적	0	0
	간혹 시끄러움	2	2
	간혹 매우 시끄러움, 고음	5	5
	G. 정신적 긴장도(복잡한 작업순서의 기억)		
	어느 정도 복잡	1	1
	복잡, 오래 지켜봐야함	4	4
	상당히 복잡	8	8
	H. 정신적 단조감		
	작다	0	0
	보통	1	1
	크다	4	4
	I. 신체적 단조감		
	다소 싫증	0	0
	싫증	2	1
	매우 지겨움	5	2

2.3 불가피한 지연

불가피한 지연(unavoidable delay)은 본의 아니게 어쩔 수 없이 작업이 지연되는 것을 보상하기 위한 여유다. 이로 인한 여유에는 다음의 내용들이 포함된다.

- 작업지시, 수정, 논의 등 동료나 상사와의 공식적인 대화
- 균일하지 않은 재료의 공급으로 인한 작업시간의 지연
- 기계나 공구의 점검, 수리, 조정 등으로 인한 지연
- 작업의 마무리 직전에 행하는 설비점검이나 작업장청소

불가피한 지연을 결정하기 위해 자주 사용되는 기법으로는 워크샘플링과 가동연구(production study)가 있다. 가동연구는 장시간에 걸쳐 지속적으로 작업을 관찰하는 것으로, 작업이 지연될 때마다 그 원인과 지연시간을 기록한 후 충분한 이유가 있을 때 불가피한 지연에 포함시킨다. 이 방법은 장시간에 걸쳐 관측해야 하므로 관측자나 작업자 모두에게 지겨운 느낌을 준다. 또한 오래 관측할 수 없어 오차가 생길 가능성이 높은 것도 단점이다.

3. 특수여유

특수여유는 작업의 특성에 따라 선택적으로 고려해 주는 여유이며 기계간섭여유, 조여유, 소로트여유, 장사이클여유 등이 있다.

3.1 기계간섭여유

기계간섭여유는 한 작업자가 동일한 기계를 여러 대 담당하는 경우에 발생한다. 다시 말하여 작업자가 기계를 다루고 있는 동안 다른 기계가 정지될 때 감소되는 생산량을 보상하기 위한 여유다. 라이트(W. Write)는 담당기계의 수가 6대 이하인 경우와 7대 이상인 경우를 구분하여 기계간섭률을 구하도록 제안하였다.

1) 6대 이하의 기계를 담당하는 경우

작업자가 담당하는 기계대수가 6대 이하인 경우에는 [그림 12-1]을 이용하여 기계간섭률

I를 구한다. 여기서 기계간섭률은 평균손취급시간에 대한 평균기계가공시간의 비율 R과 작업자의 수 N에 의하여 결정된다.

$$R = \frac{\text{평균기계가공시간}}{\text{평균손취급시간}}$$

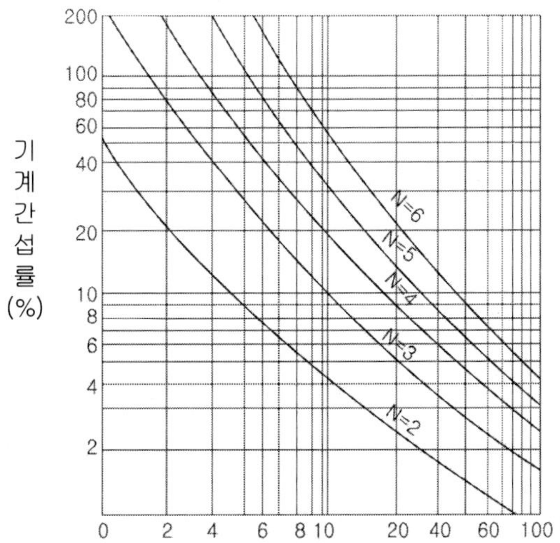

[그림 12-1] 기계간섭률

2) 7대 이상의 기계를 담당하는 경우

작업자가 7대 이상의 기계를 담당하는 경우에는 다음의 식을 이용하여 기계간섭률 I를 계산한다.

$$I = 50[\sqrt{(1+R-N)^2+2N}-(1+R-N)]$$

여기서 N : 1명의 작업자가 담당하는 기계대수

$$R = \frac{\text{평균기계가공시간}}{\text{평균손취급시간}}$$

평균손취급시간은 일반여유가 고려된 표준시간이며, 기계간섭시간은 다음과 같이 구한다.

$$\text{기계간섭시간} = \text{평균손취급시간} \times \frac{\text{기계간섭률(I)}}{100}$$

예제 12-2 공장에서 표준시간을 조사한 결과, 단위제품당 평균기계시간은 120분, 평균손취급시간은 4분으로 결정되었다. 작업자 1명이 5대의 기계를 담당하고 있을 때 기계간섭률과 표준시간을 구하라.

N = 5, R = 120/4 = 30 이므로 [그림 12-1]로부터 기계간섭률 I = 16%를 얻는다. 기계간섭시간과 표준시간은 다음과 같이 계산된다.

$$\text{기계간섭시간} = 4\text{분} \times 0.16 = 0.32\text{분}$$

$$\text{표준시간} = 120\text{분} + 4\text{분} + 0.32\text{분} = 124.32\text{분}$$

예제 12-3 앞의 예제에서 작업자 1명이 50대의 기계를 담당하고 있는 경우에 기계간섭률과 표준시간을 구하라.

N = 50, R = 120/4 = 30이므로 기계간섭률 I는 다음과 같다.

$$I = 50\left[\sqrt{(1+30-50)^2 + 2 \times 50} - (1+30-50)\right] = 2{,}024(\%).$$

기계간섭시간과 표준시간은 다음과 같이 결정된다.

$$\text{기계간섭시간} = 4\text{분} \times 20.24 = 80.96\text{분}$$

$$\text{표준시간} = 120\text{분} + 4\text{분} + 80.96\text{분} = 204.96\text{분}$$

3.2 조여유

여러 작업자가 조를 편성하여 연속적으로 작업할 때 작업자들 간에 보조를 맞추기 위해 지연이 발생한다. 조여유는 이런 지연을 보상하기 위한 것으로 컨베이어작업이 전형적인 예다. [표 12-2]는 조의 인원수에 따라 주어져야 할 여유율을 보여준다.

[표 12-2] 조여유

조 인원	조 여유율	조 인원	조 여유율
1 ~ 5명	0%	21 ~ 40명	8%
6 ~ 10명	2%	41 ~ 50명	9%
11 ~ 20명	5%	51명 이상	10%

3.3 소로트여유

작업의 능률은 어느 정도 작업이 진행된 후에야 정상궤도에 오르기 마련이다. 소로트여유는 로트의 크기가 작아 제대로 워밍업되지 않은 채 작업할 때 발생하는 능률저하를 보상하기 위한 여유다.

소로트여유의 결정은 2단계로 이루어진다. 먼저 최소로트의 크기를 결정한다. 최소로트의 크기는 작업능률이 100%되는 최소한의 가공수량으로, 이는 제품의 생산주기에 따라 좌우된다. [표 12-3]은 제품의 생산주기와 최소로트크기의 관계를 보여준다.

[표 12-3] 생산주기와 최소로트크기

생산주기	최소로트크기	생산주기	최소로트크기
0.20분 이하	1,000개	0.41 ~ 0.60분	500개
0.2 ~ 0.40분	700개	0.61 ~ 1.0분	300개

최소로트의 크기가 정해지면 [표 12-4]로부터 소로트여유를 구한다. 이 표는 GE사에서 만든 것으로 로트크기의 비율에 따라 표준시간에 추가할 여유율을 구한다. 여기서 로트크기의 비율은 최소로트크기에 대한 실제가공로트크기의 비율을 뜻한다.

$$\text{로트크기의 비율} = \frac{\text{실제가공로트크기}}{\text{표준최소로트크기}}$$

[표 12-4] 소로트여유

로트크기의 비율	소로트여유율	로트크기의 비율	소로트여유율
0.70 ~ 0.99	4%	0.25 ~ 0.29	36%
0.50 ~ 0.69	12%	0.20 ~ 0.24	46%
0.40 ~ 0.49	19%	0.15 ~ 0.19	61%
0.30 ~ 0.39	27%	0.10 ~ 0.14	87%

예제 12-4 고객의 주문에 의하여 100개의 전자부품을 생산하게 되었다. 부품가공에 필요한 표준시간은 0.87분이다. 소로트여유를 고려하여 표준시간을 수정하라.

부품가공에 필요한 표준시간이 0.87분이므로 [표 12-3]으로부터 최소로트의 크기는 300개로 결정된다. 주문받은 로트의 크기는 100개이므로 로트크기의 비율은 100/300 = 0.33이고, [표 12-4]로부터 소로트여유율은 27%가 된다. 부품가공을 위한 표준시간은 다음과 같이 수정된다.

$$\text{표준시간} = 0.87 \times (1 + 0.27) = 1.105\text{분}$$

3.4 장사이클여유

장사이클여유는 긴 작업사이클로 인하여 발생하는 작업변동이나 육체적인 곤란 및 복잡성을 보상하기 위한 여유다. 이 여유는 반복되지 않는 육체적인 작업에 대해서만 적용된다. 장사이클여유는 작업주기에 따라 변하며 [표 12-5]와 같이 결정된다.

[표 12-5] 장사이클여유

작업주기	여유율	작업주기	여유율
0 ~ 2.00분	0%	12.01 ~ 14.00분	10%
2.01 ~ 4.00분	1%	14.01 ~ 16.00분	11%
4.01 ~ 6.00분	2%	16.01 ~ 18.00분	12%
6.01 ~ 8.00분	5%	18.01 ~ 20.00분	13%
8.01 ~ 10.00분	7%	20.01 ~ 24.00분	14%
10.01 ~ 12.00분	9%	24.01분 이상	15%

연습문제

1 일반여유와 특수여유의 구별기준은 무엇인가?

2 일반여유 중에서 워크샘플링으로 결정할 수 없는 여유는 무엇인가?

3 지연여유를 줄이는 방법을 생각해보라.

4 단위제품당 평균기계시간은 150분, 평균손취급시간은 5분이다. 작업자 1명이 6대의 기계를 담당하고 있을 때 기계간섭여유와 표준시간을 구하라.

5 50개의 부품을 주문받았다. 부품가공에 필요한 표준시간은 0.55분이다. 소로트여유를 고려하여 표준시간을 구하라.

제 13 장
표준자료법

1. 표준자료와 표준자료법

1.1 표준자료

표준자료(standard data)는 작업측정을 통하여 얻어진 시간자료를 가리키는 것으로 계산도표, 그래프, 곡선, 함수식 등의 형태로 저장된다. 이는 측정된 작업단위의 크기에 따라 단위작업표준자료, 요소작업표준자료, 동작표준자료로 구분된다. 작업단위의 크기가 작을수록 표준자료는 활용범위가 넓어지지만 개발하는데 더 오래 시간이 소요된다.

통상적으로 요소작업의 시간자료를 이용하여 표준시간을 정하는 기법을 표준자료법이라 하고, 서블릭단위로 측정된 동작의 시간자료를 이용하여 표준시간을 결정하는 기법을 PTS법이라고 말한다. PTS법은 다음 장부터 다루기로 하고 본 장에서는 표준자료법에 대해서만 설명한다.

1.2 표준자료법

표준자료법은 작업조건과 작업시간의 관계를 이용하여 표준시간을 결정하는 방법이다.

예를 들어 다음과 같이 선반작업을 수행했던 과거의 실적을 귀납적으로 활용하면 새로운 선반작업에 대한 표준시간을 결정할 수 있다.

① 선반작업시간에 영향을 미치는 주요변동요인들을 선정한다.

② 과거의 실적데이터를 이용하여 이들 변동요인과 정미시간의 함수식을 구한다.

③ 새로운 작업에 대한 변동요인의 값을 함수식에 대입하여 정미시간을 얻는다.

④ 정미시간에 여유시간을 추가하여 표준시간을 결정한다.

표준자료가 일단 구축되면 작업을 직접 관측할 필요가 없으므로 신속하게 표준시간을 결정할 수 있다. 예를 이용하여 표준자료법을 설명해 보자. [그림 13-1]의 선삭가공에서 소요되는 정미시간 T는 과거의 실적자료에 의하여 다음의 함수식으로 얻어진다.

$$T = \frac{\pi DL}{1,000VF}$$

여기서 L : 작업물의 절삭길이(mm)
D : 작업물의 직경(mm)
V : 작업물의 절삭속도(m/분)
F : 공구의 이송속도(mm/회전)

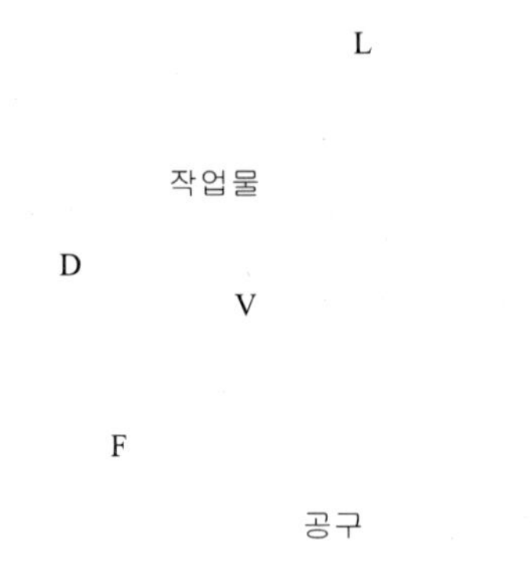

[그림 13-1] 선삭가공

예제 13-1 길이가 50mm, 직경이 100mm인 부품을 선반으로 가공하려고 한다. 절삭속도가 196m/분, 공구이송속도가 0.1mm/회전일 때 소요되는 정미시간 T를 구하라.

$$T = \frac{\pi(100)(50)}{1,000(196)(0.1)} = 0.80(\text{분})$$

2. 표준자료공식의 생성

표준자료의 공식을 결정하려면 요소작업의 정미시간 T에 영향을 미치는 변동요인 V_1, V_2, ..., V_m을 찾아 과거의 실적자료를 이용하여 그들 간의 함수식을 결정해야 한다.

$$T = f(V_1, V_2, ..., V_m)$$

표준자료법에서 정미시간과 변동요인들 간의 함수식을 구하는 과정을 몇몇 작업의 예를 이용하여 살펴보자.

2.1 아크용접작업

아크용접은 방전에 의한 아크를 발생시켜 그 열로 피용접모재와 용접봉을 녹여 두 금속을 접합하는 작업이다. 아크용접에 소요되는 단위길이당 작업시간은 용접부크기와 밀접한 관련이 있다. 아크용접을 10차례 측정하여 [표 13-1]의 자료를 얻었다.

[표 13-1] 아크용접의 측정자료

측정번호	용접부크기(cm)	단위용접시간(초/cm)
1	0.3	2.8
2	0.5	3.1
3	0.6	3.5
4	1.0	5.7
5	1.3	8.7
6	1.6	13.9
7	1.7	18.9
8	1.9	22.0
9	2.2	26.9
10	2.5	35.9

용접부크기와 단위용접시간을 각각 x, y라고 하자. 이들 간의 관계함수식은 SPSS나

MINITAB같은 통계용 소프트웨어를 이용하면 얻을 수 있다. 이들로부터 다음과 같은 2차 함수식을 얻었다고 하자.

$$y = 2.36 - 1.655x + 5.895x^2$$

아크용접의 실측데이터와 위의 함수식을 함께 도시하면 [그림 13-2]와 같다. 용접길이를 L이라 할 때 작업의 정미시간은 $T = Ly = L(2.36 - 1.655x + 5.895x^2)$가 된다.

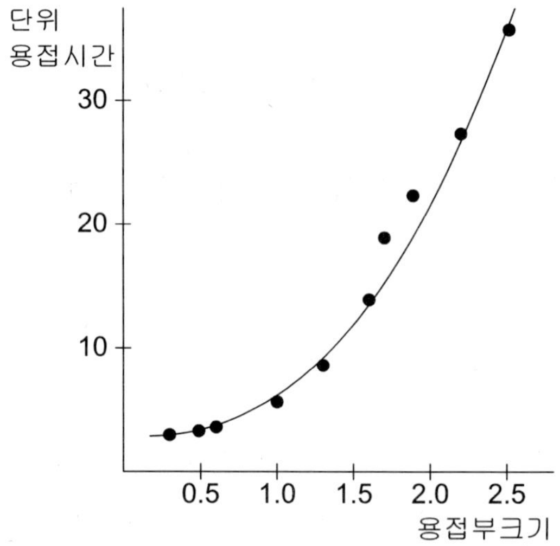

[그림 13-2] 아크용접의 표준자료함수식

예제 13-2 용접부크기가 0.8cm, 용접할 길이가 25cm인 경우, 작업에 필요한 정미시간 T를 구하라.

$$T = 25 \times [2.36 - 1.655(0.8) + 5.895(0.8)^2] = 120.2(초)$$

2.2 사무실 청소작업

사무실청소를 대행하는 용역업체는 사무실을 둘러보고 즉시 비용을 견적해야 한다. 사무실청소에 소요되는 작업시간은 다음의 변동요인들에 의하여 영향을 받는다.

V_1 : 사무실의 총면적(평)

V_2 : 혼자서 옮길 수 있는 작은 기물의 수

V_3 : 두 사람이 쉽게 옮길 수 있는 기물의 수

V_4 : 두 사람 이상이 조심스럽게 옮겨야하는 기물의 수

이 업체에서 과거에 시행했던 작업의 실적자료는 [표 13-2]와 같다

[표 13-2] 청소작업의 실적 자료

번호	V_1	V_2	V_3	V_4	소요시간(분)
1	70	39	45	21	89.45
2	45	28	37	16	73.34
3	130	64	96	31	148.36
:	:	:	:	:	:
n	60	42	32	14	69.76

이 자료를 이용하여 청소시간 T에 대한 변동요인 V_1, V_2, V_3, V_4의 함수식을 구하면 다음과 같다.

$$T = 13.32 + 0.12V_1 + 0.34V_2 + 0.73V_3 + 0.95V_4$$

예제 13-3 사무실의 총면적 V_1 = 90평, 혼자서 옮길 수 있는 작은 기물의 수 V_2 = 35개, 두 사람이 쉽게 옮길 수 있는 기물의 수 V_3 = 28개, 두 사람 이상이 조심스럽게 옮겨야 할 기물의 수 V_4 = 12개일 때 청소에 소요될 정미시간 T를 구하라.

$$T = 13.32 + 0.12\times(90) + 0.34\times(35) + 0.73\times(28) + 0.95\times(12) = 67.86(\text{분})$$

3. 표준자료법의 절차

표준자료법을 적용하여 표준시간을 생성하는 절차는 다음과 같다.

① 대상작업을 요소작업 E_1, E_2, ..., E_n으로 분할한다.

② 요소작업 별로 영향을 미치는 대표적인 변동요인 V_1, V_2, ..., V_m을 찾는다.

③ 요소작업 별로 과거의 실적자료를 이용하여 정미시간 $NT(E_i)$와 변동요인 간의 함수식을 결정한다.

$$NT(E_i) = f_i(V_1, V_2, ..., V_m) \qquad i = 1,2,...n$$

④ 요소작업 별로 정미시간 $NT(E_i)$에 여유시간 A_i를 추가하여 표준시간 $ST(E_i)$를 구한다.

$$ST(E_i) = NT(E_i) + A_i \qquad i = 1,2,...n$$

⑤ 대상작업의 표준시간 ST는 요소작업들의 표준시간 $ST(E_i)$를 모두 합한 값과 같다.

$$ST = ST(E_1) + ST(E_2) + ... + ST(E_n)$$

4. 표준자료법의 장단점

표준자료법의 장단점을 비교하면 [표 13-3]과 같다.

[표 13-3] 표준자료법의 장단점

장점	단점
• 표준시간을 신속하게 결정할 수 있다. • 원가의 사전견적이 가능하다. • 레이팅이 필요 없다. • 관측자와 상관없이 동일한 결과를 가져온다. • 일정한 작업조건에서 사용되므로 작업의 표준화를 유지, 촉진한다.	• 일부 변동요인만 고려하므로 표준시간의 정확도가 떨어진다. • 표준시간이 자동적으로 결정되므로 작업개선의 기회가 적다. • 초기비용이 크므로 생산량이 작거나 제품의 변동이 심한 경우 부적당하다. • 작업의 표준화가 곤란한 경우에는 적용이 불가능하다.

실습 10 표준자료의 생성

[목적] 데이터로부터 표준자료를 위한 공식을 도출해내고 표준시간을 결정한다.
[방법] 각자 MINITAB를 이용하여 실습을 수행한다.

1. 건물들은 정기적으로 청소해야 한다. 청소시간에 영향을 미치는 변동요인 V_1, V_2, V_3, ...을 결정하라.

2. 청소할 때 소요된 작업시간 데이터를 수집하라. 데이터를 구하기 곤란한 경우에는 가상 데이터를 사용한다.

3. 다중회귀분석을 통하여 다음과 같은 1차 함수식의 형태로 청소시간의 표준자료공식을 구하라.

$$청소시간 = a + bV_1 + cV_2 + ...$$

연습문제

1 표준자료법과 PTS법의 차이를 비교하라.

2 스톱워치법과 비교하여 표준자료법의 장점은 무엇인가?

3 스프레이를 사용하여 페인트칠하는 작업의 표준시간은 제품의 표면적과 밀접한 관련이 있다. 제품의 표면적과 작업시간의 데이터가 아래 표와 같이 수집되었다.

작업	레이팅계수	표면적(cm^2)	소요시간(분)
1	0.90	1,060	0.34
2	1.05	80	0.10
3	1.10	940	0.29
4	0.85	260	0.14
5	1.20	810	0.27
6	1.00	310	0.19
7	0.85	750	0.24
8	0.90	440	0.22
9	1.00	660	0.24
10	1.10	590	0.25
11	0.90	850	0.43

1) 제품의 표면적(S)과 정미시간(T) 간의 표준자료공식을 결정하라.

2) 표면적이 $150cm^2$인 제품을 페인트할 때 소요되는 정미시간을 예측하라.

제 14 장

PTS법과 Work Factor

1. PTS법

1.1 PTS법의 정의

PTS(Predetermined Time Standard)법은 작업을 기본동작들로 분해하고, 이 기본동작들에 소요되는 시간을 이미 정해진 기준시간치로부터 찾아 합하여 정미시간을 구하는 방법이다. PTS시스템은 1924년 MTA(Motion Time Analysis)가 세거(A. Segur)에 의하여 처음 발표된 이후 계속해서 연구개발되었다. 사람들에게 많이 알려져 있고 최근에 자주 사용되는 PTS 시스템을 열거하면 다음과 같다.

- Work Factor : 1938년 미국의 퀵(J. Quick)과 쉬어(W. Shea)가 개발하였다.
- MTM : 1948년 미국의 메이나드(H. Maynard)를 중심으로 창안되었다.
- MOST : 1967년 미국의 잔딘(K. Zandin)에 의하여 개발되었다.
- MODAPTS : 호주의 헤이드(G. Heyde)가 1966년에 발표하였다.

PTS시스템은 공통적으로 다음을 전제로 하여 개발되었다.

- 작업은 기본동작들로 이루어진다.

● 기본동작의 소요시간은 몇 개의 변동요인에 의하여 결정된다.
● 작업시간은 구성된 기본동작들의 소요시간을 합한 것과 같다.

1.2 PTS시스템을 적용할 때의 유의사항

작업현장에서 PTS시스템을 적용할 때는 다음의 사항을 유의해야 한다.

① PTS시스템의 절차와 적용방법을 충분히 습득한 후 사용해야 한다.
② 회사마다 작업수행도가 다를 수 있으므로 PTS시간치의 조정이 필요하다.
③ PTS시스템은 정미시간이므로 여유시간을 추가하여 표준시간을 구한다.
④ 정확도, 분석시간, 적용범위 등을 살펴 적합한 PTS시스템을 선정한다.

1.3 PTS의 장단점

PTS의 장단점은 [표 14-1]과 같다.

[표 14-1] PTS의 장단점

장점	단점
• 작업에 지장을 주지 않고 노사간에 마찰이 적다. • 레이팅이 필요 없으므로 일관성과 정확성이 높아진다. • 생산시작 전에도 표준시간을 결정할 수 있다. • 작업동작을 세밀히 분석해야 하므로 작업방법의 개선이 가능하다. • 작업방법이 변경되었을 때 표준시간을 신속히 개정할 수 있다.	• 회사실정에 적합한 PTS시스템을 선정하기 어렵다. • PTS시스템의 작업속도를 파악하여 회사실정에 맞게 조정해야 한다. • PTS시스템의 올바른 활용을 위하여 상당한 교육과 훈련이 필요하다.

2. Work Factor

1900년대 초 미국의 노동자들은 스톱워치에 의한 표준시간을 불신하였으므로 새로운 작업측정방법이 요구되었다. 그로 인하여 Work Factor시스템이 출현하였다.

2.1 Work Factor의 종류

1934년부터 약 5년간에 걸쳐 보다 객관적이고 레이팅이 필요없는 작업측정방법이 연구되었다. 이 연구결과를 퀵(J. Quick)과 쉬어(W. Shea)는 1938년부터 작업현장에 적용하였고, 1945년 Motion Time Standards라는 이름으로 학회에 발표하였다. 그 후 1946년에는 Work Factor 회사가 설립되어 Work Factor(WF)는 본격적으로 보급되었다. 현재까지 개발된 WF 시스템의 종류는 다음과 같다.

- DWF(Detailed Work Factor) - 1938년
- SWF(Simplified Work Factor) - 1945년
- AWF(Abbreviated Work Factor) - 1951년
- RWF(Ready Work Factor) - 1969년
- BWF(Brief Work Factor) - 1977년
- Detailed Mento Factor - 1960년

이들 가운데서 두뇌작업을 대상으로 한 Detailed Mento Facto를 제외한 나머지 SWF, AWF, RWF, BWF는 DWF를 모체로 하여 개발되었다. WF에서 최소단위시간은 시스템에 따라 차이가 있는데, DWF의 경우는 1분을 10,000 WFU(Work Factor Unit)으로 정한 WFU 단위로 나타낸다.

1 WFU = 0.0001분 = 0.006초

2.2 WF표준요소

WF에서는 작업동작을 표준요소(standard element)라고 부르는 8가지 기본동작으로 먼저 구분한다. 그 다음 각 기본동작이 어느 신체부위에서 행해지고 있는지 살피고 그에 수반되는 동작거리, 중량 및 인위적 조절을 고려한다.

WF표준요소의 종류에는 이동(transport; T), 잡기(grasp; Gr), 미리놓기(preposition; PP), 조립(assemble; Asy), 사용(use; U), 분해(disassemble; Dsy), 내려놓기(release; Rl), 정신과정(mental process; MP)의 8가지가 있다.

1) 이동(transport; T)

이동(T)은 신체부위를 한 지점에서 다른 지점으로 움직이는 동작이다. 이 동작에 소요되는 시간은 사용된 신체부위와 이동거리, 중량(저항), 인위적 조절에 의하여 결정된다. 대상물을 양손으로 움직일 때는 중량을 반으로 나누고, 여러 손가락으로 당길 때는 사용된 손가락수로 중량을 나눈다. 서블릭의 빈손이동(TE)과 운반(TL)이 WF표준요소의 이동(T)에 포함된다.

2) 잡기(grasp; Gr)

잡기(Gr)는 물건을 움직이기 위해 손가락이나 손바닥으로 쥐는 동작이다. 이는 단순한 잡기(simple grasp), 정교한 잡기(manipulative grasp), 복잡한 잡기(complex grasp), 특수한 잡기(special grasp)로 구분된다. 서블릭에서 찾기(Sh), 고르기(St), 잡기(G)가 WF표준요소의 잡기(Gr)에 포함된다.

3) 미리놓기(preposition; PP)

미리놓기(PP)는 다음에 행할 작업을 위해 잡고있는 물건의 방향을 바꾸는 동작을 가리킨다. 예를 들어 조립하기 위해 볼트의 방향을 고쳐잡거나, 철판을 프레스기계에 넣기 위하여 뒤집거나 돌리는 동작이 그것이다. 미리놓기(PP)에는 한손 미리놓기와 양손 미리놓기가 있다. 서블릭의 바로놓기(P)와 미리놓기(PP)가 WF표준요소의 미리놓기(PP)에 포함된다.

4) 조립(assemble; Asy)

조립(Asy)은 두 가지 물품을 정해진 위치에 결합시키는 동작이다. 이는 조립이 시행될 때 시작하여 물체에서 손을 떼거나 다른 표준요소가 수행될 때 종료된다.

5) 사용(use; U)

사용(U)은 도구나 기계를 사용하여 일하는 동작을 가리킨다. 이는 사람이 통제할 수 있는 작업과 통제할 수 없는 작업으로 구분된다.

6) 분해(disassemble; Dsy)

분해(Dsy)는 표준요소의 조립(Asy)과 반대동작으로 결합된 물체를 분리시키는 동작이다.

7) 내려놓기(release; Rl)

내려놓기(Rl)는 표준요소 잡기(Gr)와 반대동작으로 손에 있는 물건을 적절한 위치에 내려놓는 동작이다. 이는 접촉형 내려놓기, 중력형 내려놓기, 감싸기형 내려놓기로 구분된다.

8) 정신과정(mental process; MP)

정신과정(MP)은 검사하거나, 글을 읽거나, 쓰거나, 측정하고 계산하는 등 인간의 사고를 필요로 하는 활동이다. 서블릭의 계획(Pn)과 검사(I)가 WF표준요소의 정신과정(MP)에 포함된다.

2.3 WF시간변동의 요인

WF에서는 인간의 동작시간이 다음의 4가지 요인에 의하여 좌우된다고 가정하고 있다.

- 동작신체부위 : 동작을 수행하는 신체부위를 가리킨다.
- 동작거리 : 동작의 시작점과 끝점의 직선거리를 cm단위로 표시한다.
- 중량이나 저항 : 다루는 물체의 중량이나 저항을 kg단위로 측정한다.
- 인위적 조절 : 방향조절, 주의, 방향변경, 일정한 정지의 4가지 경우가 있다.

2.3.1 동작신체부위

어느 신체부위로 동작을 행하는가에 따라 소요시간이 달라진다. 사용된 신체부위는 손가락(F), 손(H), 팔(A), 앞팔회전(FS), 몸통(T), 발(FT), 다리(L), 머리돌림(HT)의 8가지로 구분된다.

2.3.2 동작거리

동작거리는 동작의 시작점과 끝점 간의 직선거리를 반올림하여 cm단위로 표시한다.

2.3.3 중량 혹은 저항

동작에 중량이나 저항이 있을 때 그 크기를 워크팩터(work factor)의 개수로 변환하여 표시한다. 앞팔회전(FS)은 kg-cm단위로, 나머지는 모두 kg단위로 측정된다. 측정된 결과는 부록-1의 DWF동작시간표에 따라 워크팩터의 개수로 변환된다. 여기서 워크팩터는 기초동작에 추가되는 시간요소로, 중량이나 저항이 증가함에 따라 그 개수가 늘어나 W, W^2, W^3 등으로 표기된다. 동일한 중량이라 해도 남녀성별에 따라 W의 개수에는 차이가 있다.

2.3.4 인위적 조절

정밀하거나 위험한 작업을 수행할 때는 동작을 신중히 조절해야 하므로 시간이 더 소요된다. 인위적 조절에는 방향조절(S), 주의(P), 방향변경(U), 일정한 정지(D)의 4가지가 있다.

1) 방향조절(steering; S)

방향조절(S)은 좁은 간격을 통과하거나 작은 목표물로 동작을 유도할 때의 상황이다.

2) 주의(precaution; P)

주의(P)는 물건이 손상되거나 작업자가 다칠 위험이 있는 상황이다.

3) 방향변경(change of direction; U)

방향변경(U)은 장애물로 인하여 동작이 급격히 변하는 상황이다.

4) 일정한 정지(definite stop; D)

일정한 정지(D)는 작업자가 의도적으로 속도를 줄여 운동을 정지시키는 상황이다.

다음은 인위적 조절의 동작에 따라 추가되어야 할 워크팩터들이다.

- 팔을 뻗쳐 테이블 위에 놓인 유리잔을 잡는다(D).
- 바늘구멍에 실을 꿴다(SD).
- 나무블럭을 한 줄로 높이 쌓는다(SPD).
- 큰 상자 안에 들어 있는 부품을 잡는다(UD).
- 깨진 유리컵을 잡는다(UD).
- 컨베이어 위에 놓인 부품상자를 민다(W).
- 작업물을 작업대에 정확히 올려놓는다(WSD).

3. WF의 사용방법

WF를 사용하여 작업을 분석하여 기록하고 소요된 시간을 구하는 방법을 살펴보자.

3.1 동작분석내용의 기록순서

WF로 동작을 분석한 후에는 동작신체부위, 동작거리, 워크팩터의 순서로 기록한다. 추가된 워크팩터는 W, S, P, U, D의 순서에 따라 표기한다.

다음은 분석한 동작을 WF방식으로 기록한 것이다.

- 볼트를 잡기 위해 팔을 40cm 뻗는다(A40D).
- 남자종업원이 2kg의 부품을 40cm 운반하여 조립한다(A40WSD).
- 여자종업원이 8kg-cm의 힘으로 드라이버를 90° 돌린다(FS90W^2).

3.2 WF소요시간의 결정

동작내용을 분석하여 WF방식으로 그 내용을 기록하였으면, 부록-1의 DWF동작시간표를 참조하여 동작에 소요되는 시간을 찾는다. 동작시간은 워크팩터가 중량으로 인해 발생했든지 혹은 인위적 조절에 의해 발생했든지 상관없이 그 개수에 따라 결정된다. 예를 들어 A40W^2SD의 경우, 워크팩터의 개수는 중량요소 W^2에서 2개, 인위적 조절 SD에서 2개이므로 총 4개가 된다.

다음은 WF방식으로 기록된 동작에 대하여 DWF동작시간표로부터 소요시간치를 구한 것이다.

- A40 : 52WFU = 0.0052분 = 0.31초
- A40D : 73WFU = 0.44초
- A40W^2SD : 133WFU = 0.80초
- L18 : 40WFU = 0.24초
- FS90W^2 : 37WFU = 0.22초
- T20W^2 : 101WFU = 0.61초

3.3 WF의 유의사항

DWF동작시간표에 표시된 시간치는 정상속도가 아니라 장려급제도에서 평균작업속도인 125%의 실적에 기준한 것이다. 따라서 WF동작시간치로부터 정미시간을 설정하려면 다음과 같이 시간보정이 필요하다.

$$정미시간 = WF시간치 \times 1.25$$

3.4 WF에 의한 작업분석

[표 14-2]는 프레스기계에서 수행되는 드로잉(drawing)작업에서 작업자가 2kg의 블랭크를 다이에 올려놓을 때까지의 초기동작을 DWF로 분석한 사례다(황학, 1997).

[표 14-2] DWF의 작업분석사례

왼손 작업			오른손 작업		
동작내용	분석	WFU	WFU	분석	동작내용
블랭크로 팔을 뻗음	A50D	80	80	A50D	블랭크로 팔을 뻗음
1kg의 힘으로 블랭크를 집음	F2W	23	23	F2W	1kg의 힘으로 블랭크를 잡음
다이로 블랭크 운반	A100WSD	135	135	A100WSD	다이로 블랭크 운반
다이에 블랭크 놓음	F8W	28	28	F8W	다이에 블랭크 놓음
손가락을 블랭크로 가져감	F8D	28	109	A100D	기계의 손잡이로 손을 뻗음
블랭크를 밀어 핀에 맞춤	A5P	29	35	F2W[3]	4.5kg의 힘으로 손잡이를 잡음
손을 제자리로 가져옴	A25	42			

연습문제

1 PTS시스템의 종류를 아는대로 열거하라.

2 WF에서 사용되는 워크팩터들을 열거하고 간단히 설명하라.

3 WF에서 시간변동요인 4가지는 무엇인가?

4 다음의 동작을 WF로 분석하고 소요시간을 구하라.

1) 드라이버를 잡기 위해 손을 60cm 뻗는다.

2) 2kg의 저항이 있는 레버를 5cm 끌어당긴다.

3) 컨베이어 위의 무거운 상자를 8kg의 저항을 받으면서 한손으로 40cm 밀어낸다.

4) 20kg의 치공구를 두 손으로 작업대에 놓기 위하여 50cm 옮긴다.

5) 8kg의 저항이 있는 페달을 다리로 밟아 15cm 밀어내린다.

5 팔을 40cm 뻗어 작업대 위에 놓인 1.5kg의 금속사각블럭을 쥔 후, 30cm 떨어진 사각홈에 끼워 놓았다. WF로 동작을 분석하고 소요시간을 기록하라.

1) 팔을 40cm 뻗어 금속블럭을 쥐었다.

2) 금속블럭을 30cm 떨어진 사각홈에 끼워 놓았다.

제 15 장
MTM

1. MTM시스템과 종류

MTM(Methods Time Measurement)은 Work Factor와 유사한 방식으로 작업을 기본동작으로 분석하고, 각 기본동작의 성질과 조건에 따라 미리 정해진 시간치를 찾아 작업의 정미시간을 구하는 PTS법이다. MTM의 시간치는 1시간을 10만 TMU(Time Measurement Unit)로 정한 TMU 단위로 나타낸다.

$$1\ \text{TMU} = 0.00001\text{시간} = 0.0006\text{분} = 0.036\text{초}$$

MTM은 메이나드(H. Maynard) 팀이 창안하여 1948년에 공표하였으며, 연구자료와 방법을 공개한 유일한 PTS시스템이다. 처음 공표된 MTM은 이후에 개발된 다른 MTM시스템과 구분하기 위하여 MTM-1이라고도 말한다.

MTM-1이 발표된 이후에도 MTM-2, MTM-3, MTM-V, MTM-C, MTM-M, MTM-B, MOST(Maynard Operation Sequence Technique) 등이 연구개발되었다.

- MTM－1 : 최초의 MTM으로 정확하고 세밀하지만 작업분석에 많은 시간이 소요된다.
- MTM－2 : MTM-1에 비하여 정확성은 떨어지지만 3배 정도 분석이 빠르다.
- MTM－3 : MTM-2보다 2배, MTM-1보다 7배 정도 빨리 분석하지만 정확성은 가장 낮다.

- MOST : MTM-1보다 5배 정도 분석이 빠르고 MTM-2보다는 단순하다.

나머지 MTM시스템들은 특수기능분야에 적용하기 위한 것으로 MTM-V는 금속절삭작업을 대상으로, MTM-C는 사무작업을 대상으로, MTM-M은 현미경작업을 대상으로, MTM-B은 건축 및 건설분야를 대상으로 각기 개발되었다. 최근의 조사에 의하면 미국 내의 기업체들은 MTM시스템들 가운데 MTM-1과 MOST를 가장 많이 이용하는 것으로 알려졌다.

2. MTM의 기본동작

MTM의 기본동작에는 손을 뻗음(reach; R), 운반(move; M), 회전(turn; T), 누름(apply pressure; AP), 잡음(grasp; G), 놓음(release; RL), 정치(position; P), 떼어놓음(disengage; D), 크랭크(crank; C), 눈의 이동(eye travel; ET), 눈의 촛점맞추기(eye focus; EF), 신체동작(body motion; B)이 있다.

2.1 손을 뻗음(reach; R)

손을 뻗음(R)은 목적물이나 영역으로 손이나 손가락을 이동하는 동작이다.

2.1.1 동작시간의 변동요인

손을 뻗음(R)의 동작시간은 컨트롤의 필요정도, 동작의 Type, 이동거리에 의하여 영향을 받는다.

1) 컨트롤의 필요정도

컨트롤의 필요정도는 Case A, B, C, D, E로 구분된다.

- Case A : 고정된 위치나 다른 손에 있는 대상물에 손을 뻗는 경우다.
- Case B : 작업을 반복할 때마다 조금씩 위치가 바뀌는 단일 목적물에 손을 뻗는 경우이며 가장 흔하게 발생한다.
- Case C : 섞여있는 여러 대상물 중에 하나를 선택하기 위해 손을 뻗는 경우이며, 찾기와 선택하기가 함께 발생한다.

- Case D : 바늘과 같이 단면의 지름이 3mm 이하로 매우 작거나 혹은 정확히 잡아야 하는 대상물에 손을 뻗는 경우다.
- Case E : 몸의 균형을 잡거나 다음 동작을 위해 손을 적당한 위치로 뻗는 경우다. 이 동작은 대상물을 향한 것이 아니라 불특정한 위치를 향한 것이다.

2) 동작의 Type

손의 동작은 시점과 종점에서 정지상태인지 혹은 이동상태인지에 따라 [그림 15-1]과 같이 Type I, II, III의 3가지로 구분된다.

- Type I : 시점과 종점 모두에서 손이 정지해 있다.
- Type II : 시점이나 종점 어느 한쪽에서 손이 이동한다.
- Type III : 시점과 종점 모두에서 손이 이동한다.

3) 이동거리

직선거리로 표시하는 WF와는 달리 손이 실제로 이동한 궤적의 길이를 cm단위로 표시한다.

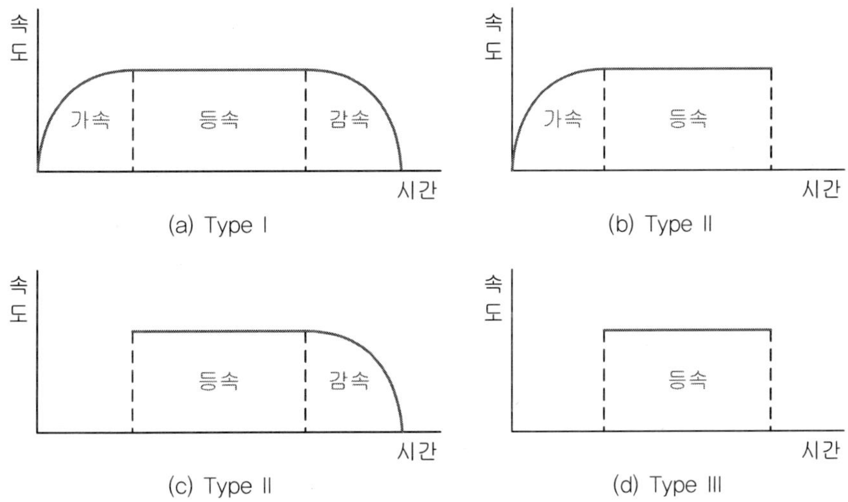

[그림 15-1] MTM에서 손동작 Type

2.1.2 기록방법

손을 뻗음(R)은 3~5가지의 요소로 기록된다.

- 첫번째 요소 : 동작의 시점에서 손이 이동하면 m을 표기한다.
- 두번째 요소 : R

● 세번째 요소 : 실제 이동거리를 cm로 표기한다.

● 네번째 요소 : 컨트롤의 필요정도에 따라 A, B, C, D, E 중 하나를 선택하여 표기한다.

● 다섯번째 요소 : 동작의 종점에서 손이 이동하면 m을 표기한다.

2.1.3 시간치의 결정

손을 뻗음(R)의 소요시간은 [표 15-1]의 MTM동작시간표로부터 구한다. 표에 시간치가 없는 경우에는 보간법으로 계산한다.

[표 15-1] MTM동작시간표-손을 뻗음(R)

거리 (cm)	시간치(TMU)						Case 설명
	Type I				Type II		
	A	B	C, D	E	A	B	
2	2.0	2.0	2.0	2.0	1.6	1.6	A : 고정된 위치나 다른 손에 있는 대상물에 손을 뻗음
4	3.4	3.4	5.1	3.2	3.0	2.4	
6	4.5	4.5	6.5	4.4	3.9	3.1	
8	5.5	5.5	7.5	5.5	4.6	3.7	
10	6.1	6.3	8.4	6.8	4.9	4.3	
12	6.4	7.4	9.1	7.3	5.2	4.8	B : 작업주기마다 위치가 조금씩 바뀌는 단일 목적물에 손을 뻗음
14	6.8	8.2	9.7	7.8	5.5	5.4	
16	7.1	8.8	10.3	8.2	5.8	5.9	
18	7.5	9.4	10.8	8.7	6.1	6.5	
20	7.8	10.0	11.4	9.2	6.5	7.1	
22	8.1	10.5	11.9	9.7	6.8	7.7	C : 섞여있는 대상물 중 하나를 선택하기 위해 손을 뻗음
24	8.5	11.1	12.5	10.2	7.1	8.2	
26	8.8	11.7	13.0	10.7	7.4	8.8	
28	9.2	12.2	13.6	11.2	7.7	9.4	
30	9.5	12.8	14.1	11.7	8.0	9.9	
35	10.4	14.2	15.5	12.9	8.8	11.4	D : 매우 작거나 정확히 잡아야 하는 대상물에 손을 뻗음
40	11.3	15.6	16.8	14.1	9.6	12.8	
45	12.1	17.0	18.2	15.3	10.4	14.2	
50	13.0	18.4	19.6	16.5	11.2	15.7	
55	13.9	19.8	20.9	17.8	12.0	17.1	E : 몸의 균형을 잡거나 다음 동작을 위해 손을 적당한 위치로 뻗음
60	14.7	21.2	22.3	19.0	12.8	18.5	
65	15.6	22.6	23.6	20.2	13.5	19.9	
70	16.5	24.1	25.0	21.4	14.3	21.4	
75	17.3	25.5	26.4	22.6	15.1	22.8	
80	18.2	26.9	27.7	23.9	15.9	24.2	
첨가치	0.16	0.28	0.28	0.24	거리가 80cm 이상인 경우 cm당 TMU		

1) 80cm 이하의 이동거리

$$R17A = R16A + (R18A - R16A)/2$$
$$= 7.1 + (7.5 - 7.1)/2 = 7.3 \text{ TMU}$$

$$R42B = R40B + (R45B - R40B)\times 2/5$$
$$= 15.6 + (17.0 - 15.6)\times 2/5 = 16.2 \text{ TMU}$$

2) 80cm 이상의 이동거리

$$R83C = R80C + \text{첨가치}\times(83 - 80)$$
$$= 27.7 + 0.28\times(83 - 80) = 28.5 \text{ TMU}$$

3) Type II의 Case C, D, E

Case B의 Type I과 Type II의 차이를 Type I의 시간치에서 제외한다.

$$mR18C = R18C - (R18B - mR18B)$$
$$= 10.8 - (9.4 - 6.5) = 7.9 \text{ TMU}$$

4) Type III의 Case A, B

Type II로부터 Type I과 Type II의 차이만큼 빼준다.

$$mR18Am = mR18A - (R18A - mR18A)$$
$$= 2\times mR18A - R18A$$
$$= 2\times 6.1 - 7.5 = 4.7 \text{ TMU}$$

5) Type III의 Case C, D, E

Type II로부터 Type I과 Type II의 차이만큼 빼준다.

$$mR18Dm = 2\times mR18D - R18D$$
$$= 2[R18D - (R18B - mR18B)] - R18D$$

$$= R18D - 2\times(R18B - mR18B)$$

$$= 10.8 - 2\times(9.4 - 6.5) = 5.0 \text{ TMU}$$

2.2 운반(move; M)

운반(M)은 손이나 손가락으로 대상물을 어떤 목적지까지 운반하는 동작이다.

2.2.1 동작시간의 변동요인

운반(M)의 동작시간은 컨트롤의 필요정도, 동작의 Type, 이동거리, 대상물의 중량/저항에 의하여 영향을 받는다.

1) 컨트롤의 필요정도

컨트롤의 필요정도는 Case A, B, C로 구분된다.

- Case A : 대상물을 다른 손으로 옮기거나 [그림 15-2]와 같이 정지되는 지점까지 운반하는 경우로 조정이 거의 필요하지 않다. 운반 Case 중 가장 빠른 동작이다.
- Case B : 목적물을 대략적인 불확정 위치에 운반하는 경우로 약간의 조정이 필요하다. 운반 Case 중에서 가장 많이 발생한다.
- Case C : 목적물을 정확한 위치에 옮기는 경우로 주의 깊은 조정이나 방향조절이 많이 필요하다.

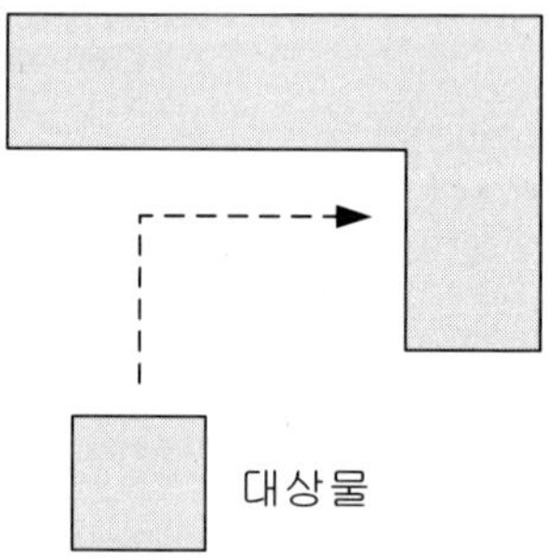

[그림 15-2] 대상물을 정지지점까지 운반하는 Case A

2) 동작의 Type

운반(M)의 Type은 손을 뻗음(R)과 동일하다.

3) 이동거리

운반(M)에서 이동거리는 손을 뻗음(R)과 동일하다.

4) 대상물의 중량이나 저항

중량이나 저항에 따른 대상물의 운반시간은 정지성분과 동적성분에 의하여 결정되며, 그 값은 [표 15-2]의 MTM동작시간표에 주어져 있다.

- 정지성분 : 근육이 대상물을 잡고 운반태세를 갖기까지 필요한 시간이다.
- 동적성분 : 대상물을 움직이기 시작하여 목적지까지 운반하는데 소요되는 이동시간이다.

양손으로 대상물을 운반할 때 유효중량은 반으로 줄어든다. 또한 대상물을 끌어서 운반하는 경우 유효중량은 중량×마찰계수로 계산된다. 마찰계수는 대상물과 바닥면에 따라 차이가 있지만 보통 0.4로 정한다.

2.2.2 기록방법

운반(M)은 3~6가지 요소로 기록된다.

- 첫번째 요소 : 동작시점에서 손이 이동하면 m을 표기한다.
- 두번째 요소 : M
- 세번째 요소 : 실제 운반거리를 cm로 표기한다.
- 네번째 요소 : 컨트롤의 필요정도에 따라 A, B, C 중 하나를 선택하여 표기한다.
- 다섯번째 요소 : 유효중량을 반올림하여 kg단위로 표기한다.
- 여섯번째 요소 : 동작종점에서 손이 이동하면 m을 표기한다.

2.2.3 시간치의 결정

운반(M)의 소요시간은 [표 15-2]의 MTM동작시간표로부터 다음과 같이 결정된다.

① Type, Case, 이동거리에 의하여 기본시간치를 찾는다.

② 유효중량을 결정한다.

③ 유효중량에 해당하는 정지성분과 동적성분을 찾아 소요시간을 계산한다.

$$\text{소요시간} = \text{정지성분} + \text{기본시간치} \times \text{동적성분}$$

예를 들어 운반동작 M18A6의 소요시간을 구해보자. M18A의 기본시간치는 9.0 TMU이다. 중량 6kg에 대한 정지성분은 4.3, 동적성분은 1.12이므로 소요시간은 다음과 같이 결정된다.

$$M18A6 = 4.3 + 9.0 \times 1.12 = 14.38 \ TMU$$

[표 15-2] MTM동작시간표-운반(M)

거리 (cm)	기본시간치(TMU)				중량보정		
	Type I			Type II	중량 ~kg	정지 성분	동적 성분
	A	B	C	B			
2	2.0	2.0	2.0	1.7	1	0.0	1.00
4	3.1	4.0	4.5	2.8	2	1.6	1.04
6	4.1	5.0	5.8	3.1	4	2.8	1.07
8	5.1	5.9	6.9	3.7	6	4.3	1.12
10	6.0	6.8	7.9	4.3	8	5.8	1.17
12	6.9	7.7	8.8	4.9	10	7.3	1.22
14	7.7	8.5	9.8	5.4	12	8.9	1.26
16	8.3	9.2	10.5	6.0	14	10.4	1.31
18	9.0	9.8	11.1	6.5	16	11.9	1.36
20	9.6	10.5	11.7	7.1	18	13.4	1.41
22	10.2	11.2	12.4	7.6	20	14.9	1.46
24	10.8	11.8	13.0	8.2	22	16.4	1.50
26	11.5	12.3	13.7	8.7	Case 설명		
28	12.1	12.8	14.4	9.3			
30	12.7	13.3	15.1	9.8	A : 대상물을 다른 손이나 정지되는 지점까지 빠르게 운반		
35	14.3	14.5	16.8	11.2			
40	15.8	15.6	18.5	12.6			
45	17.4	16.8	20.1	14.0	B : 대상물을 불확정 위치로 운반		
50	19.0	18.0	21.8	15.4			
55	20.5	19.2	23.5	16.8			
60	22.1	20.4	25.2	18.2			
65	23.6	21.6	26.9	19.5	C : 대상물을 정확한 위치로 운반		
70	25.2	22.8	28.6	20.9			
75	26.7	24.0	30.3	22.5			
80	28.3	25.2	32.0	23.7			
첨가치	0.31	0.24	0.33	거리가 80cm 이상인 경우 cm당 TMU			

2.3 회전(turn; T)

회전(T)이란 앞팔의 길이방향을 축으로 하여 손이 회전하는 동작이다.

2.3.1 동작시간의 변동요인

회전(T)의 동작시간은 손의 회전각도와 중량(혹은 저항)에 의하여 영향을 받는다.

- 회전각도 : 30° 이상은 15° 간격으로 측정하고, 30° 미만은 손을 뻗음(R)이나 운반(M)으로 간주한다.
- 중량(혹은 저항) : S(Small), M(Medium), L(Large) 3단계로 구분하여 표시한다.

2.3.2 기록방법

회전(T)은 2~3가지의 요소로 기록된다.

- 첫번째 요소 : T
- 두번째 요소 : 회전각도
- 세번째 요소 : 중량(혹은 저항)의 크기에 따라 S, M, L로 표기한다.

2.3.3 시간치의 결정

회전(T)의 소요시간은 [표 15-3]의 MTM동작시간표로부터 구한다.

[표 15-3] MTM동작시간표-회전(T)

중량		시간치(TMU)										
		30°	45°	60°	75°	90°	105°	120°	135°	150°	165°	180°
0～1kg	S	2.8	3.5	4.1	4.8	5.4	6.1	6.8	7.4	8.1	8.7	9.4
1.1～5kg	M	4.4	5.5	6.5	7.5	8.5	9.6	10.6	11.6	12.7	13.7	14.8
5.1～16kg	L	8.4	10.5	12.3	14.4	16.2	18.3	20.4	22.2	24.3	26.1	28.2

2.4 누름(apply pressure; AP)

누름(AP)이란 저항하는 대상물에 힘을 가하는 동작으로 움직임은 거의 없다. 드라이버로 볼트를 마지막에 힘껏 조이거나, 유리병에 코르크마개를 꽉 막는 동작이 이에 해당된다. 동작시간은 대상물에 힘을 가하는 동안 다시잡음(regrasp)이 없느냐(Case A), 있느냐(Case B)에 따라 변동되며, [표 15-4]에서 보는 바와 같이 전자는 APA = 10.6 TMU, 후자는 APB = 16.2 TMU가 소요된다. 예를 들어 자동차바퀴의 너트를 마지막으로 조이는 동작은 공구를 꽉 잡아 힘을 가하게 되므로 Case B에 해당된다.

[표 15-4] MTM동작시간표-누름(AP)

기호	시간치(TMU)	설명
APA	10.6	마지막에 다시잡음이 없음
APB	16.2	마지막에 다시잡음이 있음

2.5 잡음(grasp; G)

잡음(G)은 손이나 손가락으로 대상물을 완전히 장악하는 동작을 의미한다.

2.5.1 동작의 구분

잡음(G)은 대상물의 상태와 크기에 따라 보통잡음(G1), 다시잡음(G2), 옮겨잡음(G3), 선택잡음(G4), 접촉잡음(G5)의 5가지 Type으로 구분된다.

1) 보통잡음(G1)

보통잡음(G1, pick-up grasp)은 보통 손가락으로 집어서 잡는 것으로, 대상물의 크기나 모양에 따라 5가지 Case G1A, G1B, G1C1, G1C2, G1C3로 세분된다.

- G1A : 따로 떨어져 있는 대상물을 쉽게 잡는 동작으로 가장 흔하게 볼 수 있는 경우다.
- G1B : 바늘이나 동전처럼 매우 작거나 두께가 얄팍한 대상물을 바닥면에 놓여있는 상태에서 잡는 경우다.
- G1C : 분필이나 연필같이 원통형으로 생긴 대상물이 여러 개가 함께 가지런히 놓여있거나 혹은 구석에 놓여있어 잡기가 다소 불편한 경우다. 대상물의 직경이 13mm를 초과할 때는 G1C1, 6~12mm일 때는 G1C2, 5mm 미만일 때는 G1C3로 세분한다.

2) 다시잡음(G2)

다시잡음(G2, regrasp)은 대상물을 사용하기 쉽게 위치를 바꾸어 잡는 동작이다.

3) 옮겨잡음(G3)

옮겨잡음(G3, transfer grasp)은 한 손에서 다른 손으로 옮겨 잡는 동작이다.

4) 선택잡음(G4)

선택잡음(G4, select grasp)은 여러 물건이 섞여 있는 상태에서 특정한 대상물을 골라잡는 동작으로, 대상물의 크기에 따라 3가지 Case G4A, G4B, G4C로 세분된다.

- G4A : 대상물의 크기가 25mm×25mm×25mm 보다 클 때
- G4B : 대상물의 크기가 G4A와 G4C의 중간일 때
- G4C : 대상물의 크기가 6mm×6mm×3mm보다 작을 때

5) 접촉잡음(G5)

접촉잡음(G5, contact grasp)은 손가락이나 손을 대상물에 접촉시켜 컨트롤하는 것으로 동작시간이 소요되지 않는다.

2.5.2 시간치의 결정

잡음(G)의 소요시간은 Type과 Case에 따라 [표 15-5]의 MTM동작시간표로부터 결정된다.

[표 15-5] MTM동작시간표-잡음(G)

Type	Case	TMU	설명	
보통잡음	1A	2.0	크기와 상관없이 쉽게 잡을 수 있음	
	1B	3.5	평평한 면에서 매우 작거나 두께가 얇은 물건을 잡음	
	1C1	7.3	원통형의 물건으로 잡을 때 바닥이나 측면에서 약간 방해를 받음	직경 13mm 초과
	1C2	8.7		직경 6~12mm
	1C3	10.8		직경 5mm 미만
다시잡음	2	5.6	쥐고 있는 물건을 고쳐 잡음	
옮겨잡음	3	5.6	물건을 한 손에서 다른 손으로 옮겨 잡음	
선택잡음	4A	7.3	다른 물건들과 섞여 있어 찾기와 선택이 발생	25mm×25mm×25mm 보다 큼
	4B	9.1		G4A와 G4C의 중간
	4C	12.9		6mm×6mm×3mm보다 작음
접촉잡음	5	0	접촉하거나 미끄러지는 방식으로 잡음	

2.6 놓음(release; RL)

놓음(RL)은 손가락이나 손으로 잡고 있던 물체를 놓는 동작이다. 이는 보통놓음(RL1)과 접촉놓음(RL2)의 2가지로 구분된다. 접촉놓음(RL2)은 접촉잡음(G5) 뒤에 나타나는 놓음동작이다. [표 15-6]과 같이 보통놓음의 소요시간은 RL1 = 2.0 TMU, 접촉놓음의 소요시간은 RL2 = 0 TMU다.

[표 15-6] MTM동작시간표-놓음(RL)

기호	시간치(TMU)	설명
RL1 RL2	2.0 0	손가락을 벌려 뗀다. 접촉해 있던 손을 뗀다.

2.7 정치(position; P)

정치(P)는 대상물을 다른 물체에 결합시키는 동작으로, 두 물체의 축을 가지런히 맞추고 방향을 조정한 다음, 끼워 맞추는 과정으로 이루어진다.

2.7.1 동작시간의 변동요인

정치(P)의 동작시간은 맞춤의 난이도, 대칭성, 취급의 난이도에 의하여 영향을 받는다.

1) 맞춤의 난이도

맞춤의 난이도는 두 대상물을 함께 맞추기 위해 사용되는 힘의 크기에 따라 Class 1, 2, 3로 구분된다.

- Class 1 : 헐거워 힘을 가할 필요가 없으며 공차가 ±0.8 ~ 3.2mm이다.
- Class 2 : 빡빡하여 약간 힘을 가해야 하며 공차가 ±0.2 ~ 0.8mm이다.
- Class 3 : 아주 빡빡하여 매우 큰 힘을 가해야 하며 공차가 ±0.2mm미만이다.

2) 대칭성

대칭성은 [그림 15-3]에서 보는 바와 같이 단면의 모양에 따라 대칭(S), 반대칭(SS), 비대칭(NS)으로 구분된다.

- 대칭(S) : 어느 방향으로나 맞출 수 있는 경우
- 반대칭(SS) : 두 가지 이상의 여러 방향으로 맞출 수 있는 경우
- 비대칭(NS) : 한 가지 방향으로만 맞출 수 있는 경우

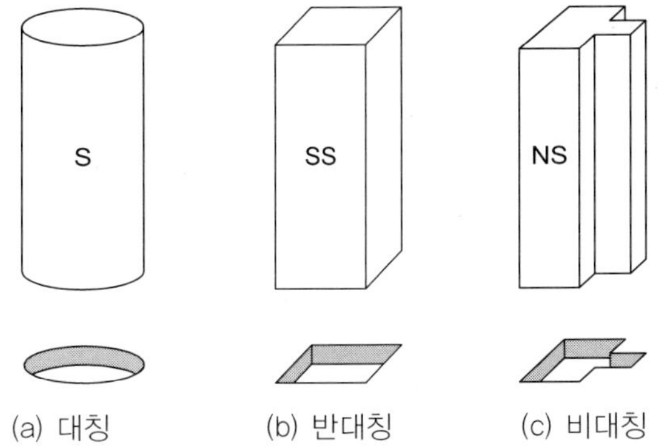

[그림 15-3] 대칭의 종류

3) 취급의 난이도

취급의 난이도는 취급하기 어려운 정도에 따라 용이(E)와 곤란(D)으로 구분된다. 취급곤란(D)은 다음의 경우에 해당된다.

- 다시잡음(regrasp)이 필요하다.
- 부품이 매우 작다.
- 부품이 실과 같이 유연하다.
- 맞추려는 두 부품 사이의 거리가 멀다.

2.7.2 기록방법

정치(P)는 4가지의 요소로 기록된다.

- 첫번째 요소 : P
- 두번째 요소 : 맞춤의 난이도에 따라 1, 2, 3을 기록한다.
- 세번째 요소 : 대칭성에 따라 S, SS, NS를 기록한다.
- 네번째 요소 : 취급의 난이도에 따라 E, D를 기록한다.

2.7.3 시간치의 결정

정치(P)의 소요시간은 [표 15-7]의 MTM동작시간표로부터 구한다. 예를 들어 세게 밀어야 하고 취급이 곤란한 비대칭 물체를 결합하는 경우의 소요시간은 P3NSD = 53.4 TMU다.

[표 15-7] MTM동작시간표-정치(P)

Class	설명	대칭성	시간치(TMU)	
			취급용이(E)	취급곤란(D)
1	헐거워 힘을 가할 필요가 없음 (±0.8~3.2mm 공차)	S 대칭	5.6	11.2
		SS 반대칭	9.1	14.7
		NS 비대칭	10.4	16.0
2	빡빡하여 약간 힘을 가해야 함 (±0.2~0.8mm 공차)	S 대칭	16.2	21.8
		SS 반대칭	19.7	25.3
		NS 비대칭	21.0	26.6
3	아주 빡빡하여 매우 큰 힘을 가해야 함(±0.2mm미만 공차)	S 대칭	43.0	48.6
		SS 반대칭	46.5	52.1
		NS 비대칭	47.8	53.4

2.8 분리(disengage; D)

분리(D)는 다른 물체와 접촉하고 있는 대상물을 힘을 가하여 분리하는 동작이다. 두 물체가 서로 떨어질 때는 갑자기 저항력이 사라지므로 반동이 생기는 것이 특징이다. 힘을 가하지 않고 단순히 대상물을 들어서 분리하는 동작은 분리(D)가 아니라 운반(M)이다.

2.8.1 동작시간의 변동요인

분리(D)의 동작시간은 맞춤의 정도와 취급의 난이도에 의하여 영향을 받는다.

1) 맞춤의 정도

맞춤의 정도는 반동높이의 길이에 따라 Class 1, 2, 3로 구분된다.

- Class 1 : 거의 반동이 없으며 헐거워 힘이 들지 않는다.
- Class 2 : 4~13cm의 반동이 있으며 빡빡하여 약간의 힘이 필요하다.
- Class 3 : 14~30cm의 반동이 있으며 아주 빡빡하여 상당한 힘이 필요하다.

2) 취급의 난이도

취급의 난이도는 다시잡음(regrasp)이 추가로 필요한지 여부에 따라 곤란(D) 혹은 용이(E)로 판단한다.

2.8.2 기록방법

분리(D)는 3가지의 요소로 기록된다.

- 첫번째 요소 : D
- 두번째 요소 : 맞춤의 정도에 따라 1, 2, 3을 기록한다.
- 세번째 요소 : 취급의 난이도에 따라 E, D를 기록한다.

2.8.3 시간치의 결정

분리(D)의 소요시간은 [표 15-8]의 MTM동작시간표로부터 구한다. 예를 들어 반동높이가 8cm이고 취급이 용이한 경우, 두 물체의 분리에는 D2E = 7.5 TMU가 소요된다.

[표 15-8] MTM동작시간표-분리(D)

Class	설명	반동높이	시간치(TMU)	
			취급용이(E)	취급곤란(D)
1	헐거워 힘이 거의 들지 않음	~3cm	4.0	5.7
2	빡빡하여 약간의 힘이 필요	~13cm	7.5	11.8
3	아주 빡빡하여 상당한 힘이 필요	~30cm	22.9	34.7

2.9 크랭크(crank; C)

크랭크(C)는 대상물을 원운동시키기 위하여 팔꿈치를 축으로 손가락, 손, 앞팔을 회전시키는 동작이다. 대상물의 크기나 저항이 커서 어깨를 축으로 팔꿈치가 회전하는 동작은 크랭크가 아니다.

2.9.1 동작시간의 변동요인

크랭크(C)의 동작시간은 회전직경, 회전수, 저항, 동작의 형태에 의하여 영향을 받는다.

- 회전직경 : 검지의 끝관절이 움직인 궤적의 직경을 cm로 표시한다.
- 회전수 : 크랭크의 회전수를 가리킨다.
- 대상물의 저항 : 운반(M)과 마찬가지로 kg단위로 측정된다.
- 동작의 형태 : 연속크랭크와 단속크랭크로 구분된다. 단속크랭크는 보통 1회전마다 정지하면서 회전하는 것이 보통이다. 1/2회전 이하는 운반(M)으로 취급한다.

2.9.2 기록방법

크랭크(C)는 3~4개의 요소로 구성된다.

- 첫번째 요소: 회전수
- 두번째 요소: 연속크랭크는 C, 단속크랭크는 -1C로 기록한다.
- 세번째 요소: cm단위의 회전직경
- 네번째 요소: 대시(-)표시를 한 후 유효중량을 kg단위로 기록한다. 1kg 이하는 무시한다.

2.9.3 시간치의 결정

회전수를 N이라 할 때 크랭크(C)의 시간치는 다음의 순서로 결정된다.

① 크랭크의 회전직경에 따라 [표 15-9]의 MTM동작시간표로부터 회전당 시간값 T를 찾는다.

② 크랭크의 유효중량에 따라 [표 15-2]의 MTM동작시간표로부터 동적성분 F와 정지성분 S를 구한다.

③ 다음의 공식으로 소요시간을 계산한다.

- 연속크랭크 소요시간 = (N×T + 5.2)×F + S
- 단속크랭크 소요시간 = N×[(T + 5.2)×F + S]

다음은 크랭크동작의 시간을 구한 예들이다.

- 6C20 = 6×13.6 + 5.2 = 86.8 TMU
- 6-1C20 = 6×(13.6 + 5.2) = 112.8 TMU
- 6C20-8 = (6×13.6 + 5.2)×1.17 + 5.8 = 107.4 TMU
- 6-1C20-8 = 6×[(13.6 + 5.2)×1.17 + 5.8] = 166.8 TMU

[표 15-9] MTM동작시간표-크랭크(C)

직경(cm)	회전당 시간	직경(cm)	회전당 시간	직경(cm)	회전당 시간
4	9.2	16	12.8	28	14.8
6	10.0	18	13.2	30	15.0
8	10.7	20	13.6	35	15.5
10	11.3	22	13.9	40	15.9
12	11.9	24	14.2	45	16.3
14	12.4	26	14.5	50	16.7

2.10 눈의 이동(eye travel; ET)

눈의 이동(ET)은 한 지점에서 다른 지점으로 시선을 이동하는 눈동작을 가리킨다. 눈의 이동(ET)에 소요되는 시간은 눈에서 대상물까지의 거리와 대상물 사이의 이동거리에 의하여 결정된다.

$$\text{눈의 이동시간} = 15.2\times\frac{T}{D}\ \text{TMU, 최대치는 20 TMU}$$

여기서 T = 눈의 이동거리

D = 눈의 이동선에 대한 눈의 수직거리

2.11 눈의 초점맞추기(eye focus; EF)

눈의 초점맞추기(EF)는 대상물의 특성을 파악하기 위하여 눈의 초점을 맞추는 정신적인 활동으로 EF = 7.3 TMU이다.

2.12 전신동작

전신동작(body motion)은 발, 다리, 몸의 움직임에 의한 동작을 의미한다. 전신동작은 다음의 동작들을 포함하며 [표 15-10]에 의하여 시간치가 정해진다.

1) 발동작(foot motion; FM)

발동작(FM)은 발목을 회전축으로 하여 발을 아래위로 움직이는 동작이다.

2) 힘껏 미는 발동작(foot motion with heavy pressure; FMP)

힘껏 미는 발동작(FMP)은 발동작(FM)보다 현저히 느리며, 발동작(FM)에 누름동작APA를 추가한 것과 같다.

3) 다리동작(leg motion; LM)

다리동작(LM)은 무릎이나 엉덩이를 축으로 하여 다리를 임의의 방향으로 움직이는 동작으로, 이동거리는 발목을 기준으로 정한다.

4) 옆으로 일보걸음(side step; SS)

옆걸음(SS)은 몸의 방향을 틀지 않고 옆으로 1~2발자국 몸을 이동하는 동작이다. 움직인 거리가 30cm 미만이면 손을 뻗음(R)이나 운반(M)으로 대체한다.

- SS거리C1 : 옆으로 한 발자국 옮기는 동작으로 이동한 발이 바닥에 닿는 것으로 동작이 완료된다.
- SS거리C2 : 옆으로 한 발을 옮기고 나서 다른 발도 옮겨 발을 모으는 동작을 반복한다.

5) 신체의 방향전환(turn body; TB)

신체의 방향전환(TB)은 한쪽 혹은 양쪽 발을 사용하여 몸의 방향을 45°~90° 바꾸는 동작이다. 회전각도가 45° 미만인 경우는 다른 동작의 보조동작으로 취급하고, 90° 이상인 경우는 방향전환(TB)이 두번 발생한 것으로 기록한다.

- TBC1 : 한 발자국을 띄어 방향을 전환하는 경우
- TBC2 : 두 발자국을 띄어 방향을 전환하는 경우

6) 걷기(walk; W)

걷기(W)는 양 다리를 한걸음씩 교대로 움직여 몸을 앞이나 뒤로 이동하는 동작이다. 걷기(W)는 3~4개의 요소로 기록된다.

- 첫번째 요소 : W
- 두번째 요소 : 이동거리를 걸음수나 m단위로 표기한다.
- 세번째 요소 : 이동거리가 걸음수이면 P, m단위이면 M으로 표시한다.
- 네번째 요소 : 작업장소가 혼잡하거나, 모래 위를 걷거나, 무거운 것을 들고 있는 등 걷는데 장애요소가 있으면 O를 표시하고, 장애가 없으면 기입하지 않는다.

7) 앉기(sit; SIT), 서기(stand; STD)

앉기(SIT)는 똑바로 서 있다가 의자에 앉는 동작을, 서기(STD)는 의자에 앉아 있다가 똑바로 일어서는 동작을 가리킨다.

8) 허리굽힘(bend; B), 허리펴기(arise from bend; AB)

허리굽힘(B)은 상체를 앞으로 구부려 손이 무릎 밑으로 오게 하는 동작이다. 허리펴기

(AB)는 허리굽힘(B)과 반대동작이다.

9) 무릎굽힘(stoop; S), 무릎펴기(arise from stoop; AS)

무릎굽힘(S)은 허리굽힘(B)과 유사하지만 엉덩이뿐만 아니라 무릎까지 구부리는 동작이다. 무릎펴기(AS)는 무릎굽힘(S)과 반대동작이다.

10) 한쪽무릎꿇기(kneel on one knee; KOK), 한쪽무릎펴기(arise from kneel on knee; AKOK)

한쪽무릎꿇기(KOK)는 똑바로 서 있던 자세에서 한쪽 다리를 앞으로 혹은 뒤로 옮긴 후 무릎을 바닥에 대고 몸을 지탱하는 동작이다. 한쪽무릎펴기(AKOK)는 한쪽무릎꿇기(KOK)와 반대동작이다.

11) 양쪽무릎꿇기(kneel on both knees; KBK), 양쪽무릎펴기(arise from kneel on both knees; AKBK)

양쪽무릎꿇기(KBK)는 똑바로 서있는 자세에서 양쪽무릎을 완전히 바닥에 대고 앉는 동작이다. 양쪽무릎펴기(AKBK)는 양쪽무릎꿇기(KBK)와 반대동작이다.

[표 15-10] MTM동작시간표-전신동작

<table>
<tr><th colspan="2">유형</th><th>기호</th><th>TMU</th><th>거리</th><th>설명</th></tr>
<tr><td colspan="2" rowspan="4">발, 다리 동작</td><td>FM</td><td>8.5</td><td>10cm까지</td><td>발목이 회전축</td></tr>
<tr><td>FMP</td><td>19.1</td><td>10cm까지</td><td>발로 힘껏 밈</td></tr>
<tr><td rowspan="2">LM_</td><td>7.1</td><td>15cm 이하</td><td rowspan="2">무릎이나 엉덩이가 회전축</td></tr>
<tr><td colspan="2">15cm에서 1cm초과할 때마다 7.1에 0.5씩 가산</td></tr>
<tr><td rowspan="10">수평 동작</td><td rowspan="5">옆걸음</td><td rowspan="3">SS_C1</td><td>*</td><td>30cm 미만</td><td rowspan="3">한 발자국 옮김. 30cm 미만은 Reach/Move로 대체.</td></tr>
<tr><td>17.0</td><td>30cm</td></tr>
<tr><td colspan="2">30cm에서 1cm초과할 때마다 17.0에 0.2씩 가산</td></tr>
<tr><td rowspan="2">SS_C2</td><td>34.1</td><td>30cm</td><td rowspan="2">두발을 교대로 옮김</td></tr>
<tr><td colspan="2">30cm에서 1cm초과할 때마다 34.1에 0.4씩 가산</td></tr>
<tr><td rowspan="2">방향 전환</td><td>TBC1</td><td>18.6</td><td></td><td>한 발자국 떼어 방향전환</td></tr>
<tr><td>TBC2</td><td>37.2</td><td></td><td>두 발자국 떼어 방향전환</td></tr>
<tr><td rowspan="3">걷기</td><td>W_M</td><td>17.4</td><td>17.4/m</td><td>장애 없이 걷기</td></tr>
<tr><td>W_P</td><td>15.0</td><td>15.0/걸음</td><td>장애 없이 걷기</td></tr>
<tr><td>W_PO</td><td>17.0</td><td>17.0/걸음</td><td>장애를 가지고 걷기</td></tr>
</table>

유형	기호	TMU	거리	설명
상하동작	SIT	34.7		앉기
	STD	43.4		서기
	B,S,KOK	29.0		허리/무릎굽힘, 무릎꿇음
	AB,AS,AKOK	31.9		B,S,KOK동작 후 똑바로 섬
	KBK	69.4		양쪽 무릎꿇음
	AKBK	76.7		KBK동작 후 똑바로 섬

예제 15-1 손을 뻗어서 40cm 떨어진 작업대 위에 놓인 렌치를 잡고 30cm 떨어진 너트 있는 곳으로 옮겨 맞춘다. 너트는 손가락으로 이미 볼트에 충분히 끼워져 있는 상태다. 힘을 가하여 너트를 1회 조이고 렌치를 작업대로 옮겨놓고 손을 원래 위치로 가져온다. 이 작업을 MTM으로 분석하고 소요시간을 결정하라.

동작내용	분석기호	시간치(TMU)
1. 렌치로 손을 뻗는다(40cm)	R40B	15.6
2. 렌치를 쥔다.	G1A	2.0
3. 렌치를 너트로 옮긴다(30cm).	M30C	15.1
4. 렌치를 너트에 올바로 맞춘다.	P1SSE	9.1
5. 힘을 가하여 조인다.	APB	16.2
6. 렌치를 작업대 위로 옮긴다(30cm).	M30B	13.3
7. 렌치를 놓는다.	RL1	2.0
8. 손을 원래 위치로 가져간다.	R40E	14.1
	합계	87.4

3. MTM의 동작연합

2가지 이상의 동작을 동시에 행하거나 양손동작이 행해지는 경우를 동작연합(motion combination)이라고 한다. 동작연합에는 결합동작, 동시동작, 복합동작의 3종류가 있다.

1) 결합동작

결합동작(combined motion)은 한 신체부위가 동시에 여러 동작을 실시하는 경우를 가리킨다. 동시에 이루어지는 동작 가운데 가장 오래 걸리는 동작을 시한동작(limiting motion)이라고 하고, 동시에 실시되는 짧은 시간을 피시한동작(limited motion)이라고 부른다. 분석기호는 [표 15-11]에서 보는 바와 같이 시한동작 아래에 피시한동작을 기입하고, 이들은 쇄선으로 한데 묶어 표시하며, 피시한동작에는 사선을 긋는다.

예를 들어 책상 위의 볼펜을 오른손으로 잡고 셔츠의 왼쪽 윗주머니에 꽂는 동작을 MTM으로 분석해 보자. 볼펜 꽂는 방향을 조정하는 동작 T60S은 볼펜을 셔츠주머니로 가져가는 운반동작 M30C와 동시에 이루어진다. 여기서 M30C는 시한동작, TS60은 피시한동작이 된다.

[표 15-11] 결합동작

왼손동작	분석	TMU	분석	오른손동작
		2.0	G1A	책상위의 펜을 잡는다.
		15.1	M30C	셔츠주머니로 가져간다.
			~~T60S~~	볼펜의 방향을 조정한다.
		5.6	P1SE	주머니에 꽂는다.
		11.7	R30E	팔을 내린다.
	합계	34.4		

2) 동시동작

[표 15-12] MTM동작시간표-동시동작

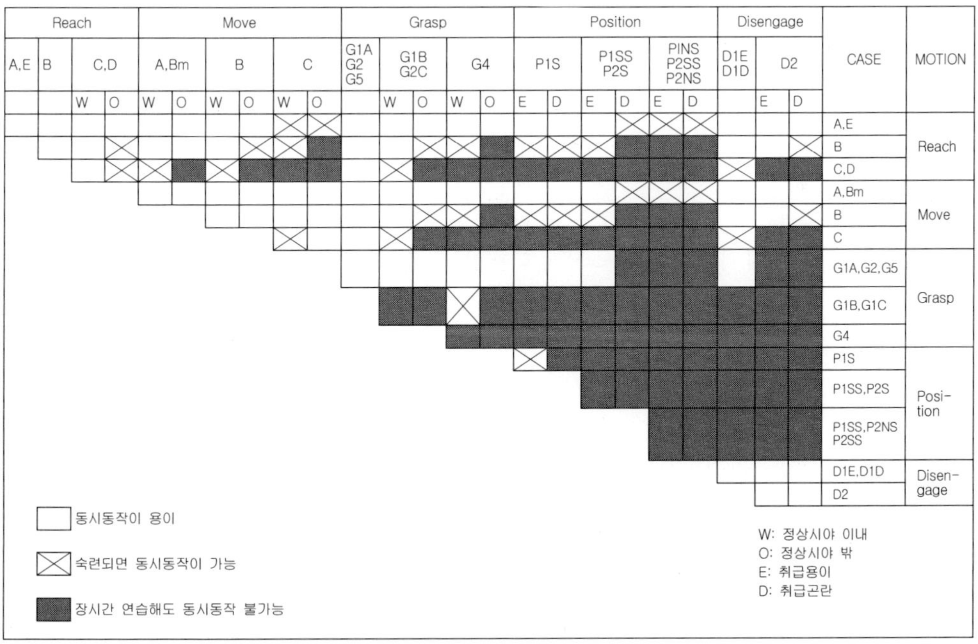

동시동작(simultaneous motion)은 여러 신체부위가 동시에 동작하는 경우로, 동작의 내용에 따라 동시동작이 가능할 수도 있고 불가능할 수도 있다. 동시동작의 가능여부는 [표

15-12]에 주어져 있다. 동시동작이 가능한 경우에 시간치는 동작시간이 긴 시한동작에 의하여 결정되며, 피시한동작은 원으로 둘러싸서 표시한다. 하지만 두 동작의 시간이 동일한 경우에는 원으로 둘러싸지 않는다. 동시동작이 불가능한 경우는 연속동작으로 처리하여 별도로 시간치를 구하여 합한다.

3) 복합동작

복합동작(compound motion)은 동시동작과 결합동작이 합쳐진 경우다.

4. MTM의 분석절차와 분석예

4.1 MTM분석의 절차

MTM분석에 의한 작업측정은 다음의 절차에 따라 수행된다.

① 대상작업과 작업자를 선정한다.
② 작업방법을 개선한다.
③ 작업을 MTM기본동작으로 분할한다.
④ MTM기본동작의 소요시간을 MTM동작시간표로부터 구한다.
⑤ MTM기본동작의 시간치를 합하여 정미시간을 얻는다.
⑥ 여유시간을 추가하여 표준시간을 산출한다.

4.2 MTM분석의 예

[표 15-13]은 프레스에서 허브와 샤프트를 결합하는 작업을 MTM으로 분석한 예를 보여준다(김태수, 1998).

[표 15-13] 프레스작업의 MTM분석표

왼손동작	분석	TMU	분석	오른손동작
1. 왼손으로 조립품을 프레스에서 꺼내고 오른손으로 샤프트를 홀더에 넣는다.				
홀더 내의 조립품에 손을 뻗친다.	R16A	10.4	R35A	상자 속의 샤프트에 손을 뻗는다.
조립품을 잡는다.	G1A	2.0	G1A	샤프트 1개를 잡는다.
프레스 앞 보관상자에 조리품을 옮긴다.	M55C	23.5	M55C	샤프트를 홀더로 운반한다.
옮기면서 조리품을 고쳐잡는다.	G2		G2	옮기면서 조립품을 고쳐잡는다.
조립품을 놓는다.	RL1	11.2	P1SD	홀더에 샤프트를 맞춘다.
프레스 베드에 있는 허브로 손을 뻗는다.	R35B	10.6	APA	샤프트를 누른다.
허브를 잡는다.	G1A	2.0	M2A	샤프트를 홀더에 넣는다.
		59.7		
2. 왼손으로 허브를 홀더에 바로 놓고 양손으로 프레스를 작동시킨다.				
허브르 홀더로 옮긴다.	M8C	6.9		
허브를 홀더에 맞춘다.	P1SE	5.6		
허브에서 손을 뗀다.	RL1	2.0		샤프트에서 솥을 뗀다.
프레스 레버에 손을 뻗는다.	R30A	9.5		프레스 레버에 손을 뻗는다.
레버를 잡는다.	G5	0		레버를 잡는다.
베버를 내린다.	M10A	6.0		레버를 내린다.
		30.0		
3. 프레스 작동 중에 왼손으로 다음 작업할 허브를 잡아 프레스에 놓는다.				
레버에서 손을 뗀다.	RL2	43.3		
정판의 허브로 손을 뻗는다.	R35B			
허브를 잡는다.	G1A			
정판에서 허브를 들어올린다.	M8B			
허브를 프레스 베드로 운반한다.	M50B			
허브에서 손을 뗀다.	RL1			
		43.3		
	합계	133.0	TMU	

실습 11 MTM에 의한 작업분석과 측정

[목적] MTM으로 작업을 분석하고 정미시간을 구한다.
[방법] 2인 1조로 팀을 구성하여 실습을 수행한다.

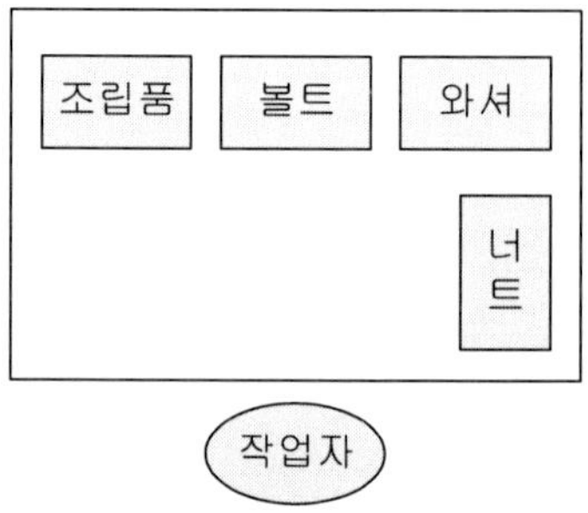

볼트에 와셔와 너트를 조립하는 작업에 대하여 MTM으로 표준시간을 설정하고자 한다. 작업은 다음의 순서로 이루어진다.

① 왼손으로 1개의 볼트를 가져온다.
② 오른손으로 2개의 와셔를 가져와 조립한다.
③ 오른손으로 1개의 너트를 가져와 볼트에 6차례 회전하여 조립한다.
④ 조립품 통에 넣는다.

1. 조립작업을 MTM기본동작으로 분석하라.

왼손동작	분석	TMU	분석	오른손동작

2. 작업의 정미시간을 결정하라.

3. 스톱워치법으로 구한 정미시간과 비교하고 차이가 있다면 그 이유를 생각해보라.

4. [표 12-1]의 ILO 여유율에 의하여 인적여유율과 피로여유율을 적절히 결정하라.

5. 지연여유가 10%일 때 작업의 표준시간을 결정하라.

연습문제

1 다음 작업을 MTM으로 기록하라.

1) 직경 13mm의 볼트를 51cm 움직여 직경 14mm의 구멍에 삽입한다.

2) 5cm 폭의 브러시로 15cm 움직여 평면에 페인트를 칠한다.

3) 책상 위에 있는 전화기에 손을 뻗어 잡은 후 45cm 움직여 귀에 가져갔다.

4) 책상 위의 종이클립을 집어 3매의 용지 끝에 15cm 움직여 끼웠다.

2 자동차의 운전석에 앉아 다음의 동작을 수행하였다. MTM으로 분석하고 소요시간을 구하라.

① 차를 출발시키기 위해 열쇄를 시동홈에 집어넣었다.
② 키를 돌려 엔진의 시동을 걸었다.
③ 두 손으로 핸들을 잡았다.
④ 가속기에 발을 얹고 밟았다.
⑤ 핸들을 1/4회전하였다.

3 드라이버의 사용을 MTM으로 분석하고 소요시간을 결정하라.

① 드라이버를 35cm 이동하여 나사의 홈에 맞추었다.
② 시계방향으로 드라이버를 회전하였다.
③ 작업을 반복하기 위해 드라이버를 고쳐 잡았다.
④ 드라이버를 시계방향으로 회전하였다.
⑤ 마지막으로 힘을 주어 나사를 조였다.
⑥ 드라이버를 41cm 떨어진 곳에 옮겨놓았다.

4 작업대에 앉은 작업자가 볼트를 왼손에 들고 있다. 너트는 작업대 위에 38cm 떨어진 곳에 있다. 작업자가 오른손을 뻗어 너트를 가져와 볼트에 7차례 회전하여 조립하였다. 이를 MTM으로 분석하고 소요시간을 결정하라.

5 너트는 볼트에 끼워져 있는 상태다. 30cm 떨어진 작업대위에 놓인 렌치를 집어와 너트에 맞추고 4차례 회전하여 삽입하였다. 각각의 회전동작에서 손은 15cm정도 움직였다. MTM으로 분석하고 소요시간을 결정하라.

제 16 장 MOST

1. MOST의 출현배경과 종류

Work Factor나 MTM과 같이 상세한 PTS기법으로 표준시간을 설정하는 경우, 많은 시간과 비용이 소요된다. 이로 인해 작업은 빠르게 변하는데도 불구하고 표준시간의 개정은 즉시 뒤따르지 못하고 있다. 또한 작업자는 반복된 작업에서조차 동일한 동작으로 일하지 않고 있으며, 분석과정에서 착오를 일으킬 수 있기 때문에 상세한 PTS기법을 사용하더라도 정확한 작업시간을 구하기는 쉽지 않다.

MOST(Maynard Operation Sequence Technique)는 1967년 미국의 잔딘(K. Zandin)에 의하여 개발된 간략한 PTS법이다. 그는 비전문가도 쉽게 작업을 분석할 수 있으면서도 작업측정의 결과는 상세한 PTS법에 뒤떨어지지 않는 MOST시스템을 제안하였다. MOST는 작업대상물의 이동에 초점을 맞추고 개별 기본동작들보다는 일련의 기본동작들로 구성된 시퀀스에 의해 표준시간을 측정하는 방식이다.

MOST시스템은 Basic MOST, Mini MOST, Maxi MOST, Clerical MOST, ErgoMOST 등의 패밀리로 구성되어 있다. Basic MOST는 일반 작업의 작업시간을 측정하기 위한 것으로, 특수한 경우를 제외한 대부분의 작업은 이 기법으로 표준시간이 결정된다. Mini MOST는 작업사이클이 짧은 작업에, Maxi MOST는 작업사이클이 길고 작업방법의 변화가 심한 작업에 사용된다. 한편 Clerical MOST는 사무작업용으로, ErgoMOST는 작업장의 인간공학적인 문제를 해결하기 위하여 각기 개발되었다.

2. MOST 순서모델

MOST에서는 작업자의 활동을 다음의 3가지 순서모델(sequence model)로 분석하고 있다.

- 일반이동순서(general move sequence)
- 통제된 이동순서(controlled move sequence)
- 공구사용순서(tool use sequence)

일반이동순서는 대상물을 한 장소에서 다른 장소로 자유롭게 움직이는 일련의 동작이다. 통제된 이동순서는 대상물의 이동이 특정한 방향으로 통제되거나 혹은 다른 대상물 위에서 움직이는 것으로, 레버나 크랭크 등을 조작하는 일련의 동작을 말한다. 마지막으로 공구사용순서는 절단, 측정, 조이기 등 수공구를 취급하는 일련의 동작을 가리킨다.

2.1 일반이동순서

MOST에서 일반이동순서는 대상물잡기(get), 대상물놓기(put), 되돌아오기(return)의 순서로 이루어진다. 일반이동의 순서모델은 4개의 변인(parameter) A, B, G, P에 의하여 결정된다.

- A : 활동거리(action distance)
- B : 신체동작(body motion)
- G : 잡음의 제어(gain control)
- P : 놓기(placement)

일반이동의 순서모델은 get(A, B, G), put(A, B, P), return(A)으로 구성되며, 변인에 따른 동작내용은 [표 16-1]과 같다.

[표 16-1] 일반이동순서의 구성

get(대상물잡기)	A : 대상물에 이동하여 접근한다. B : 대상물에 몸을 굽혀 접근한다. G : 대상물을 잡는다.
put(대상물놓기)	A : 잡은 대상물을 수평으로 이동한다. B : 잡은 대상물을 몸을 굽혀 상하로 이동한다. P : 잡은 대상물을 적절한 위치에 놓는다.
return(되돌아오기)	A : 원위치로 되돌아간다.

2.2 통제된 이동순서

MOST에서 통제된 이동순서는 대상물잡기(get), 대상물 작동하기(actuate), 되돌아오기(return)의 순으로 이루어진다. 통제된 이동의 순서모델은 6개의 변인 A, B, G, M, X, I에 의하여 결정된다.

- A : 활동거리(action distance)
- B : 신체동작(body motion)
- G : 잡음의 제어(gain control)
- M : 통제된 움직임(move controlled)
- X : 처리시간(process time)
- I : 위치맞춤(align)

통제된 이동의 순서모델은 get(A, B, G), actuate(M, X, I), return(A)으로 구성되며, 변인에 따른 동작내용은 [표 16-2]와 같다.

[표 16-2] 통제된 이동순서의 구성

get(대상물잡기)	A : 대상물에 이동하여 접근한다. B : 대상물에 몸을 굽혀 접근한다. G : 대상물을 잡는다.
actuate(작동하기)	M : 제한된 경로를 따라 대상물을 이동/처리한다. X : 대상물을 이동/처리하는 동안 시간이 경과한다. I : 이동/처리가 끝나면 대상물을 위치맞춤한다.
return(되돌아오기)	A : 원위치로 되돌아간다.

2.3 공구사용순서

MOST에서 공구사용순서는 공구잡기(get), 공구맞추기(put), 공구사용하기(use), 공구놓아두기(aside), 되돌아오기(return)의 순으로 이루어진다. 공구사용의 순서모델은 일반이동과 통제된 이동의 순서모델 변인들을 조합하여 사용하며 다음의 변인들을 추가한다.

- F : 조임(fasten)
- L : 풀음(loosen)
- C : 자름(cut)
- S : 표면처리(surface treat)
- M : 측정(measure)
- R : 기록(record)
- T : 생각(think)

공구사용의 순서모델은 get(A, B, G), put(A, B, P), use(*), aside(A, B, P), return(A)로 구성되며, 변인에 따른 동작내용은 [표 16-3]과 같다. 순서모델에서 use(*)는 use와 관련하여 다양한 변인이 사용될 수 있음을 의미한다.

[표 16-3] 공구사용순서의 구성

get(공구잡기)	A : 공구로 이동하여 접근한다. B : 공구로 몸을 굽혀 접근한다. G : 공구를 잡는다.
put(공구맞추기)	A : 작업할 곳으로 수평이동하여 공구를 가져간다. B : 작업할 곳으로 몸을 굽혀 공구를 이동한다. P : 작업할 곳에 공구를 맞춘다.
use(공구사용하기)	* : 공구를 사용한다.
aside(공구놓아두기)	A : 공구를 놓아둘 곳으로 수평이동한다. B : 공구를 놓아둘 곳으로 몸을 굽혀 상하이동한다. P : 공구를 놓아둔다.
return(되돌아오기)	A : 원위치로 되돌아간다.

3. MOST분석-일반이동

[표 16-4]는 일반이동(general move)에 대한 MOST시간자료를 보여준다. 활동순서모델변인의 상대적 난이도에 따라 인덱스를 0, 1, 3, 6, 10, 16으로 정하고 있다. 이 인덱스 값에 10을 곱한 값이 소요시간의 TMU값에 해당된다.

[표 16-4] Basic MOST시간자료-일반이동

ABGABPA	일반이동				
인덱스 ×10	A(활동거리)	B(신체동작)	G(잡음의 제어)	P(놓기)	인덱스 ×10
0	5cm 이하			잡고 있음 가볍게 던짐	0
1	팔을 뻗으면 닿음		가벼운 대상물(한손, 양손동시)	놓아둠 느슨한 맞춤	1
3	1~2걸음	의자조정 없이 앉거나 일어섬 허리 구부리고 폄(50% 발생)	양손 비동시, 무거움/큼, 분해, 엉킴, 장애, 비가시, 모아쥠	비가시 느슨한 맞춤 조정하여 놓음 가벼운 누름 2회 놓기	3
6	3~4걸음	허리 구부리고 폄		주의, 정확, 강한누름, 비가시, 장애, 중도 이동	6
10	5~7걸음	의자 조정하며 앉거나 일어섬			10
16	8~10걸음	올라가거나 내려감 문을 통과함			16

3.1 활동거리(A; action distance)

활동거리(A)는 손가락, 손, 발을 사용하여 물건을 이동하는 동작을 분석하기 위한 변인이다.

1) A_0

A_0는 손가락, 손, 발을 5cm 이내에서 움직이는 경우로 시간을 부여하지 않는다.

2) A_1

A_1은 어깨를 중심으로 팔을 펴서 손이 도달할 수 있는 범위를 가리킨다. 팔을 뻗으면서

몸통이 움직이는 경우에는 A_3로 분석한다.

3) A_3

A_3는 1~2걸음만큼 몸통이 이동하는 경우로 다음의 동작들도 해당된다.

- 팔을 뻗는 중에 몸통이 이동한다.
- 옆으로 발을 옮긴다.
- 몸을 돌린다.

A_3는 수평방향의 이동에 사용되지만 계단을 오르내리는 경우에도 적용된다.

4) A_6, A_{10}, A_{16}

A_6는 3~4걸음, A_{10}은 5~7걸음, A_{16}은 8~10걸음에 해당된다. [표 16-4]의 시간자료에 나타나지 않은 먼 거리를 이동하는 경우는 [표 16-5]를 이용한다.

[표 16-5] 활동거리의 확장

활동거리(A)		
인덱스	걸음 수	거리(m)
24	11~15	12
32	16~20	15
42	21~26	20
54	27~33	25
67	34~40	30
81	41~49	38
96	50~57	44
113	58~67	51
131	68~78	59
152	79~90	69
173	91~102	78
196	103~115	88
220	116~128	98
245	129~142	108
270	143~158	120
300	159~174	133
330	175~191	146

3.2 신체동작(B; body motion)

신체동작(B)은 몸의 상하이동이나 방해, 장애를 극복하기 위하여 필요한 신체활동을 분석하기 위한 변인이다.

1) B_3

B_3는 다음의 경우에 적용된다.

- 의자의 조정없이 앉거나 일어섬 : 서있는 자세에서 의자를 조정하지 않고 그대로 앉거나 혹은 반대로 앉은 자세에서 의자의 조정없이 일어선다.
- 허리 구부리고 폄(50% 발생) : 손이 무릎 밑으로 내려가도록 허리를 구부리고 펴는 동작이 50% 정도 발생한다.

2) B_6

B_6는 똑바로 서있는 상태에서 손이 무릎 밑에 가도록 허리나 무릎을 구부렸다가 다시 똑바로 서는 경우다.

3) B_{10}

B_{10}은 앉거나 일어설 때 의자를 움직이기 위하여 손, 발, 몸의 움직임이 필요한 경우다.

4) B_{16}

B_{16}은 다음의 경우에 해당된다.

- 올라가거나 내려감 : 1m 정도의 높은 곳에 손과 몸을 사용하여 올라가거나 내려가는 동작이다.
- 문을 통과함 : 손을 뻗어 손잡이를 잡아 돌려 문을 열고 지나간 후 문을 닫기까지 일련의 동작이다.

3.3 잡음의 제어(G; gain control)

잡음의 제어(G)는 대상물을 잡고 제어하는 손동작을 분석하기 위한 변인이다.

1) G_1

G_1은 가벼운 대상물을 어려움 없이 잡는 경우에 해당된다.

- 한손잡음 : 어려움 없이 한손으로 대상물을 잡는다.
- 동시잡음 : 어려움 없이 양손으로 대상물을 동시에 잡는다.

2) G_3

G_3는 다음의 경우에 적용된다.

- 양손 비동시 : 한 손이 대상물을 잡는 동안 다른 손은 잠시 기다린 후 다른 대상물을 잡는다.
- 무겁거나 큼 : 무겁거나 부피가 큰 대상물은 잡고 나서 움직일 때까지 시간이 걸린다.
- 비가시/장애 : 장애물로 인하여 대상물이 보이지 않거나 가까이 접근하기 곤란하다.
- 분해 : 대상물을 분리하기 위해 근육의 힘이 필요하다. 힘을 가하여 분리되는 순간 반동이 일어난다. 포도주 병에서 코르크 마개를 뺄 때의 경우다.
- 뒤엉킴 : 서로 섞여있거나 뒤엉겨 있으면 대상물을 잡기에 앞서 분리해야 한다.
- 모아쥠 : 쌓여 있거나 바닥에 널려있는 대상물을 모아 여러 개를 함께 잡는다.

3.4 놓기(P; placement)

놓기(P)는 축맞춤, 방향수정, 삽입 등 작업자가 대상물에서 손을 떼는 최종단계에 일어나는 동작을 분석하기 위한 변인이다.

1) P_0

P_0는 다음의 경우에 해당되며 시간치를 부여하지 않는다.

- 잡고 있음 : 작업자가 대상물을 계속해서 손에 잡고 있으며 내려놓지 않는다.
- 가볍게 던짐 : 위치를 정하거나 머뭇거림 없이 이동 도중에 대상물을 가볍게 던져 놓는다.

2) P_1

P_1은 다음의 경우에 해당된다.

- 놓아둠 : 대상물을 정렬이나 조정동작 없이 적당한 위치에 놓는다.
- 느슨한 맞춤 : 구체적으로 위치를 정하여 대상물을 놓지만 맞춤의 정도가 매우 느슨하

여 컨트롤이 거의 필요없다.

2) P_3

P_3는 다음의 경우에 적용된다.

- 비가시 느슨한 맞춤 : 놓을 위치가 보이지 않는 경우로, 느슨한 맞춤이 있기 전에 대상물을 놓을 대략적인 위치를 찾아야 한다.
- 조정하여 놓기 : 대상물을 원하는 장소에 놓기 위해 수정활동이 필요한 경우다. 방향맞추기, 결합 등 대상물을 정확히 놓으려면 수정동작, 망설임, 상당한 노력 등이 요구된다. 열쇄를 열쇄구멍에 넣는 동작이 이에 해당된다.
- 가볍게 누름 : 엄격한 허용공차나 특성으로 인하여 대상물을 올바로 자리잡게 하려면 약간의 힘을 가해야 한다. 플러그를 소켓에 끼워넣는 동작이 이에 해당된다.
- 2회 놓기 : [그림 16-1]과 같이 2차례의 놓기가 이루어지는 경우다. 이 때 두 조립대상물간의 떨어진 간격은 10cm 이하이며, 그보다 멀리 떨어진 경우에는 P_6를 적용한다.

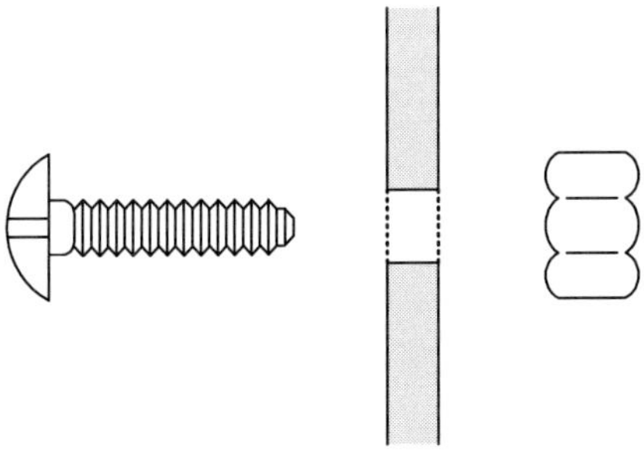

[그림 16-1] 2회 놓기

3) P_6

P_6는 다음의 경우에 적용된다.

- 주의/정확 : 대상물을 놓기 위하여 눈과 근육을 상당히 집중해야 하는 등 매우 특별한 주의가 필요하다.
- 강한 누름 : 매우 빡빡하여 대상물을 끼워 넣는데 매우 큰 근력이 요구된다. 실제로는 자주 일어나지 않는다.
- 비가시/장애 : 작업자가 놓을 위치를 볼 수 없거나 손으로 위치를 확인해야 한다.
- 중도 이동 : 대상물의 위치를 정하기에 앞서 고쳐잡기 등 몇 차례의 이동동작이 발생한다. 이는 대상물이 무겁거나 부피가 커서 위치설정이 어려울 때 마지막 위치설정

직전에 발생한다.

예제 16-1 작업자가 15cm 거리에 있는 가벼운 부품을 잡아 20cm만큼 옮겨놓은 후 팔을 원위치로 되돌린다.

get(부품을 잡는다)	A_1 : 부품에 손을 15cm 뻗는다. B_0 : 신체의 상하동작이 없다. G_1 : 가벼운 부품을 집는다.
put(부품을 놓는다)	A_1 : 가벼운 부품을 20cm 옮긴다. B_0 : 신체의 상하동작이 없다. P_1 : 부품을 놓는다.
return(되돌아간다)	A_1 : 팔을 되돌린다.

- 순서모델 : A_1 B_0 G_1 A_1 B_0 P_1 A_1
- 소요시간 : $(1 + 0 + 1 + 1 + 0 + 1 + 1) \times 10 = 50$ TMU

예제 16-2 작업자가 4걸음 걸어가 바닥에 놓인 가벼운 부품을 집어서 옆의 테이블에 옮겨놓고 돌아온다.

- 순서모델 : A_6 B_6 G_1 A_1 B_0 P_1 A_6
- 소요시간 : $(6 + 6 + 1 + 1 + 0 + 1 + 6) \times 10 = 210$ TMU

예제 16-3 3걸음 떨어진 선반에서 무거운 부품을 들어올린다. 선반의 높이는 바닥에서 허리높이까지 일정하지 않다. 2걸음 이동한 후 부품을 작업대 위에 몇 차례 조정하며 올려놓는다. 작업대 위에 부품을 올려놓은 후 작업자는 5걸음 떨어진 원위치로 되돌아간다.

- 순서모델 : A_6 B_3 G_3 A_3 B_0 P_3 A_{10}
- 소요시간 : $(6 + 3 + 3 + 3 + 0 + 3 + 10) \times 10 = 280$ TMU

예제 16-4 작업자가 손이 닿는 위치에 있는 부품상자로부터 와서 6개를 가져와 6개의 볼트에 연속적으로 끼워 넣는다. 볼트들은 서로 10cm씩 떨어져 있다.

- 순서모델 : A_1 B_0 G_3 (A_1 B_0 P_1) A_0 (6)
- 소요시간 : [1 + 0 + 3 + (1 + 0 + 1)×6 + 0]×10 = 160 TMU

여기서 put(부품을 놓는다)의 동작 (A_1 B_0 P_1)이 6차례 반복되고 있다. 반복된 동작이 발생했을 때 순서모델을 기록하는 방법에 유의하라.

4. MOST분석-통제된 이동

[표 16-6]은 통제된 이동(controlled move)에 대한 MOST시간자료를 보여준다. 활동순서모델 변인의 상대적 난이도에 따라 인덱스를 0, 1, 3, 6, 10, 16으로 정하고 있다. 이 인덱스 값에 10을 곱한 값이 소요시간의 TMU값에 해당된다.

[표 16-6] Basic MOST시간자료-통제된 이동

ABGMXIA	통제된 이동							
인덱스 ×10	M(통제된 움직임)		X(처리시간)			I(위치맞춤)	인덱스 ×10
	민다/당긴다/돌림	크랭크	초	분	시	대상물	
1	30cm이하 버튼/스위치/노브	–	0.5	0.01	0.0001	1점	1
3	30cm초과, 저항 고도의 컨트롤 2단계 30cm미만	1회전	1.5	0.02	0.0004	2점 ≤10cm	3
6	2단계 30cm초과 1~2걸음	2~3회전	2.5	0.04	0.0007	2점 〉10cm	6
10	3~4단계, 3~5걸음	4~6회전	4.5	0.07	0.0012		10
16	6~9걸음	7~11회전	7.0	0.11	0.0019	정확	16

4.1 통제된 움직임(M; move controlled)

통제된 움직임(M)은 통제된 경로를 따라 밀고, 당기고, 돌리는 등 신체의 움직임을 분석하기 위한 변인이다. 참고로 5cm를 초과한 삽입활동은 통제된 움직임으로, 5cm 이하의 삽입활동은 일반이동으로 취급한다.

1) M_1

M_1은 다음의 경우에 적용된다.

- 30cm 이하 : 손가락, 손, 발에 의하여 대상물을 한 차례 30cm 이하로 이동한다. 예를 들어 발로 엑셀을 밟는 활동이 이에 해당된다.
- 버튼/스위치/노브 : 버튼, 스위치, 노브(knob) 같은 장치를 손가락, 손, 손목, 발로 짧게 누르거나, 움직이거나, 돌린다.

2) M_3

M_3는 다음의 경우에 적용된다.

- 30cm 초과 : 손가락, 손, 발에 의하여 대상물이나 장치를 30cm 초과하여 한 차례 밀거나 당긴다.
- 저항 : 통제된 움직임 중에 발생한 저항을 극복하기 위해 일정한 근력을 대상물이나 장치에 가한다.
- 고도의 컨트롤 : 대상물을 위치맞춤하기 위해 시각적으로 집중해야 하는 등 세심한 주의가 필요하다.
- 2단계, 30cm 이하 : 2개의 방향 혹은 2차례의 거리 증가로 컨트롤의 중단없이 대상물을 이동한다. 각 단계의 이동은 통제된 경로를 따르며 30cm를 초과하지 않는다. 공구상자를 열고 바로 닫는 동작이 이에 해당된다.

3) M_6

M_6은 다음의 경우에 적용된다.

- 2단계, 30cm 초과 : 2개의 방향 혹은 2차례의 거리 증가로 컨트롤의 중단없이 대상물을 이동한다. 각 단계는 통제된 경로를 따르며 30cm를 초과하여 이동한다.
- 1~2걸음 : 1~2걸음 동안 대상물을 밀어 이동한다.

4) M_{10}

M_{10}은 다음의 경우에 적용된다.

- 3~4단계 : 3~4단계에 걸쳐 통제된 경로를 따라 컨트롤의 중단없이 대상물을 이동한다.
- 3~5걸음 : 3~5걸음 동안 대상물을 밀어 이동한다.

5) M_{16}

M_{16}은 대상물을 6~9걸음만큼 밀어내는 움직임의 경우에 해당된다.

6) 크랭크

크랭크(crank)는 손가락이나 손, 손목, 앞팔을 사용하여 대상물을 회전시키는 동작으로, 반올림한 회전수에 의하여 인덱스가 결정된다. 회전수에 따른 크랭크인덱스는 [표 16-7]에 주어져있다.

[표 16-7] 크랭크 인덱스

크랭크	인덱스	M_1	M_3	M_6	M_{10}	M_{16}	M_{24}	M_{32}	M_{42}	M_{52}
	회전수	–	1	3	6	11	16	21	28	36

4.2 처리시간(X; process time)

처리시간(X)은 수작업 없이 기계장치에서 수행된 작업시간을 나타내기 위한 변인이다. 처리시간은 초, 분, 시간의 단위로 측정되며 인덱스로 변환된다. [표 16-6]의 시간자료에 나타나지 않은 긴 처리시간의 인덱스는 [표 16-8]에 주어져 있다.

[표 16-8] 처리시간 인덱스

처리시간(X)							
인덱스	초	분	시	인덱스	초	분	시
24	9.5	.16	.0027	152	58.0	.97	.0162
32	13.0	.21	.0036	173	66.0	1.10	.0184
42	17.0	.28	.0047	196	74.5	1.24	.0207
54	21.5	.36	.0060	220	83.5	1.39	.0232
67	26.0	.44	.0072	245	92.5	1.54	.0257
82	31.5	.52	.0088	270	102.0	1.70	.0284
96	37.0	.62	.0104	300	113.0	1.88	.0314
113	43.5	.72	.0121	330	124.0	2.06	.0344
131	50.5	.84	.0141				

4.3 위치맞춤(I; align)

위치맞춤(I)은 통제된 움직임에 이어서 대상물을 위치나 방향을 맞추기 위하여 마지막에 손으로 행하는 동작의 변인이다.

1) I_1

I_1은 대상물을 하나의 지점에 대하여 위치를 맞추는 경우다.

2) I_3

I_3는 통제된 이동을 하면서 대상물을 10cm 이하 떨어진 2개의 지점에 대하여 위치를 맞추는 경우에 해당된다.

3) I_6

I_6는 통제된 이동을 하면서 대상물을 10cm 초과하여 떨어진 2개의 지점에 대하여 위치를 맞추는 경우에 해당된다.

4) I_{16}

I_{16}는 통제된 이동을 하면서 대상물을 매우 정확하고 주의 깊게 여러 지점에 대하여 위치를 맞추는 경우에 해당된다.

5) 기계작업의 위치맞춤

기계작업에서 위치맞춤(I)은 정확한 절삭위치에 절삭공구를 맞추는 일이다. 기계공구의 위치맞춤에 대한 인덱스는 [표 16-9]에 주어져 있다. 공구를 가공물에 위치맞춤하는 경우는 I_3, 공작기계 눈금으로 공구를 위치맞춤하는 경우는 I_6, 다이얼게이지로 정확히 맞추어 조정하는 경우는 I_{10}에 해당된다.

[표 16-9] 기계작업의 위치맞춤 인덱스

위치 맞춤	
인덱스	공구 맞춤
I_3	공구를 가공물에 위치맞춤
I_6	공작기계 눈금으로 공구의 위치맞춤
I_{10}	다이얼게이지로 공구의 위치맞춤

예제 16-5 작업자가 밀링기계로 4걸음 걸어가서 레버로 공구를 당긴다. 레버를 당긴 채 기계작동하는데 소요되는 시간은 2.5초다.

get(레버를 잡는다)	A_6 : 밀링기계로 4걸음 걸어간다. B_0 : 신체의 상하동작이 없다. G_1 : 레버를 잡는다.
actuate(작동한다)	M_1 : 레버를 10cm 당긴다. X_6 : 기계는 2.5초 작동한다. I_0 : 위치맞춤 없다.
return(되돌아간다)	A_0 : 손을 되돌리지 않는다.

- 순서모델 : $A_6\ B_0\ G_1\ M_1\ X_6\ I_0\ A_0$
- 소요시간 : $(6 + 0 + 1 + 1 + 6 + 0 + 0) \times 10 = 140$ TMU

예제 16-6 작업자가 양손으로 무거운 상자를 롤러컨베이어 위에 들어서 올려놓은 후 45cm 가량 밀어낸다.

- 순서모델 : $A_1\ B_0\ G_3\ M_3\ X_0\ I_0\ A_0$
- 소요시간 : $(1 + 0 + 3 + 3 + 0 + 0 + 0) \times 10 = 70$ TMU

예제 16-7 작업자가 선반 앞으로 2걸음 다가가서 크랭크를 2회전하여 기계눈금에 공구를 정확히 맞춘다.

- 순서모델 : $A_3\ B_0\ G_1\ M_6\ X_0\ I_6\ A_0$
- 소요시간 : $(3 + 0 + 1 + 6 + 0 + 6 + 0) \times 10 = 160$ TMU

예제 16-8 선반 앞에 서있는 작업자가 팰릿 위에 놓인 무거운 부품을 향해 6걸음 걸어간다. 허리를 구부려 부품을 집어들고 기계로 되돌아와 척에 몇 차례 조정하여 위치시킨다. 부품은 척에 10cm 삽입된다.

작업자가 부품을 가져오는 활동은 일반이동, 부품을 척에 10cm 삽입하는 활동은 통제된 움직임이므로 별도의 순서모델로 분석한다.

- 순서모델 : $A_{10}\ B_6\ G_3\ A_{10}\ B_0\ P_3\ A_0$

  $A_0\ B_0\ G_0\ M_1\ X_0\ I_0\ A_0$
- 소요시간 : $(10 + 6 + 3 + 10 + 3)\times10 + (1)\times10 = 330$ TMU

5. MOST분석-공구사용

[표 16-10]은 공구사용(tool use)에 대한 MOST시간자료를 보여준다. 공구사용의 횟수나 난이도 등에 따라 인덱스는 0, 1, 3, 6, 10, 16 등의 값으로 결정된다. 인덱스 값에 10을 곱하면 소요시간의 TMU값을 얻는다.

[표 16-10] Basic MOST시간자료-공구사용

ABGABP*ABPA	공구사용										
인덱스×10	조이거나 푼다(F/L)										인덱스×10
	손가락	손목				팔				공구	
	돌림	돌림	스트로크	크랭크	두드림	돌림	스트로크	크랭크	내리침	나사직경	
	손가락 드라이버	손 드라이버 래칫 T렌치	렌치 육각렌치	렌치 육각렌치 래칫	손 작은 망치	래칫	렌치 육각렌치	렌치 육각렌치 래칫	큰 망치	동력 렌치	
1	1	–	–	–	1	–	–	–	–	–	1
3	2	1	1	1	3	1	1	–	1	6mm	3
6	3	3	2	3	6	2	–	1	3	25mm	6
10	8	5	3	5	10	4	2	2	5		10
16	16	9	5	8	16	6	3	3	8		16
24	25	13	8	11	23	9	4	5	12		24
32	35	17	10	15	30	12	6	6	16		32
42	47	23	13	20	39	15	8	8	21		42
54	61	29	17	25	50	20	10	11	27		54

ABGABP*ABPA	공구사용														
인덱스×10	C(자름)				S(표면처리)			M(측정)	R(기록)			T(생각)			인덱스×10
	비틂	자름	자름	깎음	분사	털기	문지름	측정	필기		마크	검사	읽음		
	펜치		가위	칼	노즐	솔	천	측정기구	연필		마커	눈 손가락	눈		
		전선	자름	슬라이스	$.1m^2$	$.1m^2$	$.1m^2$		숫자	단어	숫자	점	숫자 단독 단어	문장 중의 단어	
1	찝음		1	–	–	–	–		1	–	체크	1	1	3	1
3		연함	2	1	–	–	1/2		2	–	1 선긋기	3	3 게이지	8	3
6	비틂 고리 만듦	보통	4	–	1 작은 홈	1 작은 물체	–		4	1	2	5 열감지	6 눈금 값 날짜, 시간	15	6
10		단단함	7	3	–	–	1	프로파일 게이지	6	–	3	9 불량 감지	12 버니어 눈금	24	10
16	코터핀		11	4	3	2	2	곧은 자 캘리퍼스 ≤30cm	9	2 날짜 사인	5		표의 값	38	16
24			15	6	4	3	–	간격 게이지	13	3	7			54	24
32			20	9	7	5	5	줄자≤2m 깊이마이크로미터	18	4	10			72	32
42			27	11	10	7	7	외경마이크로미터	23	5	13			94	42
54			33					내경마이크로미터	29	7	16			119	54

5.1 조임(F; fasten), 풀음(L; loosen)

조이거나(F) 푸는(L) 작업은 대상물을 조립하거나 분해하는 것으로 손가락이나 손, 수공구를 사용한다.

1) 손가락 돌림

손가락 돌림(spin)은 손가락으로 너트를 돌리는 것과 같이 엄지와 검지를 사용하여 대상물을 돌리는 동작이다. 손가락을 돌린 횟수에 따라 인덱스가 결정된다.

2) 손목 돌림

손목 돌림(turn)은 손이나 드라이버, 래칫, T렌치 같은 공구를 사용하여 손목을 비틀어 대상물을 돌리는 동작이다. 동작을 반복할 때 공구가 고정보조물로부터 분리되지 않는다. 손목을 비틀어 돌린 횟수에 따라 인덱스가 결정된다.

3) 손목 스트로크

손목 스트로크(stroke)는 손목으로 순간적인 힘을 가함으로 렌치나 육각렌치를 회전시키는 동작이다. 한 차례 스트로크를 가한 후에는 공구를 고정보조물로부터 분리하여 다시 위치를 조정해야 한다. 스트로크의 횟수에 따라 인덱스가 결정된다.

4) 손목 크랭크

손목 크랭크(crank)는 손목을 사용한 원형동작의 방식으로 렌치, 육각렌치, 래칫 같은 공구를 회전시켜 대상물을 조이거나 풀어내는 동작이다. 공구를 돌린 회전수에 따라 인덱스가 결정된다.

5) 손목 두드림

손목 두드림(tap)은 작은 망치 같은 공구를 사용하여 대상물을 탕탕 두드리는 동작이다. 손으로 두드린 횟수에 의하여 인덱스가 결정된다.

6) 팔 돌림

팔 돌림(turn)은 래칫을 사용할 때에 발생하는 동작이다. 동작을 반복할 때 공구가 고정보조물로부터 분리되지 않는다. 팔 돌림의 횟수에 따라 인덱스가 결정된다.

7) 팔 스트로크

팔 스트로크(stroke)는 팔의 스트로크에 의하여 렌치나 육각렌치 같은 공구를 사용하는 동작이다. 팔을 사용하여 한 차례 스트로크를 가한 후에는 공구를 고정보조물로부터 분리하여 다시 위치를 조정한다. 스트로크의 횟수에 따라 인덱스가 결정된다.

8) 팔 크랭크

팔 크랭크는 팔을 사용한 원형동작의 방식으로 렌치, 육각렌치, 래칫 같은 공구를 회전시켜 대상물을 조이거나 풀어내는 동작이다. 공구를 돌린 회전수에 따라 인덱스가 결정된다.

9) 내리침

내리침(strike)은 해머와 같이 대형망치를 사용하여 위에서 아래로 내려치는 동작이다. 공구로 내려친 횟수에 따라 인덱스가 결정된다.

10) 동력렌치

동력렌치는 동력으로 작동하는 렌치를 사용하는 작업으로, 사용되는 나사의 직경에 따라 인덱스가 결정된다.

예제 16-9 작업자가 20cm 거리에 놓인 렌치를 사용하여 20cm 거리에 있는 하나의 너트를 손목스트로크방식으로 단단히 3차례 조인다.

get(공구를 잡는다)	A_1 : 렌치에 손을 20cm 뻗는다. B_0 : 신체의 상하동작이 없다. G_1 : 렌치를 잡는다.
put(공구를 위치시킨다)	A_1 : 너트로 손을 20cm 뻗는다. B_0 : 신체의 상하동작이 없다. P_3 : 공구를 너트에 맞춘다.
use(공구를 사용한다)	F_{10} : 너트를 스트로크방식으로 3차례 단단히 조인다.
aside(공구를 내려놓는다)	A_1 : 가까운 거리로 렌치를 옮긴다. B_0 : 신체의 상하동작이 없다. P_1 : 공구를 곁에 놓는다.
return(되돌아간다)	A_0 : 손을 되돌리지 않는다.

- 순서모델 : $A_1\ B_0\ G_1\ A_1\ B_0\ P_3\ F_{10}\ A_1\ B_0\ P_1\ A_0$
- 소요시간 : $(1 + 1 + 1 + 3 + 10 + 1 + 1) \times 10 = 180$ TMU

예제 16-10 작업자가 손이 닿는 곳에 위치한 부품상자로부터 너트를 꺼내 7번 손가락으로 돌려 볼트에 끼운다.

- 순서모델 : $A_1\ B_0\ G_1\ A_1\ B_0\ P_3\ F_{10}\ A_0\ B_0\ P_0\ A_0$
- 소요시간 : $(1 + 1 + 1 + 3 + 10) \times 10 = 160$ TMU

예제 16-11 작업자가 작업대에서 5걸음 걸어가 30cm 떨어진 곳에 있는 렌치를 집어든다. 작업대로 되돌아가 30cm 떨어진 곳에 있는 볼트를 4차례 팔 스트로크로 풀고난 후 렌치를 옆에 놓아둔다.

- 순서모델 : $A_{10}\ B_0\ G_1\ A_{10}\ B_0\ P_3\ L_{24}\ A_1\ B_0\ P_1\ A_0$
- 소요시간 : $(10 + 1 + 10 + 3 + 24 + 1 + 1) \times 10 = 500$ TMU

[예제 16-9]에서 렌치로 하나의 너트가 아니라 2개의 너트를 연속적으로 조인다고 가정해보자. 이 경우 너트 간에 거리만큼 공구를 이동해야 한다. 필요한 공구활동거리변인(A)은 공구맞춤변인(P)과 공구사용변인(F) 사이에 기입한다.

[그림 16-2]에서 보는 바와 같이 두 너트사이의 거리가 5cm 이하이면 공구의 활동거리 인덱스는 A_0이다. 이 경우 순서모델과 소요시간은 다음과 같이 결정된다.

- 순서모델 : A_1 B_0 G_1 A_1 B_0 (P_3 A_0 F_{10}) A_1 B_0 P_1 A_0 (2)
- 소요시간 : [1 + 1 + 1 + (3 + 10)×2 + 1 + 1]×10 = 310 TMU

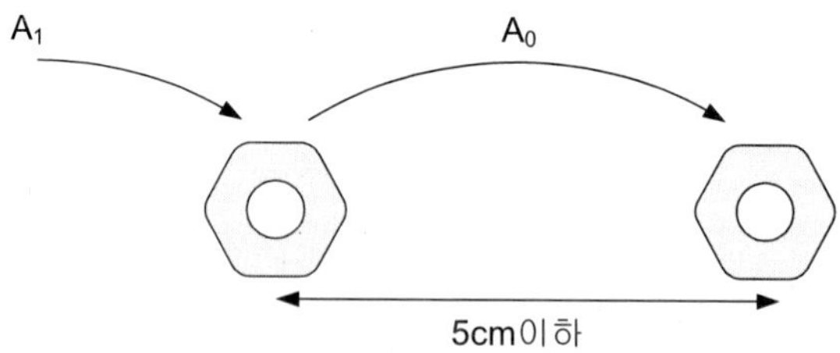

[그림 16-2] 너트 사이의 거리가 5cm 이하일 때

너트 사이의 거리가 5cm를 초과한다고 가정해보자. 이 경우는 [그림 16-3]에서와 같이 공구의 활동거리 인덱스는 A_1이 된다. 이때 순서모델과 소요시간은 다음과 같이 결정된다.

- 순서모델 : A_1 B_0 G_1 A_0 B_0 (P_3 A_1 F_{10}) A_1 B_0 P_1 A_0 (2)
- 소요시간 : [1 + 1 + (3 + 1 + 10)×2 + 1 + 1]×10 = 320 TMU

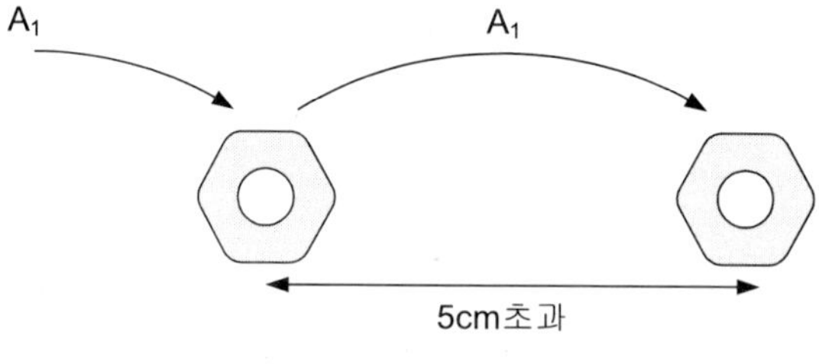

[그림 16-3] 너트 사이의 거리가 5cm를 초과할 때

순서모델에서 4번째 인덱스가 A_1에서 A_0로 바뀐 것을 유의하라. 이는 (P_3 A_1 F_{10})에서 너트 간에 공구가 이동하는 활동거리 인덱스 A_1이 중복하여 추가되었기 때문이다.

5.2 자름(C; cut)

자름(C)은 펜치나, 가위, 칼을 사용하여 어떤 대상물을 구부리거나, 분리하거나, 벗기기 위한 활동이다.

1) 펜치

펜치(plier)로는 전선을 변형시키거나 자를 수 있다. 먼저 전선을 변형시키는 경우 단순히 찝을 때는 C_1, 2가닥의 철사를 2회 비틀거나 고리를 만들 때는 C_6, 안전한 코터핀(cotter pin)을 만들 때는 C_{16}로 인덱스가 결정된다. 한편 펜치로 전선을 자르는 경우는 전선의 단단한 정도에 따라 인덱스가 달라진다. 연한 철사는 C_3, 보통 철사는 C_6, 단단한 철사는 C_{10}으로 구분된다.

2) 가위

가위로 종이나 섬유 등을 자르는 경우의 인덱스는 가위질한 횟수로 결정된다.

3) 칼

노끈이나 코드를 칼로 자를 때의 인덱스는 칼질한 횟수에 의하여 결정된다. 상자를 열기 위해 칼로 자르는 경우는 45cm를 넘는 경우에 1회로 인정한다.

예제 16-12 봉제기사는 완성된 옷감을 내려놓기 전에 실을 자른다. 가위는 봉제작업 동안 계속 손에 잡고 있다.

- 순서모델 : A_0 B_0 G_0 A_1 B_0 P_1 C_1 A_0 B_0 P_0 A_0
- 소요시간 : $(1 + 1 + 1) \times 10 = 30$ TMU

예제 16-13 전기기사가 공구벨트로부터 펜치를 집어들고 전선 한 가닥을 자른다. 전선은 단단하므로 자르려면 두 손으로 힘을 가해야 한다.

- 순서모델 : A_1 B_0 G_1 A_1 B_0 P_1 C_{10} A_1 B_0 P_1 A_0
- 소요시간 : $(1 + 1 + 1 + 1 + 10 + 1 + 1) \times 10 = 160$ TMU

5.3 표면처리(S; surface treat)

표면처리(S)는 재료를 깨끗이 한다든지, 대상물의 표면을 코팅이나 마무리 청소할 경우에 사용된다. 표면처리는 노즐(nozzle), 솔, 천으로 이루어진다.

- 노즐 : 에어호스 또는 노즐을 사용하여 작은 부품이나 절삭가루를 불어낸다.
- 솔 : 솔을 사용하여 표면을 깨끗이 한다.
- 천 : 천을 사용하여 표면을 닦아낸다.

표면처리에서 인덱스는 대상표면적에 의하여 결정되며 기준면적은 $0.1m^2$이다. 예를 들어 천을 사용하여 $0.43m^2$를 가진 대상물의 표면을 닦는다고 하자. 이는 기준면적 0.1의 4.3배이므로 시간자료로부터 인덱스를 찾으면 S_{32}가 된다. 그밖에 대상물의 표면에 존재하는 작은 홈이나 패인 부분을 노즐이나 솔로 처리할 경우는 건당 S_6를 부여한다.

예제 16-14 작업자가 가까운 곳에 있는 솔을 가지고 작업장의 먼지와 부스러기를 청소한 다음 솔을 원위치로 되돌려 놓는다. 작업장의 청소면적은 $0.54m^2$이다.

- 순서모델 : A_1 B_0 G_1 A_1 B_0 P_1 S_{42} A_1 B_0 P_1 A_0
- 소요시간 : $(1 + 1 + 1 + 1 + 42 + 1 + 1)\times 10 = 480$ TMU

예제 16-15 주조된 부품을 조립하기에 앞서 작업자는 가까운 거리에 있는 에어호스를 집어 들고 3개의 작은 홈에 남아있는 찌꺼기를 밖으로 불어낸다. 홈들 간의 거리는 5cm를 넘는다.

- 순서모델 : A_1 B_0 G_1 A_0 B_0 (P_1 A_1 S_6) A_1 B_0 P_1 A_0 (3)
- 소요시간 : $[1 + 1 + (1 + 1 + 6)\times 3 + 1 + 1]\times 10 = 280$ TMU

5.4 측정(M; measure)

측정(M)은 표준측정기구를 사용하여 대상물을 측정하는 활동이다. 인덱스는 사용된 측정기구에 따라 결정된다.

1) M_{10}

M_{10}는 프로파일게이지를 사용하여 부품의 각도, 반지름, 레벨, 나사의 피치 등을 측정할 때 해당되는 인덱스다.

2) M_{16}

M_{16}은 다음의 경우에 적용된다.

- 곧은 자 : 30cm 정도의 곧은 자, 표준기, 각도기를 사용하여 측정한다.
- 버니어캘리퍼스(30cm 이하) : 최대 30cm까지 버니어캘리퍼스를 사용하여 측정한다.

3) M_{24}

M_{24}는 간격게이지(feeler gauge)를 사용하여 2점 사이의 간격을 측정할 때의 인덱스다.

4) M_{32}

M_{32}는 다음의 경우에 해당된다.

- 2m 이하 줄자 : 2m 이하의 거리를 강철 줄자를 사용하여 측정한다.
- 10cm 이하 깊이 마이크로미터 : 최대 10cm까지 마이크로미터를 사용하여 부품의 깊이를 측정한다.

5) M_{42}

M_{42}는 최대 10cm까지 마이크로미터를 사용하여 부품의 외경을 측정할 때의 인덱스다.

6) M_{54}

M_{54}는 최대 10cm까지 마이크로미터를 사용하여 부품의 내경을 측정할 때의 인덱스다.

예제 16-16 선반작업 후 작업자는 마이크로미터로 샤프트의 직경을 검사한다. 마이크로미터는 작업대에서 2걸음 떨어져 있고 검사 후 원위치에 돌려놓는다.

- 순서모델 : $A_3\ B_0\ G_1\ A_3\ B_0\ P_1\ M_{42}\ A_3\ B_0\ P_1\ A_0$
- 소요시간 : $(3 + 1 + 3 + 1 + 42 + 3 + 1) \times 10 = 540$ TMU

5.5 기록(R; record)

기록(R)은 정보를 기록하기 위하여 필기구를 사용하는 변인이다. 이는 제조현장에서 발생하는 정보를 기록하기 위한 필기와, 분필이나 사인펜으로 대상물에 표식을 남기는 마크로 구분된다.

1) 필기

필기는 제조현장에서 필요한 정보를 기록하는 것으로, 인덱스는 숫자나 단어의 개수에 의하여 결정된다.

2) 마크

마크(mark)는 분필이나 사인펜으로 부품이나 상자 등에 표식을 남기는 것이다. 이는 숫자처럼 간주된다. 자주 일어나는 체크표식을 하는 일과 선을 긋는 일에 대한 인덱스는 각각 R_1과 R_3다.

5.6 생각(T; think)

생각(T)은 정신과정을 위한 변인으로 특히 눈으로 보는 활동에 대한 내용을 포함한다. 이는 검사와 읽기로 구분된다.

1) 검사

검사는 대상물의 좋고 나쁨을 판단하는데 사용된다. 인덱스는 검사대상점의 개수에 의하여 결정된다.

2) 읽기

읽기는 숫자 또는 개별단어를 읽는 것과 문장을 읽는 것으로 그 개수에 따라 인덱스가 결정된다. 그 외에 지침이 일정한 범위에 있는지 게이지를 확인할 때는 T_3, 눈금값이나 날짜/시간을 읽을 때는 T_6, 버니어 캘리퍼스의 눈금을 읽을 때는 T_{10}, 종과 횡의 칸을 보고 표를 읽을 때는 T_{16}으로 인덱스가 결정된다.

6. MOST에 의한 작업분석

[표 16-11]은 가이드레일의 5개 부분에 스폿용접을 실시하는 작업을 MOST로 분석한 것이다(전영수, 2000).

[표 16-11] 스폿용접작업의 MOST분석

작업 방법	MOST순서모델	TMU
1. 가이드레일을 지그에 올린다. 2. 라체트로 볼트를 5회전하여 체결한다. 3. 가이드레일 5곳에 스폿용접을 실시한다. 4. 체결한 볼트를 5회전하여 푼다. 5. 가이드레일을 랙에 잘 담는다.	$A_1\ B_0\ G_1\ A_1\ B_0\ P_1\ A_0$ $A_1\ B_0\ G_1\ A_1\ B_0\ P_3\ F_{10}\ A_0\ B_0\ P_0\ A_0$ $A_1\ B_0\ G_1\ (M_3\ X_1 I_0)\ A_0$ (5) $A_0\ B_0\ G_0\ A_1\ B_0\ P_1\ L_{10}\ A_0\ B_0\ P_0\ A_0$ $A_1\ B_0\ G_1\ A_1\ B_0\ P_3\ A_0$	40 160 220 120 60
	합계	600

실습 12 MOST에 의한 작업분석과 측정

[목적] MOST로 작업을 분석하고 정미시간을 구한다.
[방법] 2인 1조로 팀을 구성하여 실습을 수행한다.

볼트에 와셔와 너트를 조립하는 작업에 대하여 MOST로 표준시간을 설정하고자 한다. 작업은 다음 순서로 이루어진다.

① 왼손으로 1개의 볼트를 가져온다.
② 오른손으로 2개의 와셔를 가져와 조립한다.
③ 오른손으로 1개의 너트를 가져와 볼트에 6차례 회전하여 조립한다.
④ 조립품 통에 넣는다.

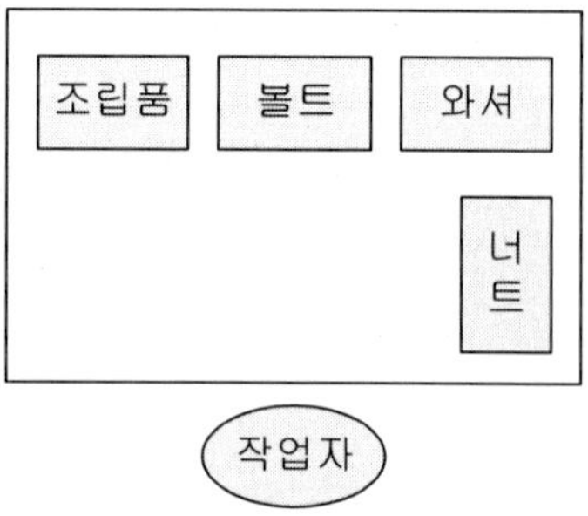

1. 조립작업을 MOST순서모델로 분석하라.

2. 작업의 정미시간을 결정하라.

3. 스톱워치법에 의한 정미시간과 비교하고 차이가 있다면 그 이유를 생각해보라.

4. MTM에 의한 정미시간과 차이가 있다면 그 이유를 생각해보라.

연습문제

1 작업자는 바닥에 놓여있는 무거운 대상물까지 8걸음 이동하여 대상물을 집어들고 9m 떨어진 작업대까지 운반하여 놓는다. MOST로 작업을 분석하고 소요시간을 구하라.

2 작은 스패너로 3cm 간격으로 놓인 볼트 6개를 조인다. 볼트 1개당 8회의 공구동작이 필요하며, 렌치는 손이 닿는 곳에 있다. MOST로 동작순서를 기록하고 소요시간을 구하라.

3 사무원은 의자를 뒤로 밀고 일어서서 앞의 테이블에서 2kg의 포장된 물건을 집는다. 그리고 문을 열고 나가서 다른 사무실까지 18걸음 이동한 후 바닥에 포장된 물건을 놓는다. MOST로 동작순서를 기록하고 소요시간을 구하라.

4 작업자는 앉아있는 상태에서 페달에 발을 뻗어 3초간 밟는다. MOST로 동작순서를 기록하고 소요시간을 구하라.

제 17 장
MODAPTS

1. MODAPTS와 종류

MODAPTS(Modular Arrangement of PTS)는 호주의 헤이드(G. Heyde)가 1966년에 발표한 간략한 PTS법이다. 그는 기존의 상세한 PTS법을 다년간 사용한 경험과 인간공학 등의 연구를 기본으로 작업을 간단히 분석하면서도 측정결과는 상세한 PTS법에 뒤떨어지지 않는 MODAPTS를 제안하였다. MODAPTS는 특히 수작업의 표준시간을 구하기 위하여 개발되었으며, 비전문가도 단기간의 훈련으로 사용할 수 있도록 고안되었다.

MODAPTS의 패밀리로는 기본 MODAPTS 외에도 사무작업을 위한 OFFICE MODAPTS, 창고작업에 사용되는 TRANSIT MODAPTS, 장애자 재활에 이용되는 WORKABILITY MODAPTS, 작업능력을 평가하기 위한 MODAPTS ASSESSMENT 등이 있다.

2. MODAPTS의 특징

MODAPTS는 다음과 같은 특징을 지니고 있다.

1) 손가락의 동작시간이 기본단위다.

MODAPTS는 손가락의 평균적인 움직임인 1인치를 1동작단위로 하며, 다른 동작은 그의 정수배로 소요시간을 나타낸다. MODAPTS에서 시간단위는 MOD를 사용하며 정상수준에서는 1 MOD = 0.129초(1/7초), 숙련자의 속도에 해당되는 능률급 수준에서는 1 MOD = 0.1초를 사용한다. 하지만 작업시간의 속도는 각 회사마다 기준이 다르기 때문에 MOD를 어떻게 정하느냐 하는 것은 개별 회사에 위임되고 있다.

2) 동작기호는 동작의 종류와 소요시간을 함께 표시한다.

MODAPTS에서 사용되는 동작기호는 [표 17-1]에서 보는 바와 같이 동작의 종류와 소요되는 시간을 함께 표시하고 있다. MODAPTS는 동작표시기호에 대하여 별도로 수치표를 찾을 필요가 없으므로 매우 쉽게 소요시간을 얻을 수 있다.

[표 17-1] 동작기호와 소요시간

작업동작	동작기호	동작소요시간
손가락의 동작	M1	1 MOD
손의 동작	M2	2 MOD
간단히 잡기 동작	G1	1 MOD
눈의 동작	E2	2 MOD
페달 밟기 동작	F3	3 MOD

3) 스톱워치법보다 정밀하고, MTM이나 WF보다는 단순하다.

MODAPTS는 레이팅이 필요없고 작업자에게 심리적으로 부담을 주지 않으므로 스톱워치방법보다 정밀하게 작업시간을 측정할 수 있다. 또한 21개의 동작표시기호로 작업시간을 얻을 수 있으므로 매우 간편하게 실시할 수 있다.

4) 수작업의 경우 숫자만으로도 표기가 가능하다.

공장에서 이루어지는 거의 대부분의 작업은 손을 사용하고 있다. 이 경우 작업은 팔을 뻗어 물건을 잡고 다시 팔을 옮겨 물건을 놓는 동작의 반복으로 이루어진다. 이러한 작업을 분석할 경우 MODAPTS에서는 영자기호를 생략하고 단지 숫자만으로 나타내기도 한다. 예를 들어 M3G1M3P0의 동작사이클은 간단히 3130만으로 표기하고, 소요시간은 3 + 1 + 3 + 0 = 7 MOD가 된다.

5) 스톱워치를 함께 사용하기도 한다.

MODAPTS에서는 사용되는 신체의 부위, 대략의 동작거리, 다루는 물건의 대략의 중량을 알면 분석이 가능하다. 원칙적으로 측정기구는 필요없지만 특수하게 요구되는 작업동작이나 기계시간을 측정하기 위하여 스톱워치를 함께 사용하기도 한다.

3. MODAPTS의 동작

MODAPTS에서 사용되는 21개 동작은 이동동작, 종국동작, 부가적 동작으로 구분된다.

3.1 이동동작

이동동작(movement activities)은 손가락, 손, 팔 등을 이용하여 목표지점에 도달하기까지 움직이는 동작이다.

1) M1(손가락 이동)

M1은 손가락으로 행하는 이동동작으로 손가락을 1인치 약 2.5㎝ 움직일 때 1 MOD를 더한다. 예를 들어 볼트에 끼워있는 너트를 집게손가락과 엄지손가락으로 돌리는 동작을 살펴보자. 너트를 돌리는 동작과 손가락을 원위치로 보내는 동작이 각각 1 MOD이므로 합계 2 MOD가 소요된다.

2) M2(손 이동)

M2는 손목으로부터 손바닥과 손가락에 의한 이동동작으로 손목회전도 포함된다. 마우스를 약 5cm 이동하는 경우, 이 동작은 M2에 해당된다.

3) M3(앞팔 이동)

M3는 앞팔을 사용하여 손이나 손가락을 15cm 정도 움직인 동작으로 팔꿈치가 움직이지 않는 것을 원칙으로 한다. 종이 위에 연필로 자를 사용하지 않고 약 15㎝의 선을 긋는 경우가 M3 동작이다.

4) M4(윗팔 이동)

M4는 윗팔을 주로 사용하여 어깨로부터 팔끝 전체로 행하여지는 이동동작이다. 이는 윗팔을 사용하는 대부분의 동작으로 이동거리는 30cm 정도다. 지우개를 사용하여 칠판을 지우는 동작이 M4에 해당된다.

5) 펼친 팔의 이동(M5)

M5는 팔을 최대한 펴서 약 45cm 이상 움직이는 동작으로, 몸의 보조동작이 없는 경우에만 사용된다. 상체를 고정시킨 채 팔을 뻗어 선반에 놓인 도구를 꺼내는 동작이 M5에 해당된다. 팔을 최대로 펴서 이동할 때 상체를 앞으로 숙이는 동작이 함께 이루어지는 경우에는 M7을 적용하기도 한다.

6) 반복된 이동동작

반복된 이동동작은 여러 차례 망치질하거나 톱질하는 작업과 같이 도구를 반복적으로 사용하여 작업을 수행하는 동작을 가리킨다. 이러한 반복동작은 [표 17-2]에서 보는 바와 같이 한 차례 이루어지는 단회동작에 비하여 70% 정도의 시간이 소요되는 것으로 알려져 있다. 팔을 최대한 펴서 움직이는 M5동작에서는 반복동작이 발생하지 않는다.

[표 17-2] 반복된 동작의 소요시간

	단회동작	반복동작
손가락	M1	M0.5
손	M2	M1
앞팔	M3	M2
윗팔	M4	M3

3.2 종국동작

종국동작(terminal activities)은 이동동작의 양끝에서 요구되는 잡기동작(get)과 놓기동작(put)으로 이루어진다.

3.2.1 잡기동작(get; G)

1) G0(접촉하기)

G0는 손가락 끝이나 손바닥이 대상물에 접촉하는 동작으로 시간치를 부여하지 않는다. 예를 들어 작업대 위에 놓인 너트를 손가락으로 밀어서 움직이게 하는 동작이 G0이며, 잡는 동작의 시간치는 무시되고 곧바로 이동동작이 이루어진다.

2) G1(간단히 잡기)

G1은 단순한 잡기동작을 가리키며 대상물을 잡을 때 특별한 주의를 필요로 하지 않는다. 부품상자에서 하나의 볼트를 취하는 동작이 G1에 해당된다.

3) G3(집중하여 잡기)

G3는 잡기 어려운 동작에 대한 것으로 잡을 때 상당한 주의를 필요로 한다. 작업대 위에 놓여있는 얇은 와셔를 잡는 것이 G3이며, 이는 간단히 잡기 동작으로는 잡을 수 없다. 또한 작업대 위에 여러 부품이 한데 섞여 있는 것 중에서 원하는 것 하나를 취하려 할 때에 필요한 잡기동작 역시 G3다.

3.2.2 놓기동작(put; P)

1) P0(간단한 놓기)

P0는 놓기동작 중에 가장 간단한 동작으로 시간치를 부여하지 않는다. 특별한 의식없이 눈으로 보지않고 물체를 단순히 놓을 때의 동작이 P0에 해당된다.

2) P2(1회 수정하여 놓기)

P2는 눈으로 보면서 1회의 수정동작과 더불어 정해진 위치에 대상물을 놓는 동작이다. 수정이 있는지 없는지는 대상물을 놓아야 할 지점을 눈으로 보아야 하는지 여부로 판단한다. 보통 P0와 P5 이외의 놓기동작을 P2로 간주한다. 예를 들어 볼트에 와셔를 끼우는 동작은 P2에 해당된다.

3) P5(복잡한 놓기)

P5는 눈으로 보면서 행하는 가장 복잡한 놓기동작이다. 조작이 곤란하거나 혹은 2회 이상의 수정이 있어야 놓을 수 있는 동작이 P5에 해당된다.

삽입의 동작이 이루어진 경우, 삽입하는 거리가 2.5㎝(1인치)이하인 경우는 놓기동작만 이루어진 것으로 여긴다. 만일 삽입이 2.5㎝를 초과하여 이루어진 경우에는 놓기동작 외에 이동동작이 행해진 것으로 분석한다. 물론 이는 P2와 P5의 놓기동작에서만 일어날 수 있다.

3.2.3 양손동작

두 손을 동시에 사용하는 동작을 양손동작이라고 말한다. 작업동작에 따라 양손을 동시에 사용할 수 있는 경우가 있고 그렇지 않는 경우도 있다.

1) 양손동시동작

양손동시동작은 양손 또는 한쪽 손이 주의를 필요로 하지 않을 때 가능하다. 양손동시동작이 수행되는 경우 두 손 가운데 시간이 더 오래 소요되는 동작의 시간치가 실제 소요시간이 된다.

왼손으로 30cm 떨어진 볼트를 잡고, 오른손으로 15cm 떨어진 렌치를 잡는다고 하자. 이 경우 두 손의 쥐기동작은 모두 G1이며 어느 동작도 주의를 필요로 하지 않는다. 이를 MODAPTS 기호로 표기하면 [표 17-3]에서와 같이 왼손은 M4G1, 오른손은 M3G1이다. 이는 양손동시동작이 가능하므로 소요시간은 왼손의 동작시간인 4 + 1 = 5 MOD가 된다.

[표 17-3] 양손 모두 주의가 필요없는 동시동작

왼손		오른손	
동작내용	기호	동작내용	기호
1. 윗팔을 내민다 2. 볼트를 잡는다	M4 G1	1. 앞팔을 내민다 2. 렌치를 잡는다	M3 G1
소요시간	M4G1 = 5 MOD		

예를 하나 더 들어 보자. 왼손으로 30cm 떨어진 볼트를 잡고 오른손으로 15cm 떨어져 있는 얇은 와셔를 잡는다고 하자. 이 경우 왼손의 쥐기동작은 G1으로 주의를 필요로 하지 않지만 오른손의 동작은 G3로 눈의 주의를 필요로 한다. 이를 MODAPTS기호로 표기하면 [표 17-4]와 같이 왼손은 M4G1, 오른손은 M3G3다. 이처럼 한쪽 손에 주의가 필요한 경우에도 양손동시동작이 가능하므로 소요시간은 오른손의 동작시간인 3 + 3 = 6 MOD가 된다.

[표 17-4] 한 손에 주의가 필요한 동시동작

왼손		오른손	
동작내용	기호	동작내용	기호
1. 윗팔을 내민다 2. 볼트를 잡는다	M4 G1	1. 앞팔을 내민다 2. 와셔를 잡는다	M3 G3
소요시간	M3G3 = 6 MOD		

2) 양손분리동작

두 손 모두 주의가 필요한 경우는 양손동시동작이 불가능하므로 두 손은 순차적으로 동작하게 된다. 예를 들어 왼손으로는 30cm 떨어진 곳의 가는 링을 잡고 오른손으로는 30cm 떨어져 있는 얇은 와셔를 잡는다고 하자. 이 경우 양손의 잡기동작은 모두 눈의 주의를 필요로 하는 G3가 되어 양손동시동작이 불가능하다. 따라서 오른손과 왼손은 순차적으로 작업을 하게 된다.

이 때 한 손이 먼저 움직이면 다른 손은 자연스럽게 작업할 위치로 가 있게 되므로 단독으로 작업할 때보다 손의 이동시간이 줄어들게 된다. 이 경우 통상적으로 나중에 이동하는 팔에 M2를 부여한다. 따라서 [표 17-5]에서 보는 바와 같이 오른손과 왼손의 순서로 작업할 때 오른손의 동작은 M4G3, 왼손의 동작은 M2G3가 되며 동작시간은 12 MOD가 된다.

[표 17-5] 양손의 주의를 필요로 하는 동시동작

왼손		오른손	
동작내용	기호	동작내용	기호
3. 윗팔을 내민다 4. 링을 잡는다	M2 G3	1. 윗팔을 내민다 2. 와셔를 잡는다	M4 G3
소요시간	M4G3M2G3 = 12 MOD		

3.3 부가적 동작

부가적 동작(auxiliary motions)은 이동동작과 종국동작을 제외한 나머지 다른 동작들을 가리킨다.

1) L1(유효중량)

물품을 운반하는 경우 무게에 따라 소요시간에 차이가 있으며 이를 나타내는 것이 L1이다. 물품의 유효중량은 [표 17-6]과 같이 4kg 증가할 때마다 1 MOD씩을 추가한다. 여기서 유효중량이란 한손에 부과되는 무게를 가리키며, 양손으로 물품을 잡고 있는 경우에 유효중량은 반으로 줄어든다. 또한 물품을 미끄러지게 하여 끌고 운반하는 경우에 유효중량은 무게의 1/3이 된다.

예를 들어 21kg의 물품을 양손으로 들어서 운반할 때 유효중량은 21/2 = 10.5kg이 된다. 한손으로 물품을 끌어서 운반할 경우의 유효중량은 21/3 = 7kg이 된다.

[표 17-6] 유효중량과 표기

유효 중량	표기
2kg 미만	0
2～6kg 미만	L1
6～10kg 미만	L1×2
10～14kg 미만	L1×3

2) E2(눈의 사용)

E2는 눈의 사용을 나타내는 동작으로 눈의 이동과 눈의 초점맞춤 2종류가 있다. 이는 눈의 동작만 일어나고 다른 동작이 없을 때에 적용되는 것으로 2 MOD를 부여한다. 실제로 눈만 사용하는 작업은 그다지 많지 않다. 포장이나 조립작업에서는 어느 정도 검사요소가 포함되어 있지만 보통 다른 작업과 함께 실시되므로 이런 경우는 E2를 고려할 필요가 없다.

3) D3(순간적 판단)

D3는 검사작업과 같이 순간적으로 물품을 보고 단순히 양품과 불량품을 판단하는 경우를 가리킨다. 이는 동작들 사이에 나타나며 다른 동작이 없을 때에만 인정된다. 검사대상의 대부분이 양품이고 불량품이 극히 적은 경우에 D3의 소요시간은 불량품으로 판단된 횟수에 대해서만 적용된다. 시선을 옮겨가면서 대상물을 판단하는 경우는 E2D3로 분석된다.

4) A4(압력)

A4는 압침을 누르는 것 같이 몸의 근육을 사용하여 2kg 이상의 압력을 가하는 동작을 가리키며, 다른 활동을 하지 않는 경우에만 인정된다. 꽉 조인 밸브나 마개를 여는 동작 혹은 드라이버로 나사를 돌려 박을 때 마지막에 힘껏 조이는 동작이 A4에 해당된다. A4는

힘을 가하여 대상물을 누르는 시간 외에 몸을 긴장하며 힘을 준비하는데 소요되는 시간도 포함한다.

5) W5(걷기)

W5는 한걸음의 보행을 의미하며 앞으로, 뒤로 혹은 옆으로 걷거나 발로써 부분적으로 혹은 완전히 신체를 돌리는 동작에 적용된다. W5 직후의 팔의 이동동작은 M2로 분석한다. 마지막으로 한 발자국을 걸을 때 팔은 물체를 향하여 나아가기 때문이다.

6) R2(고쳐잡기)

R2는 물건을 다시 잡을 때에 일어나는 동작이다. 예를 들어 연필을 쥐고 글을 쓰려고 할 때의 동작이 R2다. 이 동작은 다른 동작이 행해지지 않을 때만 인정되며 2 MOD를 부여한다.

7) F3(페달 작업)

F3는 발꿈치를 바닥에 댄 채로 페달을 밟거나 풀어줄 때 발목의 동작이다. 자동차의 가속기를 1회 밟고 놓아주는 경우에는 F3×2로 6 MOD가 소요된다. 자동차의 브레이크를 밟는 것처럼 발꿈치가 마루로부터 떨어진 상태에서 페달을 밟는 동작은 걷기(W5)로 간주된다.

8) C4(크랭크 작업)

C4는 기계나 물체, 혹은 액체를 원운동시키기 위해 손이나 팔을 회전하는 동작이다. 예를 들어 선반의 핸들이나 연필깎이의 손잡이를 돌리는 작업이 이에 해당된다. 회전수는 반올림한 정수값을 취하며, 1/2회전 미만은 이동동작으로 취급한다. 연속회전과 단속회전의 구분이 없으며 크랭크의 직경과도 관계없다.

9) B17(신체를 구부렸다가 일으킴)

B17은 몸을 구부렸다가 원 위치로 돌아가기까지의 왕복동작이다. B17 이후의 이동동작에서 몸의 움직임과 팔의 동작은 동시에 이루어지므로 W5와 마찬가지로 M2로 분석한다.

10) S30(앉았다 일어섬)

S30은 의자에 앉은 상태에서 일어섰다가 다시 앉는 동작이나 혹은 그의 반대 동작을 나타내는 왕복동작이다. S30에는 앉을 때 의자를 당기는 시간과 일어날 때 의자를 움직이는 시간도 포함된다.

[그림 17-1]은 MODAPTS의 21개 동작을 나타내는 기본도를 보여준다.

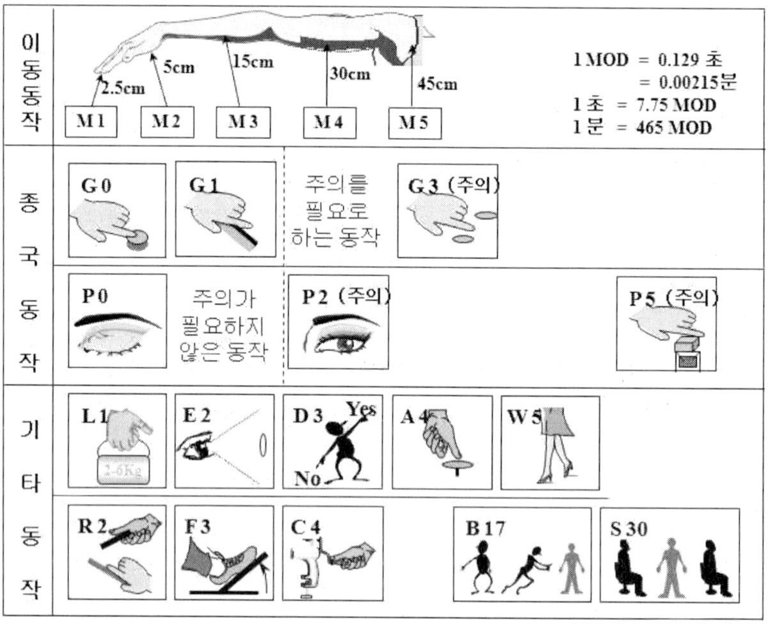

[그림 17-1] MODAPTS 기본도

4. MODAPTS에 의한 작업분석

MODAPTS를 적용하여 분석한 예제 몇 가지를 소개한다.

예제 17-1 여러 종류의 동전들이 약 30cm 떨어진 곳에 쌓여있다. 작업자는 왼손으로는 10원짜리 동전을, 오른손으로는 100원짜리 동전을 골라내어 작업자 앞에 놓인 왼편상자와 오른편상자에 각각 넣는다.

왼손			오른손		
동작내용	기호	MOD	동작내용	기호	MOD
1. 10원짜리 동전을 집는다.	M4G3	7			
			2. 100원짜리 동전을 집는다.	M2G3	5
3. 동전을 상자에 넣는다.	M4P0	4	3. 동전을 상자에 넣는다.	M4P0	(4)
소요시간	M4G3M2G3M4P0 = 16 MOD				

예제 17-2 330cm 떨어진 상자로부터 왼손으로 나사못을 하나 집어온 다음, 오른손으로 15cm 떨어진 곳에 놓인 드라이버를 가져와 작업자 앞에 놓인 작업물에 나사못을 삽입한다. 드라이버로 나사못을 삽입할 때는 손목에 1kg의 힘을 가하여 6차례 회전한다. 나사못의 삽입작업을 MODAPTS로 분석하라.

왼손				오른손			
동작내용	기호	횟수	MOD	동작내용	기호	횟수	MOD
1. 나사못을 집어와 삽입할 위치로 가져온다.	M4G1M4P2	1	11				
				2. 드라이버를 가져와 나사못에 위치를 맞춘다.	M3G1M3P2	1	9
				3. 5차례 왕복회전한다.	M2L0M2P2	5	30
				4. 6번째 회전한다.	M2L0	1	2
소요시간	52 MOD						

예제 17-3 왼손으로 15cm 놓인 필통에서 연필을 꺼내어 앞에 놓인 연필깎이의 구멍에 넣고, 오른손으로 5차례 손잡이를 회전하여 연필을 깎은 후 연필을 빼내어 15cm 떨어진 필통에 놓는다.

왼손				오른손			
동작내용	기호	횟수	MOD	동작내용	기호	횟수	MOD
1. 연필을 가져와 연필깎이 구멍에 넣는다.	M3G1M3P2	1	9				
				2. 연필깎이 손잡이를 잡는다.	M3G1	1	4
				3. 손잡이를 5번 회전한다.	C4	5	20
4. 연필을 빼내어 필통에 놓는다.	M3P2	1	5				
소요시간	38 MOD						

예제 17-4 자동차에 앉은 상태에서 자동차에 시동을 걸고 핸들을 잡은 후 오른발로 가속기를 밟았다.

왼손				오른손, 오른발			
동작내용	기호	횟수	MOD	동작내용	기호	횟수	MOD
				1. 주머니에서 키를 꺼내어 시동홈에 넣는다.	M4G1M4P2	1	11
				2. 시동을 건다.	M2	1	2
3. 핸들을 잡는다.	M3G1	1	(4)	3. 핸들을 잡는다.	M3G1	1	4
				4. 오른발을 가속기에 올린다.	W5	1	5
				5. 가속기를 밟는다.	F3	1	3
소요시간	25 MOD						

실습 13 MODAPTS에 의한 작업분석과 측정

[목적] MODAPTS로 작업을 분석하고 정미시간을 구한다.
[방법] 2인 1조로 팀을 구성하여 실습을 수행한다.

볼트에 와셔와 너트를 조립하는 작업에 대하여 MODAPTS로 표준시간을 설정하려고 한다. 작업은 다음의 순서로 이루어진다.

① 왼손으로 1개의 볼트를 가져온다.
② 오른손으로 2개의 와셔를 가져와 조립한다.
③ 오른손으로 1개의 너트를 가져와 볼트에 6차례 회전하여 조립한다.
④ 조립품 통에 넣는다.

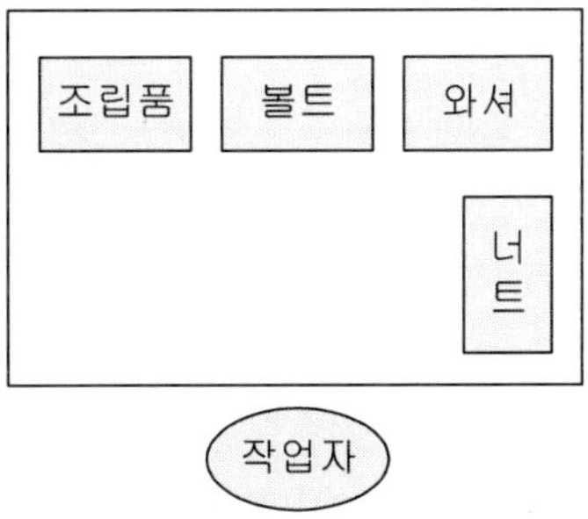

1. 조립작업을 MODAPTS로 분석하라.

왼손			오른손		
동작 내용	횟수	MOD	동작 내용	횟수	MOD
소요시간					

2. 작업의 정미시간을 MODAPTS로 산출하라.

3. 스톱워치법에 의한 정미시간과 차이가 있다면 그 이유를 생각해보라.

4. MOST에 의한 정미시간과 차이가 있다면 그 이유를 생각해보라.

연습문제

1 MODAPTS에서 종국동작들을 열거하고 내용을 간단히 설명하라.

2 MODAPTS에서 2 MOD의 시간이 소요되는 동작들을 열거하라.

3 작업자가 볼트에 고무와셔를 조립하는 일련의 작업을 하고 있다.

① 왼손으로 33cm 떨어진 볼트를, 오른손으로 36cm 떨어진 고무와셔를 가져온다.
② 볼트와 고무와셔를 조립한다.
③ 조립품의 합격여부를 검사한다.
④ 조립품을 36cm 떨어진 완제품 통에 넣는다.

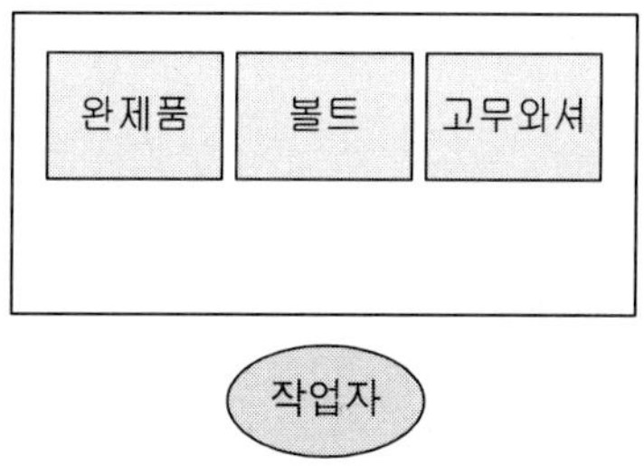

작업자의 양손동작을 MODAPTS로 분석하라.

왼손동작	기호	오른손동작	기호
왼팔을 내민다.	M4	오른팔을 내민다.	M4
볼트를 잡는다.	(　)	와셔를 잡는다.	(　)
볼트를 가져온다.	M4	와셔를 가져온다.	M4
조립한다.	(　)	조립한다.	(　)
합격여부를 검사한다.	(　)		
왼팔을 내민다.	M4		
조립품을 놓는다.	(　)		

4 다음의 작업내용에 대하여 주어진 질문에 답하라.

"왼손으로 33cm 떨어진 부품상자로부터 볼트를 하나 가져온다."

1) 요소동작들로 분해하라.

2) 각각의 요소동작들을 MODAPTS방식으로 기술하라.

3) 소요된 시간을 구하라.

5 의자에 앉은 작업자가 컨베이어A에서 들어오는 물품들을 검사하고 있다. 포장이 잘못된 물품을 발견하면 작업자는 일어나 5kg의 물품을 한 팔로 꺼내 컨베이어B로 옮긴 후 다시 자리에 앉는다. 불량품을 발견했을 때 작업내용을 분석하였다.

① 물품의 불량유무를 관찰한다.
② 의자에서 일어난다.
③ 오른팔을 내민다.
④ 물품의 손잡이를 잡는다.
⑤ 5kg의 물품을 들어올린다.
⑥ 물품을 컨베이어B로 옮긴다.
⑦ 컨베이어B에 물품을 놓는다.
⑧ 의자에 앉는다.

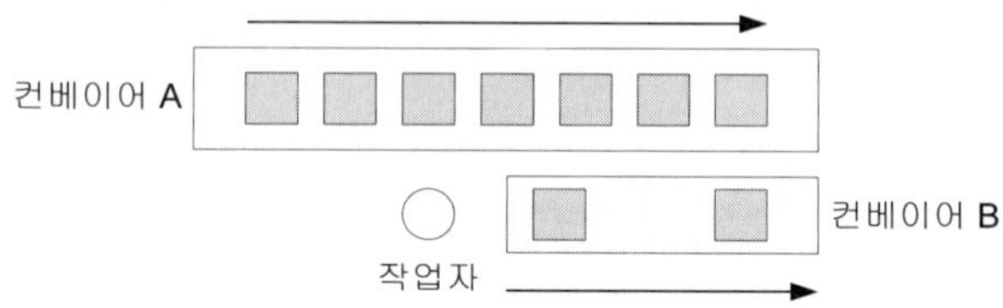

1) 작업자의 동작을 MODAPTS로 분석하라.

동작내용	MODAPTS	동작내용	MODAPTS
불량유무를 관찰한다.		물품을 컨베이어B로 옮긴다.	M3
오른팔을 내민다.	M3	컨베이어B에 물품을 놓는다.	
물품의 손잡이를 잡는다.		의자에서 일어났다가 앉는다.	
5kg물품에 대한 중량			

2) 작업의 정미시간을 초 단위로 추정하라.

제 18 장
학습곡선

1. 학습효과와 학습률

작업을 반복하면 점점 익숙해지고 작업능률이 향상되는데 이러한 현상을 학습효과(learning effect)라고 부른다.

1.1 학습효과

많은 경험적 연구로부터 이러한 학습의 형태는 규칙적이며 일정한 법칙을 갖고 있어서 충분히 예측가능하다는 사실을 발견하게 되었다. 학습효과를 예측할 수 있다는 사실은 매우 중요하다. 신제품을 생산할 때 회사에서는 제품원가를 산정하고 필요한 인력을 산출하기 위하여 작업에 소요되는 시간을 예측해야 한다. 예전에는 이같은 예측이 매우 어려웠고 많은 시간이 소요되는 일이었다. 하지만 학습효과와 법칙이 발견된 이후에는 이러한 예측이 매우 빠르게 그리고 정확히 이루어질 수 있게 되었다.

1.2 학습률

1936년 라이트(T. Wright)는 비행기동체의 제조공정에서 생산량이 2배 증가될 때마다 누적된 평균생산시간이 일정한 비율로 감소된다는 사실을 처음 보고하였다. 이를 공식으로 나타내면 다음과 같다.

$$Y_{2x} = Y_x R$$

여기서 Y_x : X개의 제품을 생산할 때 누적된 평균생산시간

R : 1보다 작은 양수값의 학습률

처음 제품을 생산할 때 100분이 소요되고(Y_1 = 100분) 학습률이 R = 0.9라고 하자. 2번째 제품을 생산할 때 누적평균생산시간 Y_2는 $Y_1 \times R$ = 100분×0.9 = 90분, 4번째 제품에 대한 누적평균생산시간 Y_4는 $Y_2 \times R$ = 90분×0.9 = 81분이 된다. [표 18-1]은 생산량이 2배씩 증가될 때 누적평균생산시간의 변화를 보여주고 있다. 이때 일정한 비율로 감소하는 것은 누적된 평균시간이므로 실제 제품의 생산시간은 더욱 급격히 줄어들게 된다. 실제로 2번째 제품을 생산할 때 소요되는 시간은 2번째 제품을 생산하기까지의 총생산시간 90분×2 = 180분에서 첫번째 제품을 만들 때 소요된 생산시간 100분을 뺀 80분이다.

[표 18-1] R = 0.9일 때 생산량에 따른 평균생산시간

생산량(X)	누적평균생산시간(Y_x)	총생산시간($T=X \cdot Y_x$)
1	100.0	100.0
2	90.0	180.0
4	81.0	324.0
8	72.9	583.2
16	65.6	1049.6
32	59.0	1888.0
64	53.1	3398.4

[그림 18-1]은 제품생산량과 누적평균생산시간 간의 학습곡선을 도시하고 있다. 그림의 곡선 상에 도시된 점은 제품의 생산량이 2배 증가할 때마다 소요된 누적평균생산시간을 나타내며, 이는 일정한 비율의 크기로 감소하고 있다.

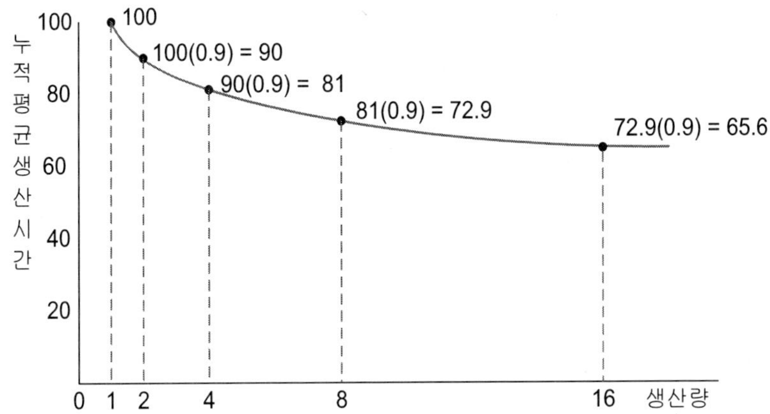

[그림 18-1] 학습곡선

2. 학습곡선식

첫번째 제품을 만들 때 소요된 시간을 a라고 하자. 첫번째 제품생산에 소요된 시간은 그 자체가 평균생산시간이므로 $Y_1 = a$가 된다. 제품생산량이 2배씩 증가될 때마다 누적평균생산시간은 학습률 R을 곱하면 얻어지므로, 제품을 2개, 4개, 8개 등 2배씩 증가하여 생산할 때 소요되는 평균생산시간은 다음과 같이 얻어진다.

$$Y_2 = aR^1,\ Y_4 = aR^2,\ Y_8 = aR^3\ \dots$$

이를 일반화한 공식은 다음과 같다.

$$Y_x = aR^m$$

여기서 $m = \log_2 X$ (혹은 $X = 2^m$)

$m = \log_2 X$를 윗 식에 대입하여 정리하면 $Y_x = aR^{(\log_2 X)} = aX^{(\log_2 R)}$이 되어 학습곡선식은 다음과 같이 얻어진다.

$$Y_x = aX^b$$

여기서 $b = \log_2 R$ (혹은 $R = 2^b$)

이제 X개의 제품을 생산할 때까지 소요된 총생산시간 T_x를 구해보자. 이는 생산량 X에 평균생산시간 Y_x을 곱하면 얻어진다.

$$T_x = X \cdot Y_x = aX^{b+1}$$

아울러 X번째 제품을 생산하는데 소요되는 시간 Z_x를 구해 보자. 이는 X번째 제품의 총생산시간 T_x에서 X – 1번째 제품의 총생산시간 T_{x-1}을 빼면 얻게 된다.

$$Z_x = T_x - T_{x-1} = aX^{b+1} - a(X-1)^{b+1}$$

예제 18-1 어느 회사에서 학습곡선식 $Y_x = 200.7243X^{-.07923}$을 갖는 제품 10,000개를 주문받았다고 하자.

1) 주문받은 제품을 생산하기 위하여 필요한 공수(man-hr)를 구하라

$$\text{작업공수} : T = aX^{b+1} = 200.7243(10000)^{0.92077}/60 = 16{,}125(\text{man-hr})$$

2) 주문받은 제품을 1개월 후에 납품해야 할 때 투입해야 할 작업인원을 구하라. 단 작업자는 한달에 25일, 하루에 8시간 일한다고 가정한다.

$$\text{작업인원} : n = 16125/(25 \times 8) = 80.625 \fallingdotseq 81(\text{명})$$

3. 학습곡선의 활용

학습곡선은 항공기산업에서 출발했지만 조선 및 기계산업, 전기 및 전자산업, 주택건설, 석유정제 등 여러 분야에서 생산원가의 추정, 인력계획, 사업타당성의 재무분석, 외주결정, 임금시스템의 기초 등에 활용되고 있다.

3.1 비용분석

신제품의 생산을 개시할 때는 표준공수보다 더 많은 시간을 필요로 한다. 따라서 학습곡선은 표준공수의 견적, 인력계획, 출하계획, 원가예측이나 입찰가격을 산정할 때에 유효하다. 또한 제품의 적정 구입가격을 견적하거나 또는 자체생산 여부를 결정할 때도 학습곡선은 이용된다. 자체생산하거나 구입할 때 학습효과로 인하여 로트의 크기에 따라 원가나 구입가격이 달라지기 때문이다.

3.2 일정계획

일정계획은 인력수급과 밀접한 관계가 있다. 학습효과를 인정할 경우 주당 생산량을 고정시켰을 때 작업자는 점진적으로 감축될 수 있다. 반대로 현재의 작업인원을 유지한다면 주당 생산량이 점진적으로 증가될 것을 기대할 수 있다. 이처럼 생산할 제품의 로트크기에 따라 표준공수는 달라지므로 학습곡선을 적절히 이용하면 로트크기가 증가한 경우 소요인력감축이나 일정단축을 기대할 수 있다.

3.3 대안의 평가

대안을 평가할 때는 인건비항목의 비용계산을 쉽게 하기 위하여 단위제품당 인건비를 고정시키는 것이 보통이다. 하지만 새로운 작업방법이나 새로운 설비를 도입할 때는 학습효과를 감안하여 인건비를 산정해야 한다. 기존의 방법에는 오랜 학습효과가 반영되어 있으므로 새로운 작업방법에 학습효과를 고려하지 않으면 기존의 방법이 유리하기 때문이다.

3.4 작업수행도 분석

신입작업자나 경험이 없는 새로운 작업에 배치된 작업자의 교육훈련계획에는 학습곡선이 이용된다. 미숙련공의 작업성과에 대한 자료로부터 학습곡선은 유도될 수 있으므로 그가 작업에 숙련되기까지 소요되는 기간을 예측할 수 있다. 또한 작업자들 간의 작업성과를 비교할 때에도 학습효과를 고려해야 정확한 평가가 가능하다.

4. 학습곡선식의 추정

생산실적을 이용하여 학습곡선식을 추정하는 절차를 살펴보자.

4.1 최소자승법에 의한 곡선식의 결정

n개의 제품을 생산할 때까지 생산량과 생산소요시간의 데이터가 다음과 같이 얻어졌을 때 이를 이용하여 학습곡선식을 구해보자.

$$(X_1,\ Y_1),\ (X_2,\ Y_2),\ (X_3,\ Y_3),\ \ldots\ (X_n,\ Y_n)$$

여기서 X_i : 제품생산량

Y_i : 누적평균생산시간

학습곡선식 $Y = aX^b$의 양변에 상용로그를 취하면 다음과 같다.

$$\log Y = b \log X + \log a \text{ 혹은 } Y' = bX' + a'$$

여기서 $Y' = \log Y$

$X' = \log Y$

$a' = \log a$

log값을 취한 생산시간데이터 $(X_i',\ Y_i') = (\log X_i,\ \log Y_i)$를 이용하여 회귀직선식 $Y' = bX' + a'$를 구해 보자. 부록-2의 최소자승법을 적용하면 회귀직선식의 미지계수 b와 a'를 다음과 같이 얻게 된다.

$$b = \frac{\sum_{i=1}^{n}(X_i' - m_x)(Y_i' - m_y)}{\sum_{i=1}^{n}(X_i' - m_x)^2}$$

$$a' = m_y - bm_x$$

여기서 $m_x = \frac{\sum_{i=1}^{n} X_i'}{n}$, $m_y = \frac{\sum_{i=1}^{n} Y_i'}{n}$

$a' = \log a$이므로 $a = 10^{a'}$가 된다.

또한 $b = \log_2 R$이므로 학습률 R은 다음과 같이 얻어진다.

$$R = 2^b$$

4.2 학습곡선식의 추정 예제

1) 대상작업에 대한 생산시간데이터를 구한다.

작업을 8차례 반복하여 각 작업에 소요된 시간 Z_x을 측정하고, 그로부터 총생산시간 T_x와 누적평균생산시간 Y_x를 구하였다.

X(생산량)	Z_x(생산시간)	T_x(총생산시간)	Y_x(평균시간)
1	200	200	200.0
2	182	382	191.0
3	172	554	184.7
4	164	718	179.5
5	162	880	176.0
6	165	1045	174.2
7	163	1208	172.6
8	161	1369	170.9

2) 데이터값에 상용로그를 취한다.

생산량 X와 누적평균생산시간 Y_x에 로그를 취하여 log X, log Y_x를 계산한다.

log X	0.0	0.301	0.477	0.602	0.699	0.778	0.845	0.903
log Y_x	2.301	2.281	2.266	2.254	2.246	2.241	2.237	2.233

3) 최소자승법을 적용한다.

최소자승법을 적용하여 회귀곡선 Y' = bX' + a'의 미지계수 b와 a'를 구한다.

$$m_x = 0.576,\ m_y = 2.257$$

$$b = \frac{\sum_{i=1}^{n}(X_i' - m_x)(Y_i' - m_y)}{\sum_{i=1}^{n}(X_i' - m_x)^2} = -0.079237$$

$$a' = m_y - bm_x = 2.257 - (-0.079237) \times .576 = 2.3026$$

$$a = 10^{a'} = 10^{2.3026} = 200.7243$$

학습곡선식 : $Y_x = aX^b = 200.7243X^{-0.79237}$

학습률 : $R = 2^b = 2^{-0.79237} = 0.9466$ 혹은 94.66%

실습 14 학습곡선의 결정

[목적] 학습곡선과 학습률을 구하는 방법을 배우고 응용해 본다.
[방법] 2인 1조로 팀을 구성하여 실습을 수행한다.

다음의 절차에 따라 별지에 주어진 그림으로부터 1부터 30의 숫자들을 연속적으로 찾는다.

① 한 사람은 연속된 숫자를 찾고 다른 사람은 소요된 시간을 측정한다.
② 숫자를 찾았으면 손으로 지적하고 그 다음 숫자를 찾는다.
③ 1에서 30까지 숫자를 모두 찾았으면 그 때까지 소요된 시간을 기록하고 30초간 휴식을 취한다.
④ 동일한 실험을 15차례 반복한다.
⑤ 시간측정이 잘못된 경우 실험을 다시 시작한다.

1. 학습률 R을 구하라.

2. 실험데이터와 학습곡선을 함께 도시하라.

3. 20번째, 50번째, 100번째 실험을 수행할 때 예상되는 개별 소요시간을 추정하라.

× 3 × 6

× 29 × 38

× 12

× 15

× 33 × 32

× 23 × 4

× 2

× 16 × 35 × 40

× 1 × 25

× 28 × 26 × 19

× 41

× 22 × 13 × 21

× 37

× 39 × 30

× 18 × 5 × 31

× 10 × 8

× 9

× 24 × 34

× 11 × 14

× 36 × 20

× 7

× 17 × 27

연습문제

1 제품생산에 따른 소요시간이 아래 표와 같다.

생산번호	1	2	3	4	5	6	7
단위제품생산시간	150	130	120	110	105	95	70

1) 학습률을 계산하라.

2) 숙련공의 제품당 평균작업시간이 60초라면 초보자가 숙련공이 되려면 몇 개의 제품을 만들어야 하는가?

2 어느 작업에 대하여 $Y = 12.2X^{-0.2}$의 학습곡선식을 얻었다.

1) 학습률을 구하라.

2) 두번째 제품을 생산하는데 소요되는 시간을 추정하라.

3) 작업자가 하루에 실제로 작업하는 시간이 6시간이라고 할 때 처음 입사한 작업자가 첫날 생산할 제품의 수를 결정하라.

3 새로 주문받은 제품에 대하여 $Y = 10X^{-0.3}$의 학습곡선식을 얻었다. 여기서 X는 생산량이고 Y는 누적평균생산시간(분)이다. 제품을 10,000개 주문 받았을 때 필요한 공수를 구하라.

4 숙련공은 한 제품을 150분 이내에 만들 수 있다고 한다. 신참 작업자가 숙련공이 되려면 몇 개의 제품을 만들어야 하는가? 얼마나 훈련기간이 필요하겠는가? 제품의 학습곡선식은 $Y_x = 200.7243X^{-0.7923}$이다. 여기서 X는 제품의 생산량이고 Y_x는 X개의 제품을 만들 때까지 소요된 누적평균생산시간(분)이다.

부록-1

DWF동작시간표

팔 동작(A)의 시간						
동작거리 (cm)		워크팩터의 수				
		0(기초)	1	2	3	4
0.0 ~ 3.7		18	26	34	40	46
3.8 ~ 6.3		20	29	37	44	50
6.4 ~ 8.8		22	32	41	50	57
8.9 ~ 11.0		26	38	48	58	66
11.1 ~ 13.9		29	43	55	65	75
14.0 ~ 16.4		32	47	60	72	83
16.5 ~ 19.0		35	51	65	78	90
19.1 ~ 21.5		38	54	70	84	96
21.6 ~ 24.0		40	58	74	89	102
24.1 ~ 26.6		42	61	78	93	107
26.7 ~ 29.1		44	63	81	98	112
29.2 ~ 31.7		46	65	85	102	117
31.8 ~ 34.2		47	67	88	105	121
34.7 ~ 36.7		49	69	90	109	125
36.8 ~ 39.3		51	71	98	113	129
39.4 ~ 41.8		52	73	94	115	133
41.9 ~ 44.4		54	75	96	118	137
44.5 ~ 46.9		55	76	98	120	140
47.0 ~ 49.4		56	78	100	122	142
49.5 ~ 53.2		58	80	102	124	144
53.3 ~ 58.3		61	83	106	128	148
58.4 ~ 63.4		63	86	109	131	152
63.5 ~ 68.5		66	90	113	135	156
68.6 ~ 73.6		68	93	116	139	159
73.7 ~ 82.5		70	96	119	142	163
82.6 ~ 95.2		79	103	128	151	171
95.3 ~ 109.7		81	109	135	159	179
중량 (kg)	남	~0.9	~3.2	~5.9	~9.1	〉9.1
	여	~0.5	~1.6	~3.0	~4.5	〉4.5

앞팔회전(FS)의 시간						
동작의 크기 (각도)		워크팩터의 수				
		0(기초)	1	2	3	4
45		17	22	28	32	37
90		23	30	37	43	49
135		28	36	44	52	58
180		31	40	49	57	65
회전토크 (kg–cm)	남	~3.5	~14.5	〉14.5		
	여	~1.7	~7.2	〉7.2		

다리동작(L)의 시간						
동작거리 (cm)		워크팩터의 수				
		0(기초)	1	2	3	4
0.0 ~ 3.7		21	30	39	46	53
3.8 ~ 6.3		23	33	42	51	58
6.4 ~ 8.8		26	37	48	57	65
8.9 ~ 11.0		30	43	55	66	76
11.1 ~ 13.9		34	49	63	75	86
14.0 ~ 16.4		37	54	69	89	95
16.5 ~ 19.0		40	59	75	90	103
19.1 ~ 21.5		43	63	80	96	110
21.6 ~ 24.0		46	66	85	102	117
24.1 ~ 26.6		48	70	89	107	123
26.7 ~ 29.1		50	72	94	112	129
29.2 ~ 31.7		52	75	97	117	134
31.8 ~ 34.2		54	77	101	121	139
34.7 ~ 36.7		56	80	103	125	144
36.8 ~ 39.3		58	82	106	130	149
39.4 ~ 41.8		60	84	108	133	153
41.9 ~ 44.4		62	86	111	135	158
44.5 ~ 46.9		63	88	113	137	161
47.0 ~ 49.4		65	90	115	140	164
49.5 ~ 53.2		67	92	117	142	166
53.3 ~ 58.3		70	96	121	147	171
58.4 ~ 63.4		73	99	126	151	175
63.5 ~ 68.5		75	103	130	155	179
68.6 ~ 73.6		78	107	134	159	183
73.7 ~ 82.5		81	110	137	163	187
82.6 ~ 95.2		87	118	147	173	197
95.3 ~ 109.7		93	126	155	182	206
중량 (kg)	남	~3.6	~19.0	〉19.0		
	여	~1.8	~9.5	〉9.5		

발동작(FT)의 시간						
동작거리 (cm)		워크팩터의 수				
		0(기초)	1	2	3	4
0.0 ~ 3.7		20	29	37	44	51
3.8 ~ 6.3		22	32	40	48	55
6.4 ~ 8.8		24	35	45	55	63
8.9 ~ 11.0		29	41	53	64	73
중량 (kg)	남	~2.3	~10.0	〉10.0		
	여	~1.2	~5.0	〉5.0		

몸통동작(T)의 시간						
동작거리 (cm)		워크팩터의 수				
		0(기초)	1	2	3	4
0.0 ~ 3.7		26	38	49	58	67
3.8 ~ 6.3		29	42	53	64	73
6.4 ~ 8.8		32	47	60	72	82
8.9 ~ 11.0		38	55	70	84	96
11.1 ~ 13.9		43	62	79	95	109
14.0 ~ 16.4		47	68	87	105	120
16.5 ~ 19.0		51	74	95	114	130
19.1 ~ 21.5		54	79	101	121	139
21.6 ~ 24.0		58	84	107	128	147
24.1 ~ 26.6		61	88	113	135	155
26.7 ~ 29.1		63	91	118	141	162
29.2 ~ 31.7		66	94	123	147	169
31.8 ~ 34.2		68	97	127	153	175
34.7 ~ 36.7		71	100	130	158	182
36.8 ~ 39.3		73	103	133	163	188
39.4 ~ 41.8		75	105	136	167	193
41.9 ~ 44.4		78	108	139	170	199
44.5 ~ 46.9		80	111	142	173	203
47.0 ~ 49.4		82	113	145	176	206
49.5 ~ 53.2		84	116	148	179	209
중량 (kg)	남	~5.0	~26.3	〉26.3		
	여	~2.5	~13.1	〉13.1		

손가락과 손(F,H)의 동작시간						
동작거리 (cm)		워크팩터의 수				
		0(기초)	1	2	3	4
0.0 ~ 3.7		16	23	29	35	40
3.8 ~ 6.3		17	25	32	38	44
6.4 ~ 8.8		19	28	36	43	49
8.9 ~ 11.0		23	33	42	50	58
중량 (kg)	남	~ 0.3	~ 1.1	~ 1.8	〉1.8	
	여	~ 0.2	~ 0.6	~ 0.9	〉0.9	

머리회전(HT)의 시간					
회전 (각도)	거 리 (cm)	워크팩터의 수			
		0~1	2	3	4
22.5 ~ 45	5.1 ~ 10.2	40	51	58	66
45 ~ 90	10.2 ~ 20.3	60	76	86	99

부록-2

최소자승법에 의한 회귀직선식 결정

n개의 점데이터 $(x_1, y_1), (x_2, y_2),...,(x_n, y_n)$를 가장 가깝게 지나는 회귀직선식 $y = a + bx$를 구해보자.

1. 점들과 회귀직선식 간의 오차

점 (x_i, y_i)와 직선식 $F(x_i) = a + bx_i$의 오차를 δ_i라고 하자. 오차 δ_i는 [그림 A-1]에서 보는 바와 같이 다음 식으로 정의된다.

$$\delta_i = F(x_i) - y_i = (a + bx_i) - y_i \qquad (i = 1, 2, ..., n)$$

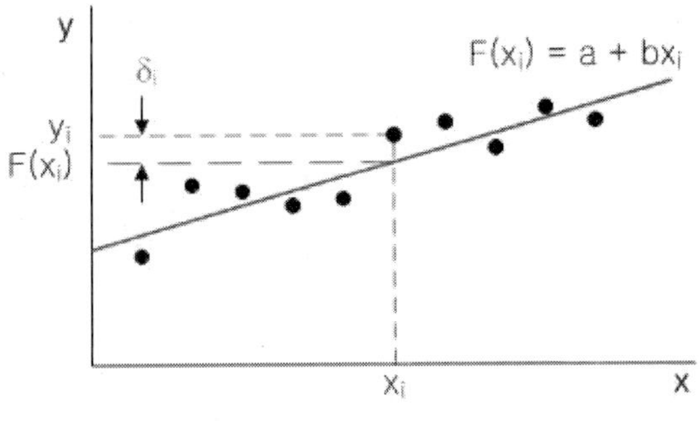

[그림 A-1] 점들과 직선식 간의 오차 δ_i

2. 회귀직선식의 결정

오차 δ_i의 제곱합 S를 최소로 하는 회귀직선식을 구해보자.

$$S = \sum_{i=1}^{n} \delta_i^2 = \sum_{i=1}^{n} (a + b\,x_i - y_i)^2$$

계수 a, b는 다음의 연립방정식을 만족한다.

$$\frac{\partial S}{\partial b} = 2\sum_{i=1}^{n} (a + b\,x_i - y_i)x_i = 0$$

$$\frac{\partial S}{\partial a} = 2\sum_{i=1}^{n} (a + b\,x_i - y_i) = 0$$

연립방정식을 풀면 계수 a, b를 다음과 같이 얻게 된다.

$$b = \frac{\sum_{i=1}^{n} (x_i - m_x)(y_i - m_y)}{\sum_{i=1}^{n} (x_i - m_x)^2}$$

$$a = m_y - bm_x$$

여기서 $m_x = \frac{\sum_{i=1}^{n} x_i}{n}$, $m_y = \frac{\sum_{i=1}^{n} y_i}{n}$

참고문헌

김종문, 생산현장의 관리기술, 상조사, 2002

김진규, 채일병, 작업관리시스템, 한올출판사, 2001

김태수, 작업측정시스템, 북스힐, 1998

김태수 외 3인, 작업관리론, 북스힐, 2001

김태수 외 3인 현대작업관리, 북스힐, 2004

김태호, 현장중심의 작업관리, 토파민, 2008

류지철, 글로벌 경제시대의 생산경영, 한올출판사, 2005

박진우, 과학적 관리의 원칙, 박영사, 1994

야마다 히도시, 낭비제거, 두남, 2005

양성환 외 6인, 작업관리 분석 및 관리, 메디컬코리아, 2007

임명준, 최신작업관리, 형설출판사, 1999

전영수, 김지대, MOST 작업표준시간 측정방법의 유용성에 관한 연구, 한국생산관리학회지 제10권 제3호 pp.1-23, 2000

정병용, 작업분석 및 관리, 한성대학교출판부, 2003

정철화, 고상락, 도요타파워, 도서출판 무한, 2006

황학, 작업관리, 영지문화사, 1997

Barns R.M., Motion and Time Study, Design and Measurement of Work(7ed), John Wiley and Sons, 1980

Bedworth, D.D. & Bailey J.E., Integrated Production Control System, John Wiley and Sons, 1987

Francis, R.L. & White, J.A., Facility Layout and Location, An Analytical Approach, Prentice-Hall, 1994

Hirano, H., JIT Factory Revolution, Productivity Press, 1988
McCormick, E.J., Human Factors In Engineering and Design(7ed), McGraw-Hill, 1992
McTighe, E., The Factory management Notebook Series, Productivity Press, 1991
Meyers F.E., Motion and Time Study, Prentice-Hall, 1992
Monden, Y., Toyata Production System, Engineering & management Press, 1998
Mundel, M.E., Motion and Time Study(5ed), Prentice-Hall, 1978
Muther, R., Systematic Layout Planning, Cahners Book, Boston, 1973
Niebel, B. & Freivalds, A., Methods, Standards, and Work Design(11ed), McGraw-Hill, 2003
Salvendy, G., Handbook of Industrial Engineering, John Wiley and Sons, 1992
Zandin, K., MOST Work Measurement Systems(2ed), New York:M. Dekker, 1990

찾아보기